Arno Bammé

Von der Repräsentation zur Intervention.
Variationen über John Dewey

D1735392

Zum Autor

Arno Bammé, Jahrgang 1944, Ordentlicher Universitätsprofessor an der Alpen-Adria-Universität Klagenfurt (Kärnten), Vorstand des Instituts für Technik- und Wissenschaftsforschung an der Fakultät für Interdisziplinäre Forschung und Fortbildung, Direktor des Institute for Advanced Studies on Science, Technology and Society in Graz (Steiermark), Fachvorstand der Sektion „Abendländische Epistemologie" beim Amt für Arbeit an unlösbaren Problemen und Maßnahmen der hohen Hand (Berlin), Leiter der Ferdinand-Tönnies-Arbeitsstelle in Klagenfurt

Arno Bammé

Von der Repräsentation zur Intervention

Variationen über John Dewey

Metropolis-Verlag
Marburg 2013

Bibliografische Information Der Deutschen Bibliothek

Die Deutsche Bibliothek verzeichnet diese Publikation in der Deutschen Nationalbibliografie; detaillierte bibliografische Daten sind im Internet über <http://dnb.ddb.de> abrufbar.

Metropolis-Verlag für Ökonomie, Gesellschaft und Politik GmbH
http://www.metropolis-verlag.de
Copyright: Metropolis-Verlag, Marburg 2013
Alle Rechte vorbehalten
ISBN 978-3-7316-1012-0

Inhalt

Die Welt als Labor
John Deweys Fundamentalkritik abendländischer Metaphysik ... 131

Vorbemerkung

Die beiden Essays dieses Buches entstanden aus unterschiedlichen Anlässen. Die Gründe tun nichts zur Sache. Wichtiger ist etwas anderes. Erst spät bin ich, den Zeitläuften geschuldet, zu Tönnies und Dewey gekommen. Tönnies galt damals, während meines Studiums, als „toter Hund". Die Begrifflichkeit seines epochemachenden Werkes „Gemeinschaft und Gesellschaft" war von den Nationalsozialisten missbraucht worden. Tönnies galt, völlig absurd, als korrumpiert, obwohl er, ein entschiedener Gegner des Regimes, öffentlich gegen Hitler aufgetreten war und teuer dafür bezahlt hat. Kolportiert aber, wie gesagt, wurde an deutschsprachigen Universitäten Anderes. Als völlig „erledigt" für die Soziologie galt er spätestens seit der Philippika René Königs. Völlig zu Unrecht, wie sich mit Erscheinen der ersten Bände der Tönnies-Gesamtausgabe herausstellen sollte. Tönnies hat mit der Begrifflichkeit seines Hauptwerkes nicht nur ein Analyseinstrument vorgelegt, das zwischenzeitlich zum fraglosen Bestand allgemeiner Bildung geworden ist, so dass ihr Schöpfer darüber fast vergessen wurde. Er hat ferner, anders als die so genannten „Sessel-Anthropologen" wie Durkheim, die empirische Sozialforschung zum unverzichtbaren Bestandteil der Disziplin gemacht zu einer Zeit, als die deutsche Universität in ihrem Selbstverständnis noch stark auf die Geisteswissenschaften hin ausgerichtet war. Und er hat sich, was von den meisten seiner Kollegen kaum behauptet werden kann, in das aktuelle Tagesgeschehen politisch eingemischt, Interventionen, die seine Karriere im preußischen Universitätssystem auf Jahre hinaus blockierten. Was Tönnies betrifft, so habe ich die Versäumnisse aus meiner Studienzeit zwischenzeitlich mehr als ausgeglichen, und zwar nicht nur dadurch, dass ich die sterblichen Überreste seines Gehirns in das Oldensworter Familiengrab überführen ließ, was verschiedene Tageszeitungen seinerzeit zu äußerst merkwürdigen Kommentaren veranlasst hat.

Ähnlich verhält es sich mit Dewey. Viel Arbeit hätte ich mir in den letzten Jahren ersparen können, wenn mir seine Schriften früher zur Kenntnis gelangt wären. Aber Deweys „Pragmatismus", ähnlich verfemt

wie zu Beginn der „Behaviorismus" Mead'scher Prägung, galt, wenn
überhaupt, als „eines armen Mannes Philosophie". An deutschsprachigen
Universitäten hat er seinerzeit allenfalls als Pädagoge reussiert, aber auch
da führte er nur ein Nischendasein (vgl. das instruktive Nachwort Oehlers
zur Neuherausgabe von „Demokratie und Erziehung"). Vergleichbare
Missdeutungen, wie sie hinsichtlich der Schriften Ferdinand Tönnies' im
Schwange waren, verhinderten auf lange Zeit die deutschsprachige
Rezeption der Werke John Deweys, und die Rolle, die im ersten Fall
René König dabei spielte, erfüllte im zweiten Fall Max Horkheimer.
Dass sich diese Situation zwischenzeitlich auch für Dewey zum Besseren
gewendet hat, ist unter anderem ein großes Verdienst seines Übersetzers
Martin Suhr. Es ist schon erstaunlich, dass Dewey bereits zu Beginn des
vorigen Jahrhunderts Einsichten formuliert hat, die heute in den Schriften
Bruno Latours oder Paul Feyerabends, wenngleich natürlich in anderer
Diktion, erneut zur Diskussion gestellt werden. Dadurch, dass die Welt
als Ganzes inzwischen zum Labor geworden ist, erhalten die Analysen
Deweys ihre aktuelle Brisanz. Ohne Übertreibung lässt sich sagen: Mit
dem Konzept der Interventionswissenschaft war er seiner Zeit weit voraus.

Die beiden in diesem Band versammelten Essays sind meiner Ansicht
nach ohne Kenntnis der Originaltexte, auf die sie sich beziehen, nach-
vollziehbar. Zumindest habe ich mich um Verständlichkeit bemüht, nicht
zuletzt durch ausführliche Verwendung von Originalzitaten. Selbstverständlich geht es mir nicht darum, Dewey-Texte einfach nur zu referie-
ren, sondern darum, die in ihnen enthaltene Argumentation historisch
einzuordnen, ihre Stärken und Defizite deutlich zu machen sowie ihre
Aussagekraft für die heutige Diskussion auf der Höhe der Zeit herauszu-
stellen. Der Kenner der Materie weiß natürlich, dass Kant eine „kopernikanische Wende" für sich reklamiert hat. Sie wird ihm von Dewey vehement bestritten: Kant sei in seinen beiden „Kritiken" auf halber Strecke
stehen geblieben. Und natürlich weiß der Kenner, dass die Überlegungen,
die Kant in seiner „Kritik der praktischen Vernunft" angestellt hat, eine
nachträgliche Konzession an die Bedürfnisse und Ängste des durch seinen Diener Lampe repräsentierten „gesunden Menschenverstandes" war.
Aber das sind Skurrilitäten des akademischen Alltagsgeschäfts, die zu
kolportieren amüsant ist und hilfreich sein mag, insoweit sie der Eigen-
profilierung dienen, zur Sache selbst aber nichts beitragen.

Dewey hat seine zentralen Argumente im ersten Drittel des vorigen Jahrhunderts entwickelt. Ihre Brisanz erhalten sie, wie gesagt, aber eigentlich erst heute vor dem Hintergrund der Diskussion um eine postakademische Wissenschaft. Erinnern wir uns:

Mit Beginn der sechziger Jahre des vorigen Jahrhunderts wurde immer deutlicher, dass die Wissenschaft in der Form, in der sie bis dahin betrieben wurde, am Ende war (Böhme et al. 1973, Weingart 1976), dass „wir am Anfang neuer und erregender Arbeitsweisen der Wissenschaft stehen, bei denen man nach ganz neuen Grundsätzen vorgeht" (Solla Price 1963). In Ermangelung eines besseren Begriffs sprach Solla Price von einer „New Science". Wissenschaft sollte nicht mehr nur (akademisches) Wissen „repräsentieren", sondern in der Gesellschaft unmittelbar praktisch wirksam werden, indem sie als „Interventionswissenschaft" in akute Problemfelder aktiv eingreift. „Intervention" (Hacking 1999) entwickelte sich im Verlauf der weiteren Diskussion zu einem „überverwendeten, aber unterbestimmten Begriff" (Borries et al. 2012, S. 5), blieb jedoch gleichwohl wichtig: zum einen als Gegenbegriff zur tradierten „Repräsentationswissenschaft", die sich im kontemplativen Räsonnieren weitgehend erschöpft, zum anderen weil er ein Basisbegriff im Selbstverständnis zahlreicher Wissenschaftsinstitutionen weltweit wurde (Borries et al. 2012, S. 92 ff.).

Während im deutschsprachigen Raum die „Handlungsforschung" wesentlich moralisch motiviert war (Moser 1975), ging es im englischen Sprachraum zunächst einmal nur darum, diesen Epochenbruch zu konstatieren, unabhängig davon, ob er emanzipatorischen oder affirmativen Zielen verpflichtet war. Dabei konnten die Analysen auf eine Tradition zurückgreifen (Dewey 1929), die im deutschsprachigen Raum noch kaum zur Kenntnis genommen worden war: Erkenntnis zu gewinnen unmittelbar durch praktisches Tun, nicht länger mehr durch bloß passive Kontemplation im „ivory tower". Dieser Paradigmenwechsel von der Repräsentations- zur Interventionswissenschaft wurde im Verlauf der weiteren Diskussion als „Second Academic Revolution" (Etzkowitz 1990) bezeichnet, als Übergang von der „Academic" zur „Postacademic Science" (Ziman 1996), zur „Kontextwissenschaft" (Bonß et al. 1993), zur „Postnormal Science" (Funtowicz und Ravetz 1993) bzw. zur „Mode 2 Knowledge Production" (Gibbons et al. 1994, Nowotny et al. 2001). Wie auch immer im Einzelnen benannt, im Fokus steht jedes Mal etwas miteinander Verwandtes: die wissenschaftliche Intervention in gesellschaftliche Problemfelder (zur aktuellen Diskussion vgl. Heintel 2003, 2006, Krainer und Lerchster 2012, Ukowitz 2012).

Einige der hier vorgetragenen Gedanken habe ich bereits an anderer Stelle, insbesondere in einer umfangreichen Monographie 2011, formuliert und ausführlich begründet. Nicht sie sind neu, sondern der Bezug, den ich mit ihrer Hilfe zur Argumentation Deweys herstelle, um deren aktuelle Brisanz zu verdeutlichen und ihr den bei Dewey fehlenden sozialökonomischen Unterbau, wie er sich unter anderem bei Sohn-Rethel, Tönnies und R. W. Müller findet, zu geben.

Für kritische Hinweise, insbesondere was die Philosophie Immanuel Kants betrifft, habe ich, auch wenn ich ihnen nicht gefolgt bin, Peter Heintel zu danken.

Vom transzendentalen Absolutismus zur experimentellen Empirie

John Deweys „kopernikanische Wende"

*Menschliche Intervention um der Bewirkung von Zielen willen
ist keine Einmischung, sondern ein Mittel der Erkenntnis*

John Dewey

1. Die Produktion von Wahrheit.
Vom akademischen Repräsentationswissen zum sozial robusten Interventionswissen

Wissenschaft, wie sie heute betrieben wird, äußert sich in zwei Spielarten. Die eine heißt *Repräsentationismus*, die andere *Interventionismus*. Der Repräsentationismus unterstellt in der Welt dort *draußen* ein *Sein*, das es durch Schauen und durch reflektierende Kontemplation zu erkennen gilt, ein Sein, das an sich immer schon da ist, nur existiert es für uns in unserer alltäglichen Welt, in der Welt, in der wir leben und wahrnehmen, in unendlich viel Abweichungen und Variationen, so dass wir es in seinen allgemeinen Bestimmungen allenfalls durch Anstrengungen unseres Geistes erkennen können. Dieses Etwas, das wir uns durch Kontemplation erschließen, ist oder es ist nicht. Ein Drittes, ein Werden gibt es nicht. *Tertium non datur.* Radikaler als in diesen Worten des Parmenides lässt sich die Metaphysik, die diesen Postulaten zu Grunde liegt und die entscheidend wurde für das Selbstverständnis und die Logik abendländischer Epistemologie, nicht formulieren. Am Schluss des Erkenntnisprozesses, wenn er ordentlich durchgeführt wird und gelingt, fallen Denken und Sein zusammen. Anders der Interventionismus: Er begreift die Welt als ein *Werden*, als einen Prozess, in den aktiv eingegriffen werden kann. Erkenntnis wird gewonnen durch handelndes Tun, durch Herstellung des zu Erkennenden. Darin unterscheidet sich die Philosophie des Interventionismus radikal von der des Repräsentationismus: Wahrheiten werden nicht mehr gefunden, sie werden gemacht – durch Produktion des zu Erkennenden. Die Philosophie des Interventionismus ist die zeitgemäß formulierte Metaphysik einer Wissenschaft, die den sozialhistorischen Herausforderungen zu Beginn des 21. Jahrhunderts gerecht zu werden sucht. Denn historisch ist die Situation, in der sich die Menschen heute befinden, nicht mehr dadurch gekennzeichnet, dass sie Wahrheiten über die Wirklichkeit, die sie umgibt, *entdecken*, sondern dadurch, dass sie über die Wirklichkeit von Wahrheiten, die sie selber produzieren, *entscheiden* müssen. Soll der Weltraum erobert werden? Soll die Kernfusion realisiert werden? Sollen Xenotransplantationen erlaubt werden?

Der Interventionismus bedient sich einer Methode, die Welt durch Handeln zu verändern, *realiter*, während der Repräsentationismus sich einer Methode befleißigt, die im Wesentlichen nur das Gefühl und das Denken des in Kontemplation versunkenen Menschen verändert. Um die Differenz stärker herauszustreichen, bedient sich John Dewey, ein Hauptproponent des frühen Interventionismus, des Begriffs der Kunst: Der Weg des Interventionismus bestehe darin, „Künste zu erfinden", einmal um „mit ihrer Hilfe die Naturkräfte nutzbar zu machen", zum anderen um das menschliche Zusammenleben zu gestalten, ausgehend von Ritualen und Zeremonien bis hin zu den „kompliziertesten Künsten des Gemeinschaftslebens". Der Repräsentationismus kann auf eine lange historische Tradition zurückblicken, und die Methode, derer er sich bei der Erkenntnisgewinnung bedient, war spätestens seit den griechischen Philosophen positiv konnotiert. Anders verhält es sich mit dem Interventionismus. Er wurde über Jahrhunderte hinweg, wenn überhaupt, negativ konnotiert. Der aktive Gebrauch der Künste, die eine wirkliche, eine objektive Veränderung dort draußen in der Welt bewirken, wurde als niedrig, wenn nicht gar als schlecht, und die damit verbundenen Tätigkeiten als knechtisch angesehen. Der Interventionismus ist erst spät zu Selbstbewusstsein gelangt, in ersten Ansätzen und in gebrochener Form im Verlauf des siebzehnten und achtzehnten Jahrhunderts. Sozialhistorische Voraussetzung war, dass Arbeit nicht mehr, wie bei den Griechen, negativ konnotiert wurde. Die Trennung von Hand- und Kopfarbeit und ihre ideologische Rechtfertigung, die sie in der griechischen Philosophie gefunden hatte, musste überwunden werden. Das war nicht bloß ein innerphilosophischer Vorgang, sondern vor allem ein realökonomischer: die Einführung der freien Lohnarbeit, die Kommodifizierung der menschlichen Arbeitskraft. Sozialhistorisch gesehen, handelt es sich hierbei um einen hochstehenden, sehr späten gesellschaftlichen Entwicklungsschub, der zwei schwierige gedankliche Schritte voraussetzt und mit einer Aufwertung des Arbeitsbegriffs einher geht. Erstens muss die Arbeit eines Menschen losgelöst von seiner Person und dem Produkt seiner Arbeit gesehen werden. Wer sich die Arbeit eines anderen Menschen zu Nutze macht, erwirbt etwas Abstraktes, nämlich *Arbeitskraft*, über die allein er und nicht dessen Träger bestimmt. Zweitens erfordert das System der Lohnarbeit, um sie bezahlen zu können, eine Methode, mit der sie gemessen wird. Deshalb wurde ein zweiter abstrakter Begriff notwendig, nämlich Arbeitszeit (vgl. Finley 1977, S. 69).

Zwar ist „die Abwertung des Handelns, des Tuns und Machens, von den Philosophen kultiviert worden. Aber obgleich die Philosophen diese Abwertung dadurch verewigt haben, dass sie sie in Worte fassten und rechtfertigten, haben sie sie nicht in die Welt gesetzt." Sie gaben nur den Ideen, die ihre Wurzeln im frühen Griechentum haben und allgemein verbreitet waren, eine intellektuelle Formulierung und Rechtfertigung, Ideen, die in der gegenwärtigen Kultur nach wie vor wirksam sind, wenngleich nicht mehr so ungebrochen wie sie es in der griechischen Antike und im europäischen Mittelalter waren. Zweifellos haben die Philosophen durch die Erhöhung der Theorie über die Praxis ihre eigene gesellschaftliche Funktion, ihre Kompetenz zur Deutung der Welt glorifiziert, aber indem sie es taten, kultivierten sie nur einen Dualismus, der bereits vorhanden war. „Arbeit war lästig und mühsam, und auf ihr lastete ein ursprünglicher Fluch. Sie wurde unter dem Zwang und Druck der Notwendigkeit verrichtet, während geistige Tätigkeit mit Muße verbunden ist. Aufgrund ihrer Unannehmlichkeit wurde so viel wie möglich an praktischer Tätigkeit Sklaven und Leibeigenen aufgebürdet. Auf diese Weise wurde die soziale Missachtung, in der diese Klasse stand, auf die Arbeit ausgedehnt, die sie tat. Obendrein besteht eine uralte Verbindung der Erkenntnis und des Denkens mit immateriellen und geistigen Prinzipien." Die Künste hingegen, überhaupt alle praktischen Tätigkeiten beim Tun und Machen, wurden mit der Materie in Verbindung gebracht. „Denn Arbeit wird mit dem Körper verrichtet, unter Zuhilfenahme mechanischer Mittel, und richtet sich auf materielle Dinge. Das geringe Ansehen, in dem die Vorstellung materieller Dinge im Vergleich zum immateriellen Denken stand, ist auf alles übertragen worden, was mit der Praxis verbunden war" (Dewey 2001, S. 8 f., 34, 43).

Die Verachtung der Materie und des Körpers einerseits, die Verherrlichung des Immateriellen und des Geistes andererseits sind keineswegs selbstverständlich. Sie haben ihre historischen Wurzeln im protowissenschaftlichen Denken der griechischen Naturphilosophie, beginnend mit den Vorsokratikern, insbesondere mit Parmenides. Eine solche Sichtweise, die das Denken und Erkennen mit einem Prinzip verknüpft, das in keinerlei Verbindung zu Schweiß treibenden physischen Dingen steht, basiert in ihrer ideologischen Rechtfertigung auf der eigentümlichen Schichtungsstruktur der griechischen *Polis* und macht in ihrer Ungleichheit legitimierenden Form dort auch Sinn. Sie führt aber zu Problemen in einer Gesellschaft, die sich spätestens seit dem 18. Jahrhundert zunehmend dadurch auszeichnet, dass die uneingeschränkte Verwendung experimenteller Methoden, die den Griechen und dem europäischen Mittelalter unbekannt waren, nicht mehr nur in den Naturwissenschaften, im Rahmen abgeschotteter Laboratorien, stattfindet, sondern auch und vor allem in der industriellen Produktion, eine Interventionsform, die unmittelbar gesellschaftlich wirksam ist, so dass die Gesellschaft als Ganzes zum Laboratorium wird. Erst vor diesem Hintergrund erschließt sich die volle Bedeutung der lange Zeit, vor allem im deutschen Sprachraum, unterschätzten und missdeuteten Fundamentalkritik Deweys am abendländisch geprägten metaphysischen Denken. Die Pointe der Argumentation Deweys besteht darin, dass nicht der zeitbezogene spezifische Inhalt des griechischen Denkens für die moderne Philosophie und Wissenschaft von Bedeutung und somit zum Verhängnis geworden ist, sondern „dessen Insistenz, dass Sicherheit sich an der Gewissheit des Erkennens bemisst, während die Erkenntnis selbst durch die Treue zu unbewegten und unwandelbaren Gegenständen gemessen wird, die deshalb unabhängig von dem sind, was Menschen praktisch tun" (2001, S. 33 f.).

Für Dewey ist die typisch abendländische Vorstellung, die eine Trennung macht zwischen dem betrachtenden Subjekt einerseits und einer an sich bestehenden objektiven Welt andererseits, die erkannt werden soll, Ausdruck einer dualistischen Ideologie vorwissenschaftlicher, vorindustrieller und vordemokratischer Klassengesellschaften, die ihre Wurzeln im frühen Griechentum hat. Aus dieser dualistischen Tradition heraus, die nicht zu vermitteln mag zwischen Subjekt und Objekt, Geist und Körper, Zweck und Mittel, Vernunft und Erfahrung, speisen sich letztlich alle Probleme abendländischer Philosophie. Zu ihrer Lösung kann *sie* nichts beitragen, weil sie selbst das Problem *ist*. Während die Erkenntnisfortschritte, die mit der griechischen Philosophie unbestreitbar einhergingen, üblicherweise euphorisch hervorgehoben und betont werden, stehen im Zentrum der Bemühungen Deweys deren Begleitumstände, die sich nahezu zweitausend Jahre lang als folgenschwere Erkenntnisschranke erwiesen haben. Von ihr gilt es sich zu verabschieden, denn „in der langen Perspektive der Zukunft gesehen, ist die Gesamtheit der europäischen Philosophie eine provinzielle Episode" (2001, S. 213).

In seinen zentralen Schriften geht es Dewey darum, die Ursachen dieser Fehlentwicklung zu analysieren. Dabei unterscheidet er drei sozialhistorische Zäsuren: den Übergang vom Mythos zum Logos in der nachhomerischen Epoche des frühen Griechentums (der aber im orientalischen Mystizismus der christlichen Religion des römischen Weltreichs sistiert wird), die Geburt der exakten Naturwissenschaft im Gefolge der europäischen Nachrenaissance des 17. Jahrhunderts sowie die Umwälzungen des physikalischen Weltbildes zu Beginn des zwanzigsten Jahrhunderts. Entscheidend ist, dass diese Zäsuren nicht, wie bisher üblich, als Elemente eines linearen Fortschritts gedeutet werden, sondern, in ihrer Brüchigkeit, zugleich als Erkenntnisschranke und Fortschrittsbremse. Dewey zu Folge führte die griechische Philosophie das abendländische Denken in die dualistische Sackgasse eines transzendentalen, eines höheren Reiches unwandelbarer Realitäten, von denen allein wahre Wissenschaft möglich sei, und einer niedrigeren Welt der wandelbaren Dinge, mit denen es Erfahrung und Praxis zu tun haben. Im Verlauf dieser Entwicklung verfestigte sich „die Vorstellung, welche die Philosophie seit den Zeiten der Griechen unablässig beherrscht hat, dass die Aufgabe des Erkennens darin bestehe, das aller Erkenntnis vorausgehende Reale zu enthüllen, statt, wie es mit unseren Urteilen der Fall ist, die Art von Verstehen zu gewinnen, die notwendig ist, um mit den Problemen, wie sie jeweils gerade entstehen, fertig zu werden" (2001, S. 20 f.). Für die Philosophen jener Zeit bestand, anders als heute, überhaupt keine Notwendigkeit, sich empirisch mit der Natur und den durch ihre Bearbeitung verursachten Problemen zu befassen, weil ihr Dasein als Vollbürger der *Polis* durch Sklavenarbeit sichergestellt war.

Um das Charakteristische der Kritik Deweys deutlicher hervortreten zu lassen, mag es deshalb hilfreich sein, die Gemeinsamkeiten und die Unterschiede dieses Denkens im griechischen und im zeitgenössischen Kontext auf der Folie aktueller Referenztheorien, in denen ähnliche Vorbehalte geäußert werden, zu diskutieren.

2. Die Metaphysik der Gesellschaft und ihre Logik: Sohn-Rethel, Günther und Dewey

Die Verlagerung der Wahrheitssuche in einen transzendentalen Raum ist kein Vorrecht griechischer Philosophie oder christlicher Mystik geblieben, sondern findet sich wieder in zeitgenössischen Gesellschaftstheorien, von denen man es eigentlich nicht erwarten würde, besonders pro-

minent vertreten in einer soziologischen Großtheorie deutschsprachiger
Provenienz.

Mit der Soziologisierung des Sozialen hatte Durkheim in Auseinandersetzung mit und in Abgrenzung von Tarde eine Entwicklung einge-
leitet, die in den systemtheoretischen Abstraktionen der „Welt Luh-
manns" hundert Jahre später ihre höchste Weihe empfängt. Der soziologische Raum des Sozialen bestimmt sich danach in dreifacher Abgrenzung: (1) zur Natur, (2) zum Individuum und (3) zum gesunden Menschenverstand. Das „Soziale" der Soziologie erhält seinen Eigenwert dadurch, dass es die natürlichen ebenso wie die individuellen Eigenräume
transzendiert und die Sinnbezüge ihrer symbolischen Vermitteltheit sich
einfach-einsichtiger Vernunft entziehen. Ihre Entzifferung bleibt dem
Soziologen, dem unbeteiligten Beobachter, vorbehalten. Daraus, aus dieser Konstellation, leitet eine solchermaßen verstandene Soziologie ihre
Daseinsberechtigung als akademische Fachdisziplin ab. Bereits Adorno
hatte sich gegen die Monströsitäten Durkheim'scher Abstraktionen ge-
wandt, wie sie sich im Begriff des Kollektivbewusstseins äußern, „an
dem alle Qualitäten festgemacht werden, welche die quasi-naturwissen-
schaftliche Methode sonst wo beseitigt hat", und er fügt hinzu, dass solche Konfigurationen des Rigorosen und Skurrilen das Klima der Sekte
produzieren. „Erst durch die Arbeitsteilung werden die Forschungsge-
genstände Durkheims zu rein soziologischen gemacht; an sich enthalten
sie andere Dimensionen als die in der Definition der *faits sociaux* ausge-
drückten" (1997, S. 264 f.). Dem, was Adorno hier als Monströsität bezeichnet, entspricht die Denkfigur des reinen Seins, wie Parmenides sie
gut zweieinhalb Jahrtausende zuvor formuliert hat: als absolutes Eines,
Unbewegliches, Unveränderliches, Ungewordenes, Unvergängliches in
der überempirischen Welt toter Transzendenz.

Vergegenwärtigen wir uns die historische Situation, in der Durkheim
und Tarde aufeinandertrafen: Tradierte Selbstverständlichkeiten waren in
Frage gestellt. Widerstreitende Klasseninteressen drohten die Binnen-
kohärenz der Gesellschaft zu zerstören. Die aus feudaler Abhängigkeit in
neue, ganz ungewohnte Freiheiten entlassenen Bürger, die nun begannen,
ganz unterschiedliche Interessen zu verfolgen, provozierten zwangsläufig
eine Frage: Was hält die Gesellschaft zusammen? Vor diesem Hintergrund ist es nur allzu verständlich, dass sich Durkheim und sein Konzept,
Soziales durch Soziales zu erklären, fürs erste durchsetzte und Tarde mit
seiner „Metaphysik des Sozialen" scheiterte. Zweifellos hatte Durkheim

seinerzeit, als es um die Konstitution der Soziologie als Fachwissenschaft und ihre institutionelle Verankerung im akademischen Betrieb ging, das historische Recht auf seiner Seite. Doch heute ist die Situation eine andere. Die Soziologie ist etabliert und bräuchte Berührungen mit naturwissenschaftlichen Disziplinen in keinerlei Weise zu fürchten. Ihre Zukunft wird unter anderem davon abhängen, inwieweit es ihr gelingt, sich in die *life sciences* zu integrieren, oder ob sie sich weiterhin dem überkommenen Selbstverständnis einer davon abgehobenen Kulturwissenschaft verpflichtet fühlt. Im zuletzt genannten Fall ist die Lösung der Struktur nach seit Kant geläufig: „Wenn man einerseits Rechnung tragen will, dass die Möglichkeit des Erwerbs kultureller Inhalte überhaupt Grundkompetenzen des sozialen Handelns, Denkens und Kommunizierens voraussetzt, die selbst nicht wieder durch eine Internalisierung kultureller Inhalte erworben werden können, andererseits aber den methodischen Rahmen konventioneller Soziologie als ‚Kulturwissenschaft' nicht verlassen will, dann muss man zwangsläufig die universellen Handlungskompetenzen in transzendentalphilosophischer Perspektive zu begreifen suchen" (Mueller 1982, S. 207). Und so entspricht es durchaus der Logik des Durkheim'schen Paradigmas, an die Stelle des klassischen Transzendentalsubjekts Kantischer Prägung die transzendentale Einheit der Kommunikationsgemeinschaft zu setzen. Diese antinaturalistische Attitude der Soziologie, die in der kulturalistischen Tradition einer dichotomisch konzipierten Bewusstseinsphilosophie wurzelt, zielt nicht nur am Wissen und am aktuellen Forschungsstand der zeitgenössischen Lebenswissenschaften völlig vorbei, sondern ist auch um so erstaunlicher, als sie den Gründungsvätern der Sozialwissenschaften im 19. Jahrhundert, Comte, Marx oder Spencer, völlig fremd war. Dass Tarde heute wiederentdeckt wird, heißt nicht, dass zwischenzeitlich eingesehen wurde, er habe Recht und Durkheim habe Unrecht gehabt. Vielmehr ist es so, dass der hohe, ins Auge stechende Vergesellschaftungsgrad der Menschen und die damit einhergehende Historisierung der Natur, beides maßlos vorangetrieben und vermittelt durch Technologie, sich in neueren, grenzüberschreitenden Erklärungsansätzen äußert, die der Situation, die ihnen zugrunde liegt, angemessener sind als jene tradierten Deutungsmuster, deren Rigidität, wie im Biologismus, im Psychologismus oder im Soziologismus, weniger der Analyse empirischer Fakten als vielmehr disziplinären Ordnungserfordernissen der Theoriebildung geschuldet sind.

Ein seinerzeit schlagendes Argument, das gegenüber Tarde ins Feld
geführt wurde, lautete, er betreibe nicht Soziologie, sondern Metaphysik.
Tarde war sich der Berechtigung dieses Vorwurfs durchaus bewusst.
Hingegen haben die Kritiker außer Acht gelassen, dass unsere gesamte
neuzeitliche Wissenschaft auf zutiefst metaphysischen Voraussetzungen
beruht. Ähnlich problematisch verhält es sich mit der Denkfigur bzw. der
Fiktion des unbeteiligten Beobachters. Auch ihre metaphysischen Wurzeln, ihre sozialhistorische Verankerung in Raum und Zeit werden selten
nur reflektiert. Wissenschaft, auch wenn sie sich selbst metaphysikfrei
wähnt, ist nicht erklärbar ohne Bezug zu jenen metaphysischen Grundlagen, auf denen sie aufruht, und zu jener Vergesellschaftungsform, die
dieser Metaphysik zugrunde liegt. Wissenschaft, so wie sie sich in ein-
maliger und eigentümlicher Weise in Europa, im Abendland herausgebildet hat, ist in ihrem Wesenskern kaum zu erfassen, wenn man sie nicht
auf die sozialhistorisch gewordenen Strukturprinzipien der Gesellschaft,
in die sie eingebettet ist, rückbezieht. Und man muss die Form, in der sie
sich darstellt, rückbeziehen auf die metaphysischen Grundlagen der
Kommunikation, in der die Menschen dieser Gesellschaft miteinander
verkehren. So finden sich zum Beispiel Parmenides' philosophische
Grundsätze, dass etwas entweder sei oder nicht sei und das Denken und
Sein in eins falle, vermittelt über Aristoteles, als zentrale Fundamente
aufgehoben in der sich selbst als metaphysikfrei wähnenden zweiwertigen abendländischen Logik. Der Denkzwang, der sich in den Sätzen von
der Identität, vom Widerspruch und vom ausgeschlossenen Dritten
äußert, diszipliniert das „wilde Denken" und zwingt es in logisch „kor-
rekte" Bahnen. Logos tritt an die Stelle des Mythos. Darin, in der Übertragung des inhaltlich leeren Handlungsschemas aus der subjektiven Erfahrung des tätigen Menschen in die physische Wirklichkeit, unterscheidet sich die abendländische Kultur von allen anderen regionalen Hochkulturen, die im Bereich inhaltlich gebundener Subjektivität verharren
und die inhaltlichen Substrate ihrer Kultur in die Umwelt projizieren, ihr
in symbolischer oder institutioneller Form, sei es in der Religion, in der
Kunst oder im Alltag, Geltung verschafften. Durch die griechische Metaphysik im Gefolge des Parmenides ist eine Weiche zur Bearbeitung der
Welt gestellt worden in einer Radikalität, die für das gegenwärtige Verhältnis von Wissenschaft und Gesellschaft zwar von allergrößter Bedeutung ist, in ihrer sozialhistorischen Bedingtheit aber zunehmend aus den
Augen verloren wurde. Es ist bestimmt durch die präzise und operatio-

nale Darstellung axiomatisierter Aussagen in symbolisierter Form unter
Ausschluss inhaltlicher, etwa psychologischer oder rhetorischer Überlegungen. Aus dem Blick geriet, dass diese Logik, die sich ihrem Selbstverständnis nach durch jeglichen Verzicht auf Metaphysik und Ontologie
auszeichnet, ihnen in Wirklichkeit zutiefst verhaftet ist. Sie ist „in ihren
allgemeinen Prinzipien der getreue Ausdruck und Spiegel der Aristotelischen Metaphysik. Erst im Zusammenhang mit den Überzeugungen, auf
welchen diese letztere ruht, lässt auch sie sich in ihren eigentlichen Moti-
ven verstehen. Die Auffassung vom Wesen und von der Gliederung des
Seins bedingt die Auffassung der Grundformen des Denkens" (Cassirer
1980, S. 4). Zwar haben sich in der weiteren Ausbildung der Logik die
Beziehungen zu der speziellen Form der Aristotelischen Ontologie ge-
lockert. Die Verknüpfung mit ihren allgemeinen Grundanschauungen
blieb nichts desto weniger erhalten. Die Hauptzüge der Aristotelischen
Lehre sind in ihren Voraussetzungen so schlicht und klar, so sehr „stimmen sie mit den Grundannahmen überein, die die gewöhnliche Weltsicht
durchgehend braucht und bestätigt, dass sich für eine kritische Nachprü-
fung hier kaum irgendwo eine Handhabe darzubieten scheint" (Cassirer
1980, S. 5).

Das tradierte, weitgehend unhinterfragte Verhältnis von Wissenschaft
und Gesellschaft ist in jüngster Zeit zunehmend als problematisch empfunden worden. Vom „Ende der großen Erzählungen" ist die Rede. Eine
„Postacademic Science" sei im Entstehen begriffen. „Science Wars" ver-
unsichern die akademische Landschaft. Überkommene Selbstgewisshei-
ten, so scheint es, sind endgültig dahin. Die „Leere des Hochschulrau-
mes" wird beklagt. Und obwohl gegenwärtig viel von der „Wissensgesellschaft" gesprochen wird, gipfelt der Versuch, die gegenwärtige Situation begrifflich zu fassen, eher plakativ in einer „Theorie der Unbildung"
(Liessmann 2006). Selten nur werden die tiefer liegenden Momente
gesellschaftlicher Eigenrationalisierung angesprochen, die ihre historischen Wurzeln im Verhältnis von Metaphysik, Logik und Gesellschaft
haben. Drei Ausnahmen gibt es, drei Autoren, die sich aus ganz unterschiedlichen Erkenntnisinteressen diesem Trialismus nähern: Alfred
Sohn-Rethel, Gotthard Günther und John Dewey.

Im Zentrum der Überlegungen Gotthard Günthers steht das *Verhältnis
von Metaphysik und Logik*. Parmenides, dessen Denken, vermittelt über
Aristoteles, für die Entwicklung der abendländischen Wissenschaft entscheidend wurde, hatte dieses Verhältnis in grundlegender Weise vor-

formuliert: „Dasselbe ist Denken und Sein", schrieb er. Ob etwas sei oder
nicht sei, war für ihn eine Frage allein des Denkens. Das reine Sein, das
diesem Denken entspricht und auf das allein es ankommt, dürfe nicht mit
einem wie immer gearteten Nicht-Sein vermischt werden. Übergänge
vom Nicht-Sein zum Sein und vom Sein zum Nicht-Sein, also Entstehen,
Werden und Vergehen, sind für ihn ganz denkunmöglich, Trugbilder
sinnlicher Wahrnehmung. Das reine Sein ist ein absolutes Eines, Unbewegliches, Unveränderliches, Ungewordenes, Unvergängliches. Zwar
steht ihm das Seiende, das sinnlich Wahrnehmbare aller Erscheinung
schlechthin als ein anderes gegenüber, gedacht wird es aber als ein Sein,
das der Erscheinung zugrunde liegt. Die Metaphysik, die Ontologie, die
einem solchen Identitätspostulat ganz offensichtlich, später dann unaus-
gesprochen, zugrunde liegt, ist unübersehbar. Der Wahrheit entspricht
dann eine und nur eine Welt: (1) Die konstante Begrifflichkeit bezieht
sich auf eine Welt von Objekten, die mit sich selbst identisch sind. (2)
Dem Satz vom verbotenen Widerspruch entspricht eine Wirklichkeit,
deren Grundcharakteristikum die Eindeutigkeit ist. (3) Dem Satz vom
ausgeschlossenen Dritten entspricht die Welt als Inbegriff einer Einheit,
in der etwas ist oder nicht ist. Ein solcher Wahrheitsbegriff ist die Basis
der formalen Logik, der operationalen Theorie, die wiederum die Grundlage darstellt für eine Form des Wissens, das sich schließlich in Technologie manifestiert und ausgehend von Europa die Welt erobert.

Eben dies ist der Ausgangspunkt der technikphilosophischen Argumentation Gotthard Günthers. Für ihn ist die formale Logik ein Konden-
sat der abendländischen Metaphysik, die im nachhomerischen Griechenland ihren Ausgang nahm. Der durch sie geprägte Begriff des Seins postuliert die ewige Unveränderbarkeit dieses Seins. In der Feststellung „Ich
denke etwas" wird zwischen dem „Ich" und diesem „Etwas" eine Beziehung hergestellt, nämlich das „Denken". „Gegenstand sein" heißt „mit
sich identisch sein". Um Gegenstand des Denkens zu sein, muss dieser
als unveränderlich angenommen werden, mit sich identisch im Gegensatz
zur Verschiedenheit der sinnlichen Wahrnehmungsereignisse, in denen er
unmittelbar erlebt wird, so wie die zum Tausch angebotene Ware auf
dem Markt, auch wenn sie etwa als pausbäckiger Apfel stetig vor sich
hinfault. Identität wird nicht als subjektives Bewusstseinsmotiv verstanden, sondern jenseits des Denkens angesiedelt: als an sich existierende
Bestimmung des Seins (vgl. Günther 1976, Bd. I, S. 38 f.).

Das Bild der Metaphysik, die dieser Logik zugrunde liegt, ist spätestens seit Hegel brüchig geworden. Während das Denken des Seins, die Ontologie, bislang Hauptmotiv der klassischen Metaphysik war, folgt nun das Denken des Denkens als Leitfigur. Dem klassischen Denken entsprach die Welt als „ein mit sich selbst identischer, objektiver, der Reflexion unmittelbar gegebener, irreflexiver Realzusammenhang" (a.a.O., S. 151). Das definitive metaphysische Ziel allen überhaupt möglichen Denkens war das gegenständliche, mit sich selbst identische „An sich". Denken war seit Parmenides mit dem Inbegriff aller Bestimmungen des Denkgegenstandes letztlich identisch. Das „transklassische" Denken, wie Günther es nennt, ist die Reaktion auf Unzulänglichkeiten des klassischen Denkens. Nicht mehr das Sein, sondern die Reflexion rückt ins Zentrum metaphysischen Erkenntnisinteresses. War der Denkgegenstand bisher nicht selbstdenkend, denn das Sein galt dem Denken als entgegengesetzt, so richtet sich nun das Denken auf den Denkprozess selbst. Das aber führt zu einer völlig anderen Metaphysik, ein Schritt, der von der formalen Logik nicht mit vollzogen wurde. Ohne sich dessen bewusst zu sein, blieb sie dem Denken des Seins verhaftet. An diesem Sachverhalt setzt Gotthard Günther mit seinem Projekt einer „transklassischen" Logik an: Wenn es möglich ist, die klassische Logik als Essenz der klassischen Metaphysik darzustellen, dann ist die Frage berechtigt, ob sich nicht aus einer anderen Metaphysik eine andere Logik abstrahieren ließe. Warum sollte sich, da die Formalisierung der klassischen Logik, das heißt, ihre Überführung in operationale, effiziente Kalküle, die wesentlichen Eigenheiten der ihr zugrunde liegenden Metaphysik bewahrte, nicht auch eine operationsfähige, axiomatisierte und formalisierte Logik konstruieren lassen, die auf einer anderen Metaphysik, etwa im Sinne Hegels, aufbaut?

Ein solches Vorhaben ist nicht länger mehr bloß philosophische Spekulation, wie noch zu Zeiten Hegels, sondern im Umkreis der Forschungen zur künstlichen Intelligenz und Neurophysiologie zum konkreten Gestaltungsproblem geworden. Die an das Denken des Seins gebundene formale Logik kann dem Denken des Denkens in angemessener Weise nicht gerecht werden. Ihre Schwierigkeiten äußerten sich bereits recht früh: als innerlogische Probleme in den Grundlagenarbeiten von Gottlob Frege und Bertrand Russell. Die aristotelische Logik, so Günther, sei an ihre Grenzen gekommen.

Die Kritik, wie sie von Gotthard Günther an der zweiwertigen Logik formuliert wird, mag auf den ersten Blick überraschen. Sie zielt, anders

als die Aufforderung zur „Wiederverzauberung der Welt" und zur „Rück-
kehr zum Mythos", in die entgegengesetzte Richtung: Die klassische
Logik sei in ihrem Formalisierungsbemühungen inkonsequent und unvollständig. Sie bleibe einer Metaphysik verhaftet, der die Realität
historisch schon längst entglitten sei. Die zweiwertige Logik könne ihren
Entstehungsprozess deshalb nicht reflektieren und sei deshalb der Kritik
nicht zugänglich, weil sie nicht wirklich formal ist, sondern letztendlich
durch die absolute wahr-falsch-Unterscheidung inhaltlich gebunden
bleibt. Alle logischen Operationen sind durch diesen Wahrheitsbezug an
das Sein, an den Ist-Zustand gebunden. Die Wahrheit liegt für sie außerhalb der handelnden Subjekte in der Beschaffenheit der Welt. Theorie,
die auf einer solch ontologisch fixierten Logik basiert, ist an das Faktische gebunden. Wenn Subjektivität sich aber in mehr äußern soll als nur
in der linearen Fortsetzung der Vergangenheit, dürfe sie, so Günther,
nicht durch inhaltliche Bestimmungen metaphysischer Art festgelegt
sein. Subjektivität, die, anders als im klassischen Sinn, nicht determiniert
sein will, benötige die Freiheit des Willens. Diese Freiheit setzt, formal
betrachtet, inhaltlich nicht-determinierte Werte voraus. Die Werte der
klassischen Logik, „wahr" und „falsch", aber sind bereits determiniert.
Sie lassen keine Subjektivität zu. Hingegen äußert sich die Tätigkeit des
Subjekts gerade darin, die gegebene Welt zu verändern, in vorgegebene
Abläufe einzugreifen. Eingriffe, Veränderungen kennzeichnen menschliche Praxis. Sie lassen sich durch die Kalküle der klassischen Formal-
logik, der eine statische Metaphysik zugrunde liegt, nicht abbilden. Die
unlösbare Bindung der logischen Werte an das, was ist, an das Sein, wie
es die abendländische Metaphysik formuliert hat, führt zu dem fatalen
Resultat, dass Praxis nur dann angemessen abgebildet werden kann,
wenn sie im Sein nachträglich als Produkt, als Gewordenes erscheint.
Das Werden, der Prozess, das Mögliche bleiben ausgeschlossen. Zukunft
aber lässt sich nur darstellen als Verlängerung der Vergangenheit über
die Gegenwart hinaus. Der entscheidende Schritt Gotthard Günthers besteht darin, die Bindung der formalen Grundlagen an das Faktische zu
lösen. Er vollzieht den letzten Schritt abendländischer Logik und abstrahiert von jeglicher substantiellen Wertbesetzung („wahr" und „falsch"),
das heißt, er hebt die Gleichsetzung der logischen Grundelemente mit
einer absoluten inhaltlichen Bindung („wahr" und „falsch") auf. Er führt
bedeutungsleere Symbolfolgen ein, so genannte Morphogramme, bei

denen es nicht mehr um bestimmte ontologisch festgelegte Werte, sondern um Differenzen geht.

Im Zentrum der Untersuchungen Alfred Sohn-Rethels steht das *Verhältnis von Metaphysik und Gesellschaft*. Die Überlegung, die er anstellt, ist so einfach wie überzeugend. Er fragt: Worin unterscheiden sich Gesellschaften, deren Kultur weitgehend durch Formen reinen Denkens geprägt ist, von jenen, in denen das nicht der Fall ist? Formen reinen Denkens treten zweimal in der Entwicklung der Menschheitsgeschichte auf, zu einer ganz bestimmten Zeit und an einem ganz bestimmten Ort, in der nachhomerischen Kultur des frühen Griechentums sowie in der Kultur der europäischen Nachrenaissance. Beide Kulturen basieren auf einer spezifischen Art und Weise der gesellschaftlichen Synthesis: auf der zwischenmenschlichen Verkehrsform des entwickelten, auf Geld basierenden Warentauschs. Darin stimmen sie überein und darin unterscheiden sie sich von anderen. Ganz ohne Vorläufer, wenngleich nicht in dieser ausgearbeiteten Form, ist Sohn-Rethels „Soziologische Theorie der Erkenntnis" übrigens nicht. Bereits Tönnies hatte in seinen groß angelegten Studien „Gemeinschaft und Gesellschaft", „Philosophische Terminologie in psychologisch-soziologischer Ansicht" sowie „Geist der Neuzeit" auf die Korrespondenzen und wechselseitigen Durchdringungen von sozialen und kognitiven Strukturen, auf die gesellschaftliche Vermitteltheit der Naturkategorien und die epistemologische Bedeutung der Tauschkategorie hingewiesen. Wie später bei Sohn-Rethel dient ihm die Tauschkategorie als Paradigma für die Abstraktionsprozesse, auf denen das neuzeitliche Weltbild beruht. Indem er die Tauschkategorie nicht nur bzw. nicht so sehr als Kristallisationskern einer Theorie des sozialen Handelns auffasst, sondern ihre epistemologische Bedeutung herausstreicht, gelingt bereits ihm eine erste Vermittlung zwischen Gesellschaftstheorie und Erkenntnistheorie. Dementsprechend sieht auch Tönnies im Händler und Kaufmann die zentrale Gestalt der Sozietät, die er als „Gesellschaft" bezeichnet. In der Gestalt des Händlers findet der abendländische Individuierungsprozess seinen paradigmatischen Ausdruck. Auf diese Bevorzugung der Zirkulations- vor der Produktionssphäre als Ausgangspunkt für eine soziologische Theorie sowohl der Gesellschaft als auch der Rationalität hat Bickel in seiner Tönnies-Studie aufmerksam gemacht. Über die von Tönnies formulierten Einsichten in den Zusammenhang von wissenschaftlicher Begriffsbildung und Geldwirtschaft schreibt er: „Der Tauschakt als die paradigmatische Grundoperation der Gesellschaft überhaupt wird darin zum ersten Mal auf den Begriff gebracht. In dieser Grundoperation laufen für Tönnies die Gedankenfäden und die Handlungsdispositionen des neuzeitlichen Menschen zusammen: ohne Fähigkeit zu abstraktem, begrifflichem Denken keine Ablösung des Tauschwerts vom Gebrauchswert und ebenso keine Nivellierung der empirischen Mannigfaltigkeit in Tauschäquivalente. Ohne den im Kapitalismus gesetzten Zwang zu eben dieser Deutungs- und Handlungsart gäbe es auch nicht die dominierende Figur des Kontrakts – im Sinne von tatsächlich geschlossenen Verträgen oder im Sinne einer legitimierenden Fiktion des Als Ob, mit der soziale Bindungen grundsätzlich nach dem Modell des Vertrages gedeutet werden" (Bickel 1991, S. 311, ferner S. 16, 316). Die zentrale Belegstelle hierfür findet sich im Hauptwerk Tönnies': „Die Gesellschaft produziert ihren eigenen Begriff als Papiergeld und bringt ihn in Umlauf, indem sie ihm Kurs gibt. Dies gilt insofern, als der Begriff des Wertes dem Begriffe der Gesellschaft als notwendiger Inhalt ihres Willens inhäriert. Denn Gesellschaft ist nichts als die abstrakte Vernunft – deren jedes vernünftige Wesen in seinem Begriffe teilhaftig ist – insofern dieselbe zu wollen und zu wirken gedacht wird. Die abstrakte Vernunft in einer speziellen Betrachtung ist die wissenschaftliche Vernunft, und deren Subjekt ist der objektive Relationen erkennende, d. h. der begrifflich denkende Mensch. Und folglich verhalten sich wissenschaftliche Begriffe, die ihrem gewöhnlichen Ursprunge und ihrer dinglichen Beschaffenheit nach Urteile sind, durch welche Empfindungskomplexen Namen gegeben werden, innerhalb der Wissenschaft, wie Waren innerhalb der Gesellschaft. Sie kommen zusammen im System wie Waren auf dem Markte. Der oberste wissenschaftliche Begriff, welcher nicht mehr den Namen von etwas Wirklichem enthält, ist gleich dem Gelde. Zum Beispiel der Begriff Atom oder der Begriff Energie" (Tönnies 1979, S. 39).

Die griechische Kultur findet in der Tauschabstraktion die Grundfigur von Abstraktion schlechthin (Sohn-Rethel 1970, Müller 1977, Eich 2006, Wieland 2012). Die Realabstraktion drängt den Geist zur Denkabstraktion. Logik wird zum Geld des Geistes. Hierin dürfte auch, steht zu vermuten, die tiefe Seelenverwandtschaft zwischen früher griechischer und späterer bürgerlicher Kultur ihre Wurzeln haben. Ihre Denkformen und -kategorien haben nirgends einen Sinn und können nirgendwo verstanden werden als unter zivilisierten Menschen, unter Menschen, die wissen, was Warentausch und Geld ist. Zu Recht kann Tönnies in seiner groß angelegten Studie über wissenschaftliche Begriffsbildung deshalb formulieren, dass „die Zeichen ökonomischen Wertes, das heißt des Tauschwertes" ebenso „wie Worte" einen „sozialen Charakter" haben. „Wie Worte von Gehirn zu Gehirn wandern, so gehen die Zeichen des Tauschwertes (Geld, seine Vorgänger und seine Ersatzmittel) von Hand zu Hand – sie führen eine Bedeutung mit sich, außer dem was sie *sind* – das heißt sie müssen außer dem, als was sie in den Sinnen (und dem an sie gebundenen Verstand) erscheinen, intellektuell *gedeutet* werden: und es versteht sich, dass dieser ihr ‚Sinn' eine Beziehung auf ‚Gehirntätigkeit' (das heißt auf *Denken*) in sich schließt, sowohl im Falle des Geldes wie im Falle der Worte" (2009, S.164-247, hier: S. 245, ebenfalls 2011, S. 140, Hervorhebung im Original). Die Denkformen und -kategorien, die als Resultat eines sozialhistorischen Abstraktionsprozesses entstehen, lassen sich unter dem Begriff des mechanischen Denkens zusammenfassen. Es sind Begriffe und Prinzipien des reinen Verstandes. Sie existieren nur im menschlichen Denken, aber sie entspringen ihm nicht. Sie entstammen einer Vorformung, welche bei Kant transzendental heißt. Während Kant aber diese Vorformung, als überhistorische und alle Erfahrung übersteigend, ins Bewusstsein, in den Intellekt oder Geist verlegt, ist das Bemühen Sohn-Rethels darauf gerichtet zu zeigen, dass sie geschichtlicher Natur ist und einer bestimmten Form des gesellschaftlichen Seins angehört, der Warenproduktion. In ihr findet die reine Verstandestätigkeit, die der Mensch heute auf Maschinen zu implementieren versucht, ihre Form- und ihre Ursprungserklärung.

Die Natur liefert keine identischen Gegenstände. Das haben die Vorsokratiker, Parmenides und Heraklit, durchaus richtig erkannt. Sie provoziert kein durchgehendes Moment im Erfahrungszusammenhang der Menschen, das die Möglichkeit der Abstraktion hervorbringen würde. Deshalb muss diese Abstraktion in der Gesellschaft als Realkategorie vorhanden sein, als mögliche Erfahrung von Wirklichem, damit sie als Idee gefasst werden kann. Nur so ist das Individuum in der Lage, Identität zu konstatieren, Gegenstände zu identifizieren, Begriffe von ihnen zu bilden, sie in Urteilen zu verknüpfen, Kategorien auszubilden usw. Ohne eine solche Zurichtung der Wirklichkeit kann es keine ihr entsprechende Zurichtung des Bewusstseins geben. Nicht von ungefähr verweist Vorländer auf die durch Handel veränderten Möglichkeiten der Lebensgestaltung in den Städten Ioniens, insbesondere Milets, als Ursprung der griechischen Philosophie und (Proto-) Wissenschaft. „Hier war ein weit-

blickender Kaufmannssinn zu Hause, der mit kühnem Unternehmens-
geist, hinwegschreitend über den engen Gesichtskreis des Kleinstädters,
in die Fremde zog und alle Küsten des Mittelmeeres mit neuen Pflanz-
städten oder doch Handelsniederlassungen bedeckte, nachdem schon
längst das Ägäische Inselmeer zu einer griechischen Binnensee geworden
war. In den Städten Ioniens häuften sich die Erzeugnisse dreier Erdteile;
der Wohlstand wuchs und schuf neue Möglichkeiten der Lebensgestaltung" (1990, Band I, S. 11). Die Natur liefert keine identischen Gegenstände, die dem Geld, einem durch und durch gesellschaftlichen Kons-
trukt, vergleichbar wären. Zu Recht verweist R. W. Müller darauf, dass
das Vermögen zur Abstraktion, das „Prinzip der Vernunft" seiner Grund-
struktur nach dasselbe ist in der Kopfarbeit des Kaufmanns wie des Philosophen, auch wenn es manifest nicht demselben Zweck dient. Und er
kann durchaus zu Recht auf frühgriechisches Selbstverständnis verweisen, demzufolge die neue, um sich greifende Tätigkeit der Händler und
der Philosophen dem Bereich des Künstlichen zugeordnet wird, ganz im
Gegensatz zur handwerklichen und bäuerlichen Arbeit, die in eine natur-
hafte Ordnung eingebettet bleibt. Darin gleichen sich die Philosophie, das
Geld und der Handel: Es sind künstliche Gebilde, Fiktionen. Die Realabstraktion allerdings, die sich im Geld und im Handel manifestiert, geht
den Denkabstraktionen der Philosophie zeitlich voraus. „Im Geld ist
diese Abstraktionskraft zuerst dinglich da, und im kalkulierenden Verhalten des Handels- und Geldkapitalisten wird die Normalität des rück-
sichtslosen Abstrahierens von allen besonderen, natürlichen, dem Menschen nützlichen Eigenschaften, von den Besonderheiten der natürlichen
Gegenstände als der Gegenstände des Bedürfnisses zuerst eingeübt. Im
Umkreis regelmäßiger Handelstransaktionen kann zuerst die fortgesetzte
Identifikation des Konkret-Verschiedenen zu einer regelmäßigen Basis
von Erfahrung werden" (Müller 1984 S.136). Hier und nirgendwo anders
findet sich die Geburtsstätte des Kantischen Transzendentalsubjekts.
   Nach Sohn-Rethel hat die Soziogenese des transzendentalen Bewusstseins ihren Ursprung in der Art und Weise, wie Menschen sich gesellschaftlich aufeinander beziehen, wie sie ihr individuelles Handeln zu ge-
sellschaftlichem Handeln synthetisieren und dabei soziale Figurationen
erzeugen, die ihrerseits wieder prägend auf die einzelnen Menschen zu-
rückwirken. Denkbar und historisch nachweisbar sind durchaus unterschiedliche Typen gesellschaftlicher Synthese, aber nur ein Typus hat
Formen reinen Denkens hervorgebracht, die im transzendentalen Be-

wusstsein ihre bislang höchste Ausprägung fanden: die Synthese durch Warentausch. Im Tausch, heißt es bei Sohn-Rethel, muss abstrahiert werden von allen physischen Eigentümlichkeiten der Waren. Im Tausch findet nichts statt, was die Physis der Dinge verändert. Der Tausch ist eine Handlung, die auf bloße Eigentumsbewegungen abzielt, also auf Veränderungen von rein gesellschaftlicher Signifikanz. Gleichwohl ist sie selbst ein höchst realer Vorgang. Sohn-Rethel spricht deshalb auch von einer Realabstraktion. Der Tauschakt, die Besitzübertragung der Ware, hat den gleichen Realitätsgehalt wie die physischen Veränderungen, die er ausschließt. Der Tausch, um real zu sein, muss den Gebrauch ausschließen. Von der Physis, der Natur der Ware muss im Tauschakt abstrahiert werden. Von allem qualitativ Sinnlichen wird abgesehen, alles Wahrgenommene wird quantifizierenden Prinzipien unterworfen. Dieser Vorgang wird den Menschen ihrerseits zur abstrakten Natur, zur sozialen Realität.

Die Warenabstraktion hat ihren Ursprung im Tun, nicht im Denken der Menschen. Während die Begriffe der Naturerkenntnis Denkabstraktionen sind, ist der ökonomische Wertbegriff, wie Sohn-Rethel immer wieder betont, eine Realabstraktion. Zwar existiert er nur im menschlichen Denken, aber er entspringt ihm nicht. Er ist unmittelbar gesellschaftlicher Natur. Er hat seinen Ursprung in den zwischenmenschlichen Verkehrsbeziehungen. Nicht die Personen, ihre Handlungen erzeugen diese Abstraktionen.

Der Austausch der Waren ist abstrakt, weil er von ihrem Gebrauch nicht nur verschieden, sondern zeitlich getrennt ist. Tausch- und Gebrauchshandlung schließen einander aus. Sohn-Rethel führt dazu aus: Solange Waren Gegenstand von Tauschverhandlungen sind, sich also auf dem Markt befinden, dürfen sie nicht in Gebrauch genommen werden. Während dieser Zeit unterliegen sie der Fiktion vollständiger physischer Unveränderlichkeit. Der Grund ist, dass die Tauschhandlung nur den gesellschaftlichen Status der Waren verändert. Um diese gesellschaftliche Veränderung ordnungsgemäß und nach den ihr eigenen Regeln vollziehen zu können, müssen die Waren von allen physischen Veränderungen ausgenommen bleiben. Zumindest muss so getan werden, als ob es so sei. Deshalb kann Sohn-Rethel sagen, der Austausch sei abstrakt auch in der Zeit, die er in Anspruch nimmt.

Bereits die These Sohn-Rethels, dass die Abstraktionen ihren Ursprung im menschlichen Tun, nicht im Denken haben, ist erstaunlich.

Noch erstaunlicher ist, dass damit nicht die Auseinandersetzung des Menschen mit der Natur, mit seiner physischen Umwelt, sondern mit seinesgleichen, mit seiner sozialen Umwelt gemeint ist. Die Abstraktionen, die im Tauschakt vorgenommen werden, finden in der sinnlich erfahrbaren Gestalt der Tauschobjekte keine Entsprechung. Was passiert, ist die Gleichsetzung von physisch völlig unterschiedlichen Waren in einer Tauschgleichung. Die Waren an sich sind nicht gleich, der Tausch setzt sie gleich. Im Tauschakt wird nicht die Gleichheit zweier Waren erzeugt, sondern ihre Gleichwertigkeit, ihre Äquivalenz. In dieser Realabstraktion, in der durch die Tauschhandlung erzeugten Äquivalenz vermutet Sohn-Rethel, verkürzt gesagt, die soziogenetische Grundlegung des mathematischen Äquivalenzbegriffes. Folgt man dieser Argumentation, so stünde das Auftauchen rein mathematischen Denkens in seiner eigentümlichen Logik in jenem historischen Entwicklungsstadium menschlichen Zusammenlebens zu erwarten, in dem der Warentausch zum vorherrschenden Prinzip gesellschaftlicher Synthese wird, zu einem Zeitpunkt, der durch Einführung und Ausbreitung geprägten Geldes hervorstechen müsste. Und in der Tat lässt sich zeigen, dass der geldvermittelte Tausch von Äquivalenten eben zu jener Zeit und in jener Region entsteht, die auch zuerst vernünftige Kantische Subjekte freisetzt. Der sorgfältigen Studie von Rudolf Wolfgang Müller lässt sich entnehmen, dass die griechische Kultur im sechsten Jahrhundert vor unserer Zeitrechnung das Geld ebenso erfindet wie die Logik, Äquivalente ebenso wie Kategorien. Identität und Widerspruch, Zahl und Quantität, Raum und Zeit gelten fortan als allgemeine Kategorien rationaler Weltauffassung. Die griechische Kultur findet in der Tauschabstraktion die Grundfigur von Abstraktion schlechthin. Diese Realabstraktion drängt den Geist zur Denkabstraktion. Logik wird zum Geld des Geistes.

Der Ausschluss der Gebrauchshandlung während der Tauschhandlung und die Fiktion vollständiger physischer Unveränderlichkeit der Waren auf dem Markt haben nicht nur soziogenetische Bedeutung für die Äquivalenzrelation, sondern ebenso für weitere, der abstraktiven Kraft des Warentauschs innewohnende Prinzipien, insbesondere für Raum und Zeit, für Ursache und Wirkung, Wesen und Erscheinung. Ich will das im Detail hier nicht weiter verfolgen, sondern statt dessen noch einmal auf ein für uns Heutige scheinbares Paradoxon hinweisen, nämlich darauf, dass die Begriffsformen des exakten naturwissenschaftlichen Denkens nicht dort entstanden sind, wo sie heute ihre vorzügliche Anwendung finden, nicht in der Produktion, sondern im Austausch, nicht dort, wo die Menschen eine Beziehung mit ihrer physischen Umwelt eingegangen sind, sondern mit ihrer sozialen. Das macht ihre Diskussion so schwierig. Wir heute sind gewohnt, die Logik „instrumenteller Vernunft" im gesellschaftlichen Produktions- und Arbeitsgeschehen anzusiedeln und vermuten den Ort und die Zeit ihrer Entstehung im Europa der Nachrenaissance. Zweifellos hat sie durch Newtons experimenteller Empirie dort und damals ihre schließliche Verankerung und Bedeutung erhalten. Ihr Ursprung aber liegt im Kommunikativen, in der Rhetorik argumentativer Wertstellung und Wahrheitsfindung. In ihr findet die reine Verstandestätigkeit, die der Mensch heute auf Maschinen zu implementieren sucht, ihre Form- und ihre Ursprungserklärung.

Denkgesetze, daran besteht für Sohn-Rethel kein Zweifel, sind Abstraktionen gesellschaftlicher Beziehungen. Abstraktes Denken, seine Technik und Methode, ist letztlich gesellschaftlicher Natur. Und so gilt ihm auch das logische Universum, wie es im Abendland sich herauskristallisiert hat, als Reflex eines Systems gemeinsamer gesellschaftlicher Beziehungen und Bedeutungen. Vermittelt wird es, wie Cassirer (1980) und vor allem Günther (1991) zu zeigen suchen, über eine spezifische Metaphysik des Seins, die ihre Wurzeln im nachhomerischen Griechentum hat. Das evolutionäre Auftreten des abstrahierenden logischen Geistes findet dann statt, wenn ein entsprechender gesellschaftlicher Erfahrungs- und Verhaltensprozess in den Wahrnehmungsraum eines jeden der von ihm betroffenen Individuen hineingetragen wird und wenn die Anpassung eines jeden Einzelnen an diesen Prozess durch das Bewusstsein eben dieses Prozesses modifiziert, verfeinert und verfestigt wird. Seinen Anfang nahm er, wie bereits mehrfach betont, in der griechischen Kultur des sechsten Jahrhunderts vor unserer Zeitrechnung auf der Basis einer sich entwickelnden, systematisch betriebenen Warenproduktion. Unterbrochen wurde er durch römisches Weltreich und „finsteres" Mittelalter, wieder aufgenommen in der europäischen Renaissance. Die Geltungsdauer der gesellschaftlichen Synthese, die danach weitgehend uneingeschränkt auf Warentausch basiert, begrenzt Sohn-Rethel (1970, S.134 ff.) auf einen Zeitraum, der etwa 1880 endet, also noch vor Erscheinen der bahnbrechenden Arbeiten von Gottlob Frege, Albert Einstein und Max Planck. Deshalb könne Marx, so fügt er hinzu, die europäische Gesamtentwicklung noch zu Recht in Kategorien der politischen Ökonomie analysieren und beschreiben. Seit 1880 aber beginne sich die Konstella-

tion der gesellschaftlichen Synthese zunehmend und grundlegend zu
wandeln: Mit der Entwicklung der modernen Großchemie und Elektro-
technik im letzten Drittel des 19. Jahrhunderts wird die industrielle Produktion zur angewandten Wissenschaft. Der moderne Produktionsprozess
sei nichts anderes als die Nachbildung eines wissenschaftlichen Experiments auf erweiterter sozialer Stufenleiter. In der Technologie, die den
Stoffwechselprozess des Menschen zunehmend prägt, wird Naturerkenntnis unmittelbar sozial wirksam. Oder, um es mit Hülsmann (1985) zu-
zuspitzen: Technologie ist soziale Realität und verwirklicht reale Sozia-
lität. Wir haben nicht erst eine gewisse Technik, die dann sozial wirksam
wird, sondern die moderne Technologie, in der sich eine bestimmte Ent-
wicklungsstufe der Auseinandersetzung des Menschen mit seiner Umwelt niederschlägt, ist als solche schon sozial formativ. In der Technologie erreicht der Vergesellschaftungsgrad der Arbeit eine Stufe, die
der des wissenschaftlichen Denkens entspricht.

Die Diskrepanzen, die dabei auftreten, sind für Dewey, wohlgemerkt:
zu Beginn des vorigen Jahrhunderts, Anlass, die tradierte abendländische
Metaphysik grundsätzlich in Frage zu stellen. Indem er das *Verhältnis
von Erkennen und Handeln* vor dem Hintergrund einer zunehmend tech-
nologischen Verfügbarkeit von Natur thematisiert, nimmt er zentrale
Argumentationsmuster, wie sie heute von Bruno Latour in seiner „symmetrischen Anthropologie" (1998) oder von Paul Feyerabend in seiner
„Naturphilosophie" (2009) vertreten werden, vorweg. „Erkennen" heißt
für Dewey „umgestalten", ist also nicht so sehr kontemplative Anschau-
ung, sondern praktisches Tun, Machen, Handeln. Nur in einer schon fertigen, in einer statischen Welt könnte, ihm zu Folge, Erkennen auf bloßes
Anschauen reduziert werden. In einer dynamischen, durch Technik und
Wissenschaft ständig umgeformten Welt, in einer Welt des Werdens hat
Erkennen hingegen eine vermittelnde Funktion: Weil der Gegenstand der
Erkenntnis kein fertiges Objekt ist, sondern in den Konsequenzen einer
Handlung besteht, bekommt der Erkenntnisvorgang Experimentalcha-
rakter. Deweys Ausführungen sind unmittelbar anschlussfähig an zent-
rale Kernaussagen Bruno Latours, denen zu Folge Gesellschaft und
Natur, vermittelt durch Technologie, zu einem Hybrid verschmelzen. In
einer Welt, die zum Labor geworden ist, hat die „Zuschauer-Theorie des
Wissens", mochte sie historisch auch unvermeidlich gewesen sein, ihre
Funktion verloren. Es gibt kein „Außerhalb" mehr, das den Dualismus
abendländischen Denkens rechtfertigen könnte. Das Problem der Tren-

nung von Erkennen und Handeln, Theorie und Praxis, Zwecken und Mitteln, Geist und Körper in der Form, in der es nach wie vor in der Philosophie herumgeistert, ist für Dewey ein künstlich erzeugtes, weil es auf dem Festhalten an Prämissen beruht, die in einer früheren Geschichtsepoche gebildet worden sind und heute jegliche Relevanz verloren haben.

In dem Maße, in dem die Beziehung von Hypothesen auf Tatsachen sich nicht mehr bloß im Kopf einiger Gelehrter vollzieht, sondern im gesellschaftlichen Alltag industriell betriebener Forschung und Entwicklung, in dem Maße gerät das nicht auf die Bewältigung praktischer Aufgaben gerichtete Denken in Gefahr, zur akademischen Schrulle zu verkommen. Die akademische Wissenschaft nimmt diesen Sachverhalt nach wie vor kaum zur Kenntnis. So entsteht ein unauflösbarer Widerspruch zwischen faktischer wissenschaftlicher Intervention in den gesellschaftlichen Alltag hinein und der akademischen Repräsentation wissenschaftlichen Wissens, die der Realität in keiner Weise gerecht wird, ein Widerspruch, den Latour (1998) später mit den Kategorien der *Vermittlung* und der *Reinigung* auf den Begriff zu bringen sucht. In den letzten Jahrzehnten hat nicht nur ein großer Teil der Bevölkerung eine mehr oder weniger wissenschaftliche Ausbildung erhalten, sondern es sind Wissensarten entstanden, die nicht so sehr von Wissenschaftlern in tradierten akademischen Feldern entwickelt werden, sondern von Menschen, die mit Symbolen, Konzepten, Daten, Modellen und Theorien dort draußen in der Gesellschaft arbeiten. Ein weiteres kommt hinzu: Die Gesellschaft verfügt heute über so viel Wissen wie nie zuvor, aber dieses Wissen ist nicht länger mehr nur im Besitz einzelner Menschen, sondern wird in zunehmendem Maße handlungswirksam auf Maschinen und intelligenten Maschinensystemen implementiert. Es ist jederzeit abrufbar. Dadurch verändern sich sowohl das metaphysische Selbstverständnis der Gesellschaft als auch die Reproduktionsmechanismen, die ihm zugrunde liegen. Die Schlussfolgerungen, die Sohn-Rethel daraus zieht, könnten radikaler kaum sein.

In dem Maße, wie die gesellschaftliche Synthese durch Warentausch abgelöst werde von einer Gesellschaftsformation, die anderen Syntheseprinzipien folgt, in dem Maße müsse, so lautet sein Credo, eine andere Logik entstehen (1970, S. 164 ff.). Er selbst fühle sich wenig kompetent, eine Antwort darauf zu geben, wie diese Logik auszusehen habe. Stattdessen verweist er wie Dewey (2002) auf Wandlungen im physikalischen

Weltbild, die mit den Namen Albert Einsteins und Max Plancks verbunden sind. Seinen wenig klaren Ausführungen ist zu entnehmen, dass es sich um eine konkrete Logik handeln müsste, die verschieden ist von der abstrakten Logik der klassischen Naturwissenschaften. Es würde sich um eine Logik handeln müssen, die sich aus der komplexen Dynamik des gesellschaftlichen Reproduktionsgeschehens ableitet, aus der Technologie, der die Naturwissenschaften subsumiert wären, als Teil des Produktionsprozesses. Die Denkform, in der sie sich äußern würde, wäre so konkret wie jene der alten Babylonier und Ägypter, aber zugleich so abstrakt wie die Durchführung eines Newton'schen Experiments, die Basis des gesellschaftlichen Reproduktionsgeschehens, es erfordern würde. Eine entsprechende Einsicht findet sich gleichfalls bei Latour formuliert: Von der Vormoderne wäre die Vorstellung eines Kontinuums von Gesellschaft und Natur zu übernehmen. Allerdings wäre sie mit den modernen Praktiken wissenschaftlich-technischer Innovation zu verbinden, also mit dem Bemühen um Naturbeherrschung anstelle eines Sich-Fügens in einen wie immer gearteten göttlich vorgegebenen Kosmos von Natur und Gesellschaft. „Alle Vorteile des modernen Dualismus beibehalten, aber ohne seine Nachteile ..., alle Vorteile des vormodernen Monismus bewahren, aber ohne sich seine Grenzen aufzwingen zu lassen" (1998, S. 179). Vergleichbare Überlegungen finden sich in der von Dewey bereits 1938 veröffentlichten Monographie über „Logik". Wie ein Ethnologe mit Blick auf die verschiedenen Lebens- und Vergesellschaftungsformen stellt Dewey dar, unter welchen Bedingungen logische Denkformen entstehen und Bestand haben. So wie man zwischenmenschliche Beziehungsgeflechte am besten innerhalb ihrer natürlichen Umwelt studiert, um die charakteristischen Eigenschaften ihrer Mechanismen und Institutionen, nach denen und in denen sie funktionieren, zu ermitteln, so erhalten Dewey zu Folge die spezifischen Techniken und Prinzipien der Logik ihre adäquate theoretische Interpretation dadurch, dass man sie innerhalb ihrer Anwendungskontexte darstellt.

Der Rekurs auf Relativitätstheorie und Quantenmechanik war zu Zeiten Sohn-Rethels äußerst beliebt bei Philosophen und Sozialwissenschaftlern. Er wäre aber gar nicht notwendig gewesen. Statt auf Einstein und Planck hätte Sohn-Rethel auf den Entwurf einer transklassischen Logik des Technikphilosophen Gotthard Günther verweisen können. Aber immerhin findet sich bei Sohn-Rethel eine Erklärung dafür, warum die tradierte abendländische Denkform in jüngster Zeit so vehement in

Frage gestellt wird, eine Erklärung, die sich so bei Günther nicht finden lässt: Die Formen und Kategorien abendländischen Denkens werden deshalb als historisch gewordene und vergängliche durchschaubar und alternative Entwürfe lassen sich deshalb skizzieren, weil die ihnen zugrunde liegende Form gesellschaftlicher Synthese selbst an ihr historisches Ende gekommen ist und die prägende Kraft, die sie auf das Denken der Menschen ausübt, brüchig zu werden beginnt. Im modischen Schlagwort der Postmoderne findet diese Umbruchssituation zwar nicht ihre Erklärung, immerhin aber eine griffige Bezeichnung. In ähnlicher Weise, wenngleich in anderen Kategorien, hatte bereits Spengler argumentiert: Die Suche nach allgemeinen, abstrakten Gesetzen in der Chemie, der Biologie wie der Mathematik, alles das, was nicht zur Tatsachenseite des Lebens, zu Politik, Technik und Wirtschaft gehört, tritt zurück, ist heute im Zerfall begriffen. „Wir werden künftig nicht mehr fragen, welche allgemein gültigen Gesetze der chemischen Affinität oder dem Diamagnetismus zugrunde liegen – eine Dogmatik, die das 19. Jahrhundert ausschließlich beschäftigt hat –, wir werden sogar erstaunt sein, dass Fragen wie diese einst Köpfe von (hohem) Range völlig beherrschen konnten." Hingegen werden wir „untersuchen, woher diese dem faustischen Geiste vorbestimmten Formen kommen, warum sie uns Menschen einer bestimmten Kultur im Unterschiede von jeder andern kommen mussten, welcher tiefere Sinn darin liegt, dass (sie gerade uns) in Erscheinung traten..." Allenfalls „wird noch eine Morphologie der exakten Wissenschaften geschrieben werden, die untersucht, wie alle Gesetze, Begriffe und Theorien als Formen innerlich zusammenhängen und was sie als solche im Lebenslauf der faustischen Kultur bedeuten." Sie wird zeigen, dass „alles von den vermeintlich objektiven Werten und Erfahrungen nur Verkleidung, nur Bild und Ausdruck ist" (1972, S. 549 f.).

Auch für Heidegger, in „Sein und Zeit", bestand der „Skandal der Philosophie" nicht darin, dass der Beweis für das „Dasein der Dinge außer mir" bislang noch aussteht, sondern *darin, dass solche Beweise immer wieder erwartet und versucht werden.* Dergleichen Erwartungen, Absichten und Forderungen erwachsen einer ontologisch unzureichenden Ansetzung *dessen, davon* unabhängig und ‚außerhalb' eine ‚Welt' als vorhandene bewiesen werden soll" (1986, S. 205).

Die Zeit der großen Erzählungen sei vorbei, heißt es nun (Lyotard 1986), die Metaphysik, das Fundament der aristotelischen Logik, entspreche immer weniger der Realität, auf der sie aufruhe, und dränge zu

komplexeren Formalismen einer transklassischen Logik (Günther 1991).
Der Ökonomie gelinge es immer weniger, die Eigendynamik einer qualitativ strukturierten Technologie in ihre quantifizierenden Kalküle ein-
zubinden. Sie verkomme zusehends zur Simulation (Baudrillard 1982).
Die erkenntniskonstitutive Kraft des Tausches zerbröselt. Mit der Gesellschaft, die den Schein vom gerechten Tausch der Äquivalente noch auf-
rechterhalten konnte, zerfallen die Kantischen Subjekte. Der Manager
eines Großkonzerns, der wegen seiner Überschuldung nicht mehr Bank-
rott erklären kann, der Scheck- und Computerbetrüger, der nicht mehr
einzusehen vermag, warum Zahlenkolonnen auf Monitoren noch realen
Vorgängen adäquat sein sollten, und der Aktivist aus der Alternativ- oder
Schattenökonomie, der zum Naturaltausch oder gar zum Potlatsch zu-
rückfindet, haben wenig, aber doch dieses gemeinsam: Der Glaube an
den Tausch von Äquivalenten ist ihnen ebenso abhanden gekommen wie
der Glaube an die eine verbindliche Vernunft (Hörisch 1985, S. 29 f.).
  Gotthard Günther hatte sich der gegenwärtigen Umbruchssituation im
Verhältnis von Wissenschaft und Gesellschaft mit Blick auf das Be-
ziehungsgefüge von Metaphysik und Logik genähert, Alfred Sohn-Rethel
mit Fokus auf das von Metaphysik und Gesellschaft. Im Zentrum der
Überlegungen John Deweys steht das Verhältnis von Metaphysik und
Wissenschaft. Das Tragische abendländischer Wissenschaftsphilosophie
besteht für ihn darin, dass sie auf dem methodischen Erkenntnisstand
frühgriechischer Metaphysik verharre und den Erkenntnissprung Newtons einerseits, Einsteins bzw. Heisenbergs andererseits nicht mitvoll-
zogen habe. Seit Kant habe es keinen nennenswerten Fortschritt mehr
gegeben, während das empirische Wissen über die Welt „dort draußen"
geradezu explodiert sei. Zur Klärung gesellschaftlich relevanter Probleme habe sie kaum noch etwas beigetragen. Zur zentralen Fragestellung
unserer Tage, nämlich der technischen Anwendung und wirtschaftlichen
Nutzung wissenschaftlicher Forschungen, sei von ihr kaum etwas Sinn-
volles zu hören. In seiner groß angelegten Studie über Erkenntnis und
Handeln (2001) versucht Dewey, die sozialhistorischen Wurzeln dieses
Versagens freizulegen. Die traditionelle Philosophie, die entstand, bevor
das experimentelle Erkennen irgendeinen signifikanten Fortschritt gemacht hatte, vollzog eine scharfe Trennung zwischen der Welt, über die
der Mensch denkt und Erkenntnis zu gewinnen sucht, und der Welt, in
der er lebt und handelt. Heute aber ist der Mensch als Denkender und Erkennender nicht länger ein Zuschauer, der die Welt von außen betrachtet

und seine höchste Befriedigung im Genuss einer sich selbst genügenden Kontemplation findet. Er ist in der Welt als Teil ihres voranschreitenden Prozesses. Er ist als Erkennender durch die Tatsache charakterisiert, dass überall da, wo er sich findet, die durch ihn selbst verursachten Veränderungen in einer zielgerichteten Weise stattfinden, eine bestimmte einsinnige Richtung annehmen. Vom Erkennen als einem Betrachten von außen zum Erkennen als aktiver Teilnahme am Drama einer sich verändernden Welt – das ist die historische Situation, in der sich der Mensch als Denkender und Erkennender heute befindet (Dewey 2001, S. 291).

3. Verdrängt, vergessen oder übersehen. Rezeptionsdefizite in den deutschsprachigen Sozialwissenschaften

Dass Alfred Sohn-Rethel und Gotthard Günther in den 50er und 60er Jahren nicht zum *Mainstream* sozial- und geisteswissenschaftlichen Denkens zu zählen sind, obwohl (oder besser: weil) sie zweifellos zu den originellsten Köpfen ihrer Zeit gehören, verwundert nicht. Zu ungewöhnlich war ihre Fragestellung, und quer lag sie zu den einzelnen Fachdisziplinen und Denkschulen. Dass aber weder Ferdinand Tönnies noch John Dewey im Deutschland der Nachkriegszeit zur Kenntnis genommen wurden, ist schon erstaunlich. Tönnies hatte vor dem Krieg die soziologische Diskussion nicht nur des deutschen, sondern auch des angelsächsischen Sprachraums maßgeblich mitgeprägt und mit seinem Hauptwerk „Gemeinschaft und Gesellschaft" einen zentralen Fokus sozial- und geisteswissenschaftlichen Denkens geschaffen. Bedeutende Schriften sowohl Martin Bubers als auch Talcott Parsons' zum Beispiel sind ohne Bezug zu Tönnies gar nicht denkbar. Tönnies ist im Rahmen der Interventionismus-Debatte in dreifacher Hinsicht von Interesse. Wie Dewey hat Tönnies sich zu aktuellen sozialpolitischen Themen nicht nur abstrakt in seiner Rolle als Fachwissenschaftler geäußert, sondern mehr noch ganz praktisch als Ethiker, etwa in der Aufsehen erregenden Eugenik-Kontroverse 1914 in Berlin oder im Hamburger Hafenarbeiterstreik. 1892 war er Gründungs- und Vorstandsmitglied der Deutschen Gesellschaft für Ethische Kultur geworden, eine sozialpolitisch hochaktive Vereinigung, die ihm auf lange Jahre die Universitätsprofessur kostete, weil er dem Verlangen des Ministerialdirektors Althoff, seine Mitgliedschaft „unwider-

ruflich" aufzukündigen, nicht nachkam (Carstens 2005, S. 126 ff.). Sodann stellt Tönnies in seiner 1906 erschienenen Studie über „Philosophische Terminologie" bislang weitgehend unbeachtete, ganz ungewöhn-
liche Querverweise her zwischen den begrifflichen Abstraktionen wissenschaftlicher Vernunft und den praktischen Auswirkungen einer geld-
induzierten Ökonomie. Logik ist für ihn das Geld des Geistes. Wissenschaftliche Begriffe, die nicht mehr den Namen von etwas Wirklichem
enthalten, sind gleich dem Gelde (Tönnies 2011, S. 65 ff.). Damit nimmt
er nicht nur den „linguistic turn" in den Sozialwissenschaften um ein
Jahrhundert vorweg, sondern zugleich wesentliche Argumentationsmuster Sohn-Rethels. Der von Tönnies skizzierte Zusammenhang von Ökonomie (Geld) und Wissenschaft (Vernunft) wird schließlich ein ganz
praktischer in dem Moment, in dem die „Wissenschaften durch Rechnung und Experiment zur gestaltenden Macht der *Technologie*" werden.
An einem chemischen Gleichnis verdeutlicht Tönnies diesen qualitativen
Entwicklungssprung im Verhältnis von Ökonomie und Technologie,
durch den die Fundamentalkritik Deweys an der abendländischen Metaphysik ihre aktuelle Brisanz erfährt: „Die Basis *Handel* verbindet sich
mit der Säure *Wissenschaft* zum Salze *Großindustrie*. Besonders ist es
gerade die *Technik*, dies konstituierende Element der Großindustrie, das
von der Wissenschaft erfüllt ist und in immer innigere Verbindung mit,
dadurch zugleich in immer größere Abhängigkeit von ihr tritt. Mit der
Wissenschaft zusammen spielt die industrielle Technik in der neueren
Kulturgeschichte eine *revolutionäre* Rolle" (Tönnies 1905, S. 139, 144,
Hervorhebung durch Tönnies). „Technologie" wird bei Tönnies ganz
offensichtlich als Synthese von „Technik" und „Wissenschaft" gedacht
und, vorangetrieben durch „Ökonomie", mit „Großindustrie" in eins gesetzt. Damit ist Tönnies nicht nur unmittelbar anschlussfähig an zentrale
Argumentationspunkte Deweys, sondern relativiert auch das aktuelle
Diktum von der „Technikvergessenheit der Soziologie" (Rammert). Viel-
mehr scheint es so zu sein, dass die heutigen Vertreter des Faches ihre
Klassiker nicht mehr kennen.

Ein Grund dafür, dass der Name Tönnies in Vergessenheit geriet, mag
daran gelegen haben, dass die Begriffe „Gemeinschaft" und „Gesellschaft" zwischenzeitlich zum fraglosen Bestand allgemeiner Bildung geworden waren, so dass darüber ihr Schöpfer nahezu vergessen wurde.
Diese Tendenz ist zweifellos dadurch verstärkt worden, dass unter dem
Einfluss der Jugendbewegung und anderer weltanschaulicher, zumeist

konservativer Geisteshaltungen nach dem ersten Weltkrieg der Begrifflichkeit des Soziologen, sehr zum Leidwesen von Tönnies selbst, eine andere, diffus verschwommene Bedeutung unterlegt wurde. Das hat dann dazu geführt, dass an sich recht reflektiert denkende Autoren wie Georg Lukács (1954) oder Ralf Dahrendorf (1971) den Urheber dieser völlig anders gemeinten Begrifflichkeit vorschnell und umstandslos in die Unheilslinie deutscher Geistesgeschichte von Schelling bis Hitler eingereiht haben. Dieses Missverständnis könnte nicht größer sein. Nicht nur war Tönnies einer der ganz wenigen Wissenschaftler in Deutschland, die öffentlich gegen Hitler auftraten und vor der Katastrophe nationalsozialistischer Herrschaft warnten, sondern er verwahrte sich mehrfach und ausdrücklich gegen jede rückwärts gewandte und parteipolitisch missdeutende Interpretation seiner Begrifflichkeit. Einen wesentlichen Anteil daran, dass Tönnies schließlich ganz aus der soziologischen Fachdiskussion verbannt wurde, hatte René König mit seiner Philippika (1955, erneut 1987, S. 122-197): Nicht nur sei Tönnies kein Soziologe, vielmehr strahlen seine Götter von Spinoza bis Hegel jenen papiernen Modergeruch aus, der für den Oberlehrer-Humanismus vom Ende des 19. Jahrhunderts so bezeichnend war. Von seinem Werk verbleibe nicht einmal mehr ein Trümmerhaufen, sondern einfach nur eine einzige große Unklarheit. Darüber helfe kein Beschönigungsversuch hinweg. Auf der Suche nach einem Theorem der Kulturgeschichte sei Tönnies in eine ontologische Philosophie ausgewichen, die sich sozialer Analogien bedient, so wie andere Autoren biologische Analogien verwenden. Die von jeher philosophisch anfällige deutsche Soziologie habe seinen Anspruch für bare Münze genommen und nicht verstanden, dass die Soziologie für ihn nur eine Maske war (a.a.O., S. 412 f.).

Heute, insbesondere nach dem Erscheinen der ersten Bände, sowohl der Werk- wie der Gesamtausgabe, stellt sich das Bild, das Tönnies im Entstehungszusammenhang der Soziologie einnimmt, anders dar. Zweifellos hat Tönnies sich um eine Synthese von Rationalismus und Historismus bemüht, darin ist König sicher Recht zu geben, aber eben auch um eine Typologie, die sowohl theoretisch wie empirisch fundiert ist. Ersteres sei das Herzstück seines originalen Philosophierens, merkt König an, allerdings, so fügt er sofort hinzu, führe es uns unaufhaltbar aus der Soziologie heraus (a.a.O., S. 382). Nicht müde wird er zu beklagen, dass sich mit Tönnies die Philosophie auf illegitime Weise in den Prozess der Ausbildung von Grundbegriffen der Soziologie eingemischt habe (a.a.O.,

S. 384). Und die Schlussfolgerung, die er zieht, lässt an Deutlichkeit nichts zu wünschen übrig: „*Wir werden uns daran gewöhnen müssen, Tönnies in Zukunft in die Geschichte der Philosophie und nicht mehr in die Geschichte der Soziologie einzuordnen*" (a.a.O., S. 406, Hervorhebung durch König).

Tatsächlich betreffen die meisten Schlüsselfragen der Soziologie, und hierin ist Tönnies gegenüber König zu verteidigen, Ereignisse als Element von Prozessen, die einen Zeit- und Deutungshintergrund haben. Empirische Daten, wie sie von der Kölner Schule der Soziologie, die untrennbar mit dem Namen René Königs verknüpft ist, favorisiert werden, sind Momentaufnahmen im Prozess eines Werdens, dessen Sinn sich hermeneutisch aus der Vergangenheit und einer interpretativ in die Zukunft verlängerten Gegenwart erschließt. Damit sind sie nicht voraussetzungslos. Es sind Konstrukte, Artefakte, in die theoretische Voraussetzungen, bewusst oder unbewusst, immer schon eingeflossen sind. Von daher verkörpert sich in ihnen nicht mehr Wahrheit als in theoretisch aus Vorannahmen logisch abgeleiteten Trendaussagen. Hegel, seinerzeit darauf angesprochen, dass seine Theorien im Widerspruch stünden zu den empirischen Fakten, antwortete sinngemäß: Um so schlimmer für die Fakten. Der Vorfall wird heute gerne kolportiert, um Hegel der Arroganz zu bezichtigen oder der Lächerlichkeit preiszugeben. Was gar nicht mehr verstanden wird, ist sein Hinweis darauf, dass empirische Daten nicht aus sich selbst heraus sprechen, dass es zum einen Flussgrößen sind, die in verschiedenen Phasen ihrer Entwicklung durchaus Unterschiedliches bedeuten können, und dass es sich auch bei ihnen um Artefakte handelt, die schon immer die Handschrift ihres Konstrukteurs tragen. Der Forscher, der sie erzeugt, verlässt niemals seine eigene Mikrosituation. Durch Prozeduren der Kodierung und Übersetzung fügt er Eindrücke, Beobachtungen, was auch immer, zusammen, bis ein Datenkonvolut, ein Text entstanden ist, der ihm als Repräsentation einer Makrorealität gilt, die jenseits jener Mikrosituation zu stehen beansprucht, welche sie erzeugt hat. Dabei ist es unerheblich, ob sich der Forscher in seinem Ergebnis auf Gespräche mit Auskunftspersonen, auf standardisierte Fragebögen, amtliche Statistiken oder auf direkte Beobachtungen bezieht.

Überblickt man das Werk des Ferdinand Tönnies, so findet man neben erstaunlich aktuellen Fragestellungen eine breit angelegte, historisch fundierte Soziologie, die nicht nur allgemeine Aussagen über gesellschaftliche Entwicklungstendenzen erlaubt, sondern darüber hinaus auch konkrete Einzelphänomene in bestimmten historischen Situationen „kontext-sensitiv" zu analysieren ermöglicht. Aussagen, die sie trifft, sind mehr-heitlich gehaltvoller als jene schrecklichen Artefakte einer methoden-fixierten „Fliegenbeinchenzählerei" Kölner Provenienz der 50er Jahre. Überdies ist Tönnies, vielleicht neben Alfred Weber, einer der wenigen Soziologen, die sich in ihren Zeitdiagnosen mit dem Phänomen des Nationalsozialismus und solch epochalen Ereignissen, wie Weltkriege sie darstellen, auseinander gesetzt haben. Dass dies in einer „spezifischen Weise" geschah, die sich durchaus konsistent in sein übriges Denken ein-fügt, wird man ihm heute, zwei Menschenalter später, kaum ernsthaft vorhalten können, zumal sich in den Nachkriegsschriften der Mehrzahl „großer soziologischer Geister" nur Dürftiges zu diesen Katastrophen findet.

Was König als „Soziologie" vorschwebt, ist natürlich etwas völlig anderes als bei Tönnies. Für den philosophiegeschichtlichen Hintergrund des Soziologen Tönnies ist König völlig unzugänglich, weil er sich gänzlich von der Zeitströmung der 50er Jahre mitnehmen lässt und ein-seitig von ihr ausgehend an ihn herantritt. Jemandes Leistungen aber mit einem Maßstab zu messen, den er selbst nicht anerkennen würde, ist äußerst problematisch – es sei denn, man hätte bewiesen, dass er ihn an-erkennen muss. Das aber ist im Verhältnis von König zu Tönnies über-haupt nicht der Fall.

Eine völlige Verkennung der Leistungen des Soziologen Tönnies für die Etablierung seines Faches äußert sich in der Bemerkung Königs, er habe seinen Begriffsapparat eigentlich nirgendwo in Auseinandersetzung mit der Wirklichkeit gewonnen, sondern ausschließlich aus der Literatur abgelesen (a.a.O., S. 406), er habe rein literarisch daran fortgesponnen, bis ein ganzes Netz von Unterbegriffen entstanden sei, angesichts dessen man nur eines nicht vergessen dürfe, dass keine Fische drinnen sind – nicht etwa weil sie ihm entschlüpft wären, sondern weil das Netz auf dem trockenen Lande ausgeworfen war (a.a.O., S. 408). Tatsächlich aber, und ganz im Gegensatz zur Behauptung Königs, besteht ein großes Verdienst des Ferdinand Tönnies darin, dass er die angewandte Soziologie, die em-pirische Sozialforschung zum unverzichtbaren Bestandteil der Disziplin gemacht hat, zu einer Zeit, als die deutsche Universität noch stark auf die reinen Geisteswissenschaften hin ausgerichtet war. Königs Metaphorik ist brillant formuliert, aber sie trifft nicht immer, worauf sie abzielt. Tön-nies war nicht nur ein akademisch ausgewiesener Wissenschaftler. Als

Essayist reiht er sich äußerst öffentlichkeitswirksam in die großen intellektuellen und politischen Debatten seiner Zeit ein. Überhaupt, wer Tönnies im Wesentlichen als Autor von „Gemeinschaft und Gesellschaft" wahrgenommen hat, üblicherweise in Auszügen oder als zweiten oder dritten Aufguss in dogmenhistorischen Zusammenfassungen, dem wird bei der Lektüre der bisher erschienenen Bände sowohl der Werk- wie der Gesamtausgabe sehr schnell klar, warum Tönnies seinerzeit als Philosoph, als Historiker, als Rechtsgelehrter, als Nationalökonom, als Statistiker, als Essayist und als politischer Schriftsteller so große Beobachtung finden konnte: Er hat sich eingemischt. Unter anderem vertrat er in zahlreichen Abhandlungen, die Jacoby als Pionierleistung teilnehmender Beobachtung würdigte, die Belange der streikenden Arbeiter und Seeleute im großen Hamburger Hafenarbeiterstreik, was seine Karriere als Privatdozent im preußischen Universitätssystem um Jahre blockierte, so dass er sich mit dem Gedanken trug, nach England oder Amerika auszuwandern. Tönnies arbeitete statistisch über Probleme des Selbstmords sowie empirisch über solche des Verbrecher- und Vagabundentums. „Durch diese Art zu forschen, gehört Tönnies zu den ‚empirischen Soziologen', die sich durch die Arbeit ‚vor Ort' deutlich von den sogenannten ‚Sessel-Anthropologen', wie zum Beispiel Emile Durkheim (1858–1917), abhoben, die nie Feldforschung betrieben, sondern die Dinge zusammenfassten, die andere beobachtet hatten" (Carstens 2005, S. 120). Tönnies hat, anders als viele seiner Fachkollegen, nicht nur eine sozialhistorisch begründete Zeitdiagnose gestellt und damit Antworten geliefert auf zentrale soziologische Fragen, Fragen etwa hinsichtlich der Gesellschaftsformation, in der wir leben, Fragen, die sich ohne geschichtsphilosophische Kenntnisse gar nicht beantworten lassen, sondern zugleich auch empirisch fundierte Analysen zu konkreten gesellschaftspolitischen Problemen durchgeführt und, weit darüber hinaus, aktiv in gesellschaftliche Problemfelder interveniert.

Ähnliche Missverständnisse, wie sie hinsichtlich der Schriften Ferdinand Tönnies' auftraten, dominierten lange Zeit die deutschsprachige Rezeption der Werke John Deweys, und die Rolle, die im ersten Fall René König dabei spielte, erfüllte im zweiten Fall Max Horkheimer. Die Ursachen hierfür sind schnell benannt. Im deutschen Sprachraum wurde Dewey zunächst nur als Pädagoge wahrgenommen, kaum als Philosoph und Wissenschaftstheoretiker. Das hatte einen einfachen, ganz banalen Grund darin, dass seine wirklich wichtigen Werke erst im Verlauf der

80er Jahre übersetzt wurden. Die Verdienste, die Martin Suhr (1994) sich dabei erworben hat, können kaum überschätzt werden. Eine weitere Ursache hat ihre Wurzel in der geisteswissenschaftlichen Tradition deutscher Bewusstseinsphilosophie, der auf lange Zeit jener, um König zu bemühen, papierne Modergeruch entstammt, der für den Oberlehrer-Humanismus des 19. Jahrhunderts so bezeichnend war. Sie war aufgrund ihrer Voraussetzungen und Vorurteile nie in der Lage, die „kopernikanische Wende" im Denken Deweys nachzuvollziehen. Der Ausdruck „Instrumentalismus", den Dewey in Ermangelung eines besseren gewählt hatte (1994, S. 209), provozierte ebenso Missverständnisse wie seine Zuordnung zum „Pragmatismus" (oder wie George Herbert Meads zum Behaviorismus). „Instrumentalismus", „Pragmatismus", „Behaviorismus" sind Zuschreibungen, die unter Sozial- und Geisteswissenschaftlern nicht nur im deutschen Sprachraum zu Recht einen schlechten Klang haben. Hätte man Deweys Werke wirklich gelesen, insbesondere „Die Suche nach Gewissheit" (1929), „Erfahrung und Natur" (1925) sowie „Logik" (1939), dann wäre sehr schnell klar geworden, dass es ihm bei der „Erneuerung der Philosophie" um genuin soziale Sachverhalte und Kategorien ging, insbesondere um Kommunikation und Partizipation, eine Intention, die weit über das hinaus geht, was unter Geisteswissenschaftlern durch den automatische Abwehrreflexe auslösenden Begriff des Pragmatismus an Assoziationen ausgelöst wird. Stattdessen wurde er als Apologet amerikanischer Unternehmerideologie etikettiert und in dieser Zuschreibung genüsslich attackiert: von philosophischen Idealisten, von Thomisten, von Neo-Protestanten und nicht zuletzt vom dialektischen Materialismus, sofern er dort überhaupt zur Kenntnis wurde. „Wahrscheinlich würde man bei einer statistischen Erhebung finden, dass die meisten Anti-Dewey-Federn in Bewegung gesetzt worden sind, um den pragmatischen Begriff der Wahrheit zu treffen; man könnte (...) sagen: um die Identifizierung von Mensch und Unternehmer zu widerlegen" (Marcuse 1959, S. 140). Das ist umso erstaunlicher, als Dewey sich in der deutschen Philosophie gut auskannte, Hegel liebte und über Kant promoviert hatte. Seine „kopernikanische Wende" verstand er durchaus als Vollendung und Überbietung der Kantischen. Und sein Entwurf einer intermediären Logik, die weder rein formal ist noch eine Logik der Dinge, sondern eine Logik der Prozesse, durch die Erkenntnis erlangt wird, lässt unwillkürlich an vergleichbare Überlegungen Hegels und Günthers denken. Die Ansichten, die Dewey in seiner „Suche nach

Gewissheit" (2001) entfaltet, sind so tiefgründig und revolutionär, dass ihnen der Begriff „Pragmatismus", so wie wir ihn gemeinhin kennen, in keiner Weise gerecht wird. Eine ähnliche Ambivalenz ergab sich, ich erwähnte es, in der Zuordnung von George Herbert Mead, mit dem Dewey eng befreundet war, zum Behaviorismus. Dewey war sich dieser Fehldeutungen durchaus bewusst. Das Wort „Pragmatismus" kommt deshalb in seiner späteren Schrift zur „Logik" nicht mehr vor. Allzu missverständlich sei das Wort, schreibt er. „Jedenfalls haben sich derart viele Missverständnisse und relativ nichtige Kontroversen um das Wort entwickelt, dass es ratsam schien, auf seinen Gebrauch zu verzichten. Aber," so fährt er fort, „in der richtigen Interpretation von ‚pragmatisch', nämlich in dem Sinn, dass Konsequenzen als notwenige Überprüfungen der Gültigkeit von Aussagen dienen, *vorausgesetzt*, diese Konsequenzen werden operational geschaffen (*instituted*) und sind geeignet, das spezifische Problem, das die Operationen heraufbeschworen hat, zu lösen, ist der folgende Text durchaus pragmatisch" (2002, S. 8). Wenn im amerikanischen Kontext von Dewey als einem „naturalistischen Humanisten" gesprochen wird, dann ist eine solche Etikettierung natürlich ebenfalls kaum geeignet, seine Werke der deutschsprachigen Sozialwissenschaft näher zu bringen, soweit diese ihre antinaturalistische Attitude pflegt und am überkommenen Dogma festhält, dass soziale, kulturelle und moralische Tatsachen eine Realität *sui generis* darstellen. Indem sie sich nach wie vor an einem forschungsleitenden Paradigma orientiert, das letztlich in der kulturalistischen Tradition einer dichotomisch konzipierten Bewusstseinsphilosophie wurzelt, ignoriert sie nicht nur den Erkenntnisstand der zeitgenössischen *life sciences* von der Molekularbiologie über die Hirnforschung bis zur Ethologie, sondern liefert zugleich ein Lehrstück dafür, wie das tradierte Selbstverständnis einer Wissenschaftsdisziplin, das historisch durchaus seine Berechtigung gehabt haben mag, an einem bestimmten Punkt ihrer Entwicklung zur Selbstfesselung führt.

Es ist oft kolportiert worden, in Dewey habe „die erste wirklich amerikanische Philosophie" Gestalt angenommen. Mit ihr habe sich Amerika vom europäischen Erbe befreit und einen fundamentalen Bruch mit der Vergangenheit herbeigeführt. Tatsächlich hat Dewey selbst das so gesehen. Für ihn ist „die Gesamtheit der europäischen Philosophie eine provinzielle Episode" (1994, S. 213). Über die vorgebliche Tiefe und Reichweite zeitgenössischer Streitfragen akademischen Philosophierens gab er sich keinen Illusionen hin. Für ihn war klar, dass „viel von den Streitfragen, die jetzt so wichtig erscheinen, in einer Generation ebenfalls auf den Status des Lokalen und Provinziellen zusammengeschrumpft sein werden" (a.a.O., S. 198).

Eine der reflektiertesten und radikalsten Kritiken an Deweys „Instrumentalismus", vergleichbar jener René Königs an Tönnies' Begriffspaar „Gemeinschaft und Gesellschaft", stammt von Max Horkheimer (1967, S. 48 ff.). Zunächst bezweifelt Horkheimer, ob es sich beim „Pragmatismus" überhaupt um eine Philosophie im altehrwürdig abendländischen Sinn handeln könne, wobei er durchaus den Kern der Differenz trifft zwischen kontemplativ-akademischem Philosophieren, das weitgehend folgenlos bleibt, und Erkenntnisgewinn durch Intervention, durch ein Tun, Handeln und Reflektieren, das die Welt verändert: „Gäbe es nicht den Begründer der Schule, Charles S. Peirce, der uns mitgeteilt hat, dass er ‚Philosophie aus Kant' (...) lernte, so könnte man versucht sein, einer Lehre jegliche philosophische Herkunft abzusprechen, die behauptet, dass unsere Erwartungen nicht deshalb erfüllt werden und unsere Handlungen nicht deshalb erfolgreich sind, weil unsere Ideen wahr sind, sondern dass unsere Ideen vielmehr wahr sind, weil unsere Erwartungen erfüllt werden und unsere Handlungen erfolgreich sind" (ebda.). Horkheimer benennt sehr treffend die Differenz, aber er vermag die sozialhistorische Berechtigung der Position Deweys nicht nachzuvollziehen, weil er unbeirrt an einem Wahrheitsbegriff festhält, der Wahrheit mit Kontemplation gleichsetzt, ein Wahrheitsbegriff, der seine erkenntnistheoretische Berechtigung in der antiken griechischen *Polis* gehabt haben mag, aber kaum noch in der Epoche technologischer Zivilisation und Weltgesellschaft. Er setzt diesen Begriff von Wahrheit dogmatisch voraus als Übereinstimmung mit den Tatsachen, ganz im Sinne der Tradition eines Parmenides, und verschwendet keinerlei Gedanken an seine Herkunft, an seine Funktion, an eine Überprüfung seines Wahrheitsanspruchs und an seine Wirksamkeit. Selbst Heidegger, nicht gerade einer der revolutionärsten zeitgenössischen Philosophen, räumte ein, dass die Denkweise der überlieferten Metaphysik, die einem solchen Wahrheitsbegriff zu Grunde liegt, keine Möglichkeit mehr biete, die Grundzüge des beginnenden technischen Weltzeitalters denkend zu erfahren. Die praktischen Erfolge von Technik und Wissenschaft lassen ein bloß philosophisches Denken heute mehr und mehr ins Leere laufen. Heidegger wird der Intention Deweys, ganz im Gegensatz zu Horkheimer, dadurch gerecht, dass er über einen wesentlich differenzierteren Begriff des „Instrumentellen" verfügt und seine sozialhistorischen Wurzeln reflektiert (hierzu vor allem 1962, 1978 und 1986, ferner Seubold 1986). Für ihn ist die Herrschaft der modernen Technik (als ein zwar zentrales, aber nicht einziges Element instrumenteller Vernunft) die späte Folge einer sehr alten technischen Auslegung der Welt, der Metaphysik. Ihr Ursprung findet sich bereits in Platons Auslegung des Seins als Idee, ihre Rechtfertigung erfährt sie in Kants transzendentaler Deduktion der Verstandeskategorien als Bedingungen der Möglichkeit von Wirklichkeit und ihren Höhepunkt erreicht sie in Nietzsches Metaphysik des Willens zur Macht. Die Technik ist für Heidegger nicht nur der letzte Ausläufer und Vollender dieser abendländischen Metaphysik, sondern zugleich ihr innerster Wesenskern. Wenn Heidegger von Metaphysik spricht, dann thematisiert er von Anfang an ihren technischen, das heißt ihren stellenden, rechnenden und berechenbaren Charakter. Heideggers Frage nach der Technik ist nicht die Frage nach technischen Geräten, sie zielt auf das Wesen der Technik, das sich im bloß Technischen, im Instrumentellen nicht erschöpft. Es ist eine Weise des Entbergens, der Produktion von Wahrheit. Die Bedingungen der Möglichkeit technischen Handelns sind zugleich die Bedingungen der Möglichkeit von Wirklichkeit. Erkenntnis wird in der Epoche „technologischer Formation" (Hülsmann 1985) immer weniger kontemplativ gewonnen, sondern durch Konstruktion des zu Erkennenden. Anders als in der griechischen Antike ist die historische Situation, in der sich die Menschen heute befinden, nicht mehr dadurch gekennzeichnet, dass sie Wahrheiten über die Wirklichkeit, die sie umgibt, entdecken, sondern dadurch, dass sie über die Wirklichkeit von Wahrheit, die sie selber produzieren (können), entscheiden müssen. Wahrheit ist keine wie auch immer geartete Abbildung von etwas ontologisch Vorgegebenem (mehr), sondern etwas, über das reflektiert, beraten und entschieden werden muss. Diese sozialhistorisch völlig neue Situation ist Analysegegenstand der Erkenntnistheorie Deweys, etwas, das Horkheimer nicht nachzuvollziehen vermag.

Die von den Griechen gezogene Grenze zwischen der Gesellschaft, dem Staat, der *Polis*, und der Natur wurde im Gefolge Newtons aufgehoben. Die soziale Gemeinschaft der Menschen, einstmals eine Enklave in einer nichtmenschlichen Umwelt, befindet sich heute auf dem Weg zur Weltgesellschaft und breitet sich über das Ganze der irdischen Natur aus, ihren Platz usurpierend. Der Unterschied zwischen dem Künstlichen und dem Natürlichen, der den frühen Griechen so wichtig war, schwindet.

Das Natürliche wird von der Sphäre des Künstlichen verschlungen. Es entsteht eine neue Art von „Natur", ein Artefakt, das, über Technologie vermittelt, zugleich „Gesellschaft" ist. Die zur Welt gewordenen Werke des Menschen, die auf ihn selbst und durch ihn wirken, erzwingen aufgrund ihrer Dynamik einen Handlungs- und Entscheidungsbedarf, in bislang nicht gekanntem Ausmaß, eine Dynamik, die sowohl tradierte räumliche wie zeitliche Grenzen sprengt. Das Wissen und die Macht der Menschen des frühen Griechentums bis hin zur europäischen Renaissance waren zu begrenzt, um die entferntere Zukunft oder den gesamten Erdenkreis in die Kausalitätsüberlegungen ihrer Handlungs- und Entscheidungskalküle einzubeziehen. Statt des müßigen Erratens später Folgen in einem unbekannten Schicksal konzentrierte sich ihr Bewusstsein auf die moralische Qualität ihres augenblicklichen Handelns, in dem vor allem das Recht des mitlebenden Nächsten von entscheidender Bedeutung war. Im Zeichen der Technologie aber, diesem Mittler zwischen Mensch und Umwelt, hat das menschliche Bewusstsein mit Handlungen nicht mehr so sehr des einzelnen Menschen, sondern der Gattung schlechthin zu tun, die sich durch eine beispiellos kausale Reichweite in die Zukunft auszeichnen, begleitet von einem Wissen, das ebenfalls, wie unvollständig auch immer, über alles bisherige hinausgeht, Handlungen, die nicht nur durch die Größenordnung ihrer räumlichen und zeitlichen Fernwirkung, sondern oft auch durch die Unumkehrbarkeit ihrer Folgen deutlich machen, dass es mit einem Denken, das seine Wurzeln in der überschaubaren Welt der griechischen *Polis* hat, endgültig vorbei ist. Für Aristoteles mochte die *theoretische* Vernunft im Menschen noch über die Natur hinausragen. Als bloß kontemplative aber blieb sie ihr äußerlich. Der emanzipierte *praktische* Intellekt, den die Wissenschaft im Gefolge Newtons, durchaus ein Erbe jenes theoretischen Intellekts der Griechen, erzeugt hat, stellt der Natur hingegen nicht nur sein Denken, sondern vor allem sein *Tun* in einer Weise gegenüber, die ihr nicht äußerlich bleibt. Es ist mit dem unbewussten Funktionieren des Ganzen, dem eine kontemplative Sichtweise der Dinge entsprach, nicht mehr vereinbar, erstreckt sich doch seine Eingriffstiefe und -reichweite inzwischen auf die gesamte Biosphäre.

Horkheimer argumentiert, dass nicht einzusehen sei, welche Bedeutung dem Begriff „Objekt" noch zukommen solle, wenn „wahre Urteile über Objekte und damit der Begriff des Objekts selbst einzig in ‚Effekten' auf das Handeln des Subjekts bestehen". Wahrheit sei dann nicht mehr um ihrer selbst willen wünschenswert, sondern nur noch insofern, als sie am besten funktioniert, als sie uns zu etwas führt, das der Wahrheit fremd ist oder zumindest von ihr verschieden. Warum und für wen Wahrheit um ihrer selbst willen wünschenswert sein soll, erklärt Horkheimer nicht. Offenbar setzt er eine Ehrfurcht gebietende Tradition voraus, die eben dies als selbstverständlich erscheinen lässt. Dass eine solche Idee von Wahrheit, die in der griechisch-christlichen Philosophie ihren Ursprung hat, eine Wahrheit, die um ihrer selbst willen angestrebt wird, von William James, einem anderen „Pragmatisten", als „stationäre Kontemplation" denunziert worden ist, muss Horkheimer zwangsläufig als Kränkung empfunden haben, denn seine gesamte Kritik, die er nicht nur gegenüber Dewey, sondern auch an Peirce und James äußert, beruht letztlich darauf, dass er Denken mit Kontemplation identifiziert. Martin Suhr, zur Zeit sicher einer der besten Kenner der Schriften Deweys, erläutert an einem Beispiel die Unvereinbarkeit beider Positionen: „Die Behauptung, dass ein Gegenstand hart sei, ist eine Behauptung über die Folgen bestimmter Handlungen, die man mit ihm vornimmt, zum Beispiel dass er einen anderen Gegenstand einzuritzen vermag, wenn man ihn damit in Berührung bringt. Aber was ist von einer solchen Behauptung zu halten, wenn die Möglichkeit eines Experiments ausgeschlossen ist, etwa weil der Gegenstand sichtlich unzugänglich ist, tief im Wasser verborgen oder dergleichen?" Für Horkheimer hingegen, der dem kontemplativen Wahrheitsbegriff eines allwissenden, intellektuell anschauenden Verstandes verpflichtet ist, stellt sich diese Frage nicht, weil für ihn die Qualität, hart zu sein, dem Gegenstand entweder eignet oder nicht, unabhängig davon, ob und wie wir es feststellen können. Eine solche Wahrheit aber „um ihrer selbst willen", so Martin Suhr, sei „nur eine hohl klingende Phrase, die keinerlei Bedeutung hat" (1994, S. 185). Bedeutung habe sie allenfalls für einen allumfassenden, allwissenden und anschauenden, kurzum: absoluten Geist. Nur für ihn haben Gegenstände, die nicht zugänglich sind, dieselbe Bedeutung wie die Begriffe, da in ihnen Begriff und Anschauung zusammenfallen. Für ihn bleibt ein harter Gegenstand hart, auch wenn kein Mensch etwas davon weiß. Zwar sehe Horkheimer, dass die „drastische Widerlegung" der traditionellen Trennung von Theorie und Praxis durch Dewey nicht mehr rückgängig gemacht werden könne, dass der objektive Vernunftbegriff Mythologie und der subjektive Vernunftbegriff unaufhaltsam sei, gleichwohl aber beharre er auf dem traditionellen Unterschied zwischen einer „Wahrheit selbst",

einer „Wahrheit an sich" einerseits, und der „Wahrheit für uns" andererseits, zwischen dem Denken im Labor und dem philosophischen Denken.
Mit diesen Worten resümiert Suhr seine Analyse der Kritik Horkheimers
an Dewey und er benennt die sozialhistorischen Wurzeln im Weltbild
Horkheimers, die es ihm unmöglich machen, dem Denken Deweys gerecht zu werden: „Dass Horkheimer, der seine theoretischen Bemühungen doch den ‚Marx'schen Kategorien' verdankt, nicht ein einziges Mal
zur Sprache bringt, dass die Trennung zwischen Theorie und Praxis, die
in der griechischen Klassengesellschaft entstand, ihre unauflöslichen
Spuren auch in der traditionellen Philosophie hinterlassen hat, verweist
auf ein erstaunlich restauratives Moment in seinem Denken. Der Angriff
auf die Kontemplation wie auch das Lob des Handwerkers (durch den
amerikanischen Pragmatismus) drücken für ihn den Triumph des Mittels
über den Zweck aus. Aber genau diese Trennung von einem – guten –
Ziel und einem – schlechten – Mittel wiederholt uralte Strukturen:
Strukturen einer Herrschaft-Knechtschaft-Beziehung, in der der – gute –
Herr die Ziele festlegt und der – schlechte – Knecht nur die Mittel zur
Verwirklichung dieser Ziele bereitstellt" (a.a.O., S. 182). Erkenntnistheoretisch verharrt Horkheimer in einer Welt, die durch das Beziehungsge-
füge zwischen dem Vollbürger und dem Technitentum der antiken griechischen *Polis* geprägt ist.

4. Variationen und Paraphrasierungen

Obwohl Dewey vier seiner Hauptwerke (1980, 1995, 2001, 2002) bereits
zu Beginn des vorigen Jahrhunderts verfasst hat, gewinnen sie erst jetzt,
zumindest im deutschsprachigen Raum, zunehmend an Aktualität. In
dem, was er dachte, war er einer der kreativsten Köpfe und seiner Zeit
weit voraus. Viele Missdeutungen seiner Schriften dürften in dieser Un-
zeitgemäßheit ihre Erklärung finden. Bevor ich mich im siebenten Ab-
schnitt dieses Kapitels einzelnen seiner Argumente zuwende, scheint es
mir ratsam, unter Verweis auf einschlägige Referenztexte vorab grob zu
skizzieren, worauf die innovative Kraft seines Versuchs einer „Erneuerung der Philosophie" (1989) beruht.

4.1 Vom Mythos zum Logos: drei epochale Zäsuren

Der Weg, den die abendländische Vernunft nimmt, durchläuft drei epochale Zäsuren. Die erste, das so genannte griechische Mirakel, endet mit Platon und Aristoteles. Die zweite erreicht mit Newton ihren vorläufigen Höhepunkt und bildet die wissenschaftliche Grundlage des so genannten europäischen Mirakels. Die dritte Zäsur, zu Beginn des zwanzigsten Jahrhunderts, stellt das bisherige Weltbild völlig in Frage. Sie wird üblicherweise durch die Namen Einsteins und Heisenbergs plakatiert.

Ausgangspunkt der Analysen Deweys ist zunächst ein anthropologischer Sachverhalt: das menschliche Streben nach Sicherheit, das Bedürfnis des Menschen, Kontrolle über seine Umwelt zu erlangen. Sozialgeschichtlich lassen sich grundsätzlich zwei Möglichkeiten, Sicherheit zu erlangen, ausmachen. Die eine besteht darin, die Mächte, die den Menschen umgeben und über sein Schicksal entscheiden, gütig zu stimmen. Dieser Versuch findet seinen Ausdruck in Bittgesuchen, Opfern, zeremoniellen Riten und magischen Kulten. Insbesondere die Menschen der Vormoderne, denen die Werkzeuge und Fähigkeiten fehlten, die in späterer Zeit entwickelt wurden, bedienten sich ihrer. „Die Aufmerksamkeit, das Interesse und die Sorgfalt, die heutzutage auf den Erwerb von Geschicklichkeit beim Gebrauch technischer Hilfsmittel und auf die Erfindung von immer zweckmäßigeren Mitteln aufgewendet werden, wurden der Beobachtung von Omina gewidmet, dem Erstellen irrelevanter Prognosen, dem Vollzug ritueller Zeremonien und der Manipulation von Objekten, die magische Macht über natürliche Ereignisse besaßen" (Dewey 2001, S.14). Dewey spricht in diesem Zusammenhang von der „religiösen Disposition" des Menschen. Im Gegensatz dazu besteht die zweite Möglichkeit darin, „Künste" zu erfinden, um sich mit ihrer Hilfe die Umwelt nutzbar zu machen. Während die erste, die phantasmagorische Methode lediglich das „Gefühl und Denken des Ich" tangiert, ist die zweite tatsächlich geeignet, die „Welt durch das Handeln zu verändern" (2001, S. 7). „Erkennen" heißt für Dewey „umgestalten", ist also nicht so sehr kontemplative Anschauung, sondern praktisches Tun, Machen, Handeln. Nur in einer schon fertigen, in einer statischen Welt könnte, ihm zu Folge, Erkennen auf bloßes Anschauen reduziert werden. In einer dynamischen, durch Technik und Wissenschaft ständig umgeformten Welt, in einer Welt des Werdens hat Erkennen hingegen eine vermittelnde Funktion: Weil der Gegenstand der Erkenntnis kein fertiges Ob-

jekt ist, sondern in den Konsequenzen einer Handlung besteht, bekommt
der Erkenntnisvorgang Experimentalcharakter. Auf dem Weg dorthin,
wie gesagt, lassen sich drei epochale Zäsuren ausmachen: die Zeit der
Vorsokratiker bis hinzu Aristoteles, das Jahrhundert Newtons und
schließlich der Epochenbruch, der gemeinhin durch die Namen Einsteins
und Heisenbergs plakatiert wird.

Dewey räumt ein, dass zentrale Verfahrensvorschriften und Charakteristika dessen, was wir heute „Wissenschaft" nennen, ihren Ursprung im
Denken der Vorsokratiker, insbesondere des Parmenides haben: die Vorstellung des mit sich selbst identischen Subjekts und Objekts, die Grundlagen der formalen Logik und des abstrakten Denkens, der Kritik und des
systematischen Zweifels sowie die Prinzipien und Mechanismen, nach
denen sie funktionieren und die ihnen zugrunde liegen, Abstraktion und
Isolation, Deduktion und Reduktion, Kausalität und Wahrscheinlichkeit.
Das Verfahren der isolierenden Abstraktion und die Argumentationsfigur
des Beweises, wie sie die nachhomerischen Griechen entwickelt haben,
sind zentrale Erkenntnismittel und Konstruktionsprinzipien der zeitgenössischen Wissenschaft und Technologie geworden. Aber er sieht und
kritisiert zugleich, dass dieser Erkenntnisfortschritt, dem Klassencharakter der *Polis* geschuldet, auf einer kontemplativen, vom unmittelbaren
Reproduktionsgeschehen der Gesellschaft abgekoppelten Ebene des
Wissens verblieb und sich in die transzendente Welt abgehobener Geis-
tigkeit flüchtete. Dieser Dualismus von realer und transzendenter Welt
sollte sich nahezu zweitausend Jahre lang als Erkenntnisschranke erweisen.

„Arbeit war lästig und mühsam, und auf ihr lastete ein ursprünglicher
Fluch. Sie wurde unter dem Zwang und Druck der Notwendigkeit verrichtet, während geistige Tätigkeit mit Muße verbunden ist. Aufgrund
ihrer Unannehmlichkeit wurde so viel wie möglich an praktischer Tätigkeit Sklaven und Leibeigenen aufgebürdet. Auf diese Weise wurde die
soziale Missachtung, in der diese Klasse stand, auf die Arbeit ausgedehnt, die sie tat" (2001, S. 8 f.). Diese Abwertung des Handelns, des
Tuns und Machens, ist von den Philosophen dann kultiviert worden. Sie
propagierten die „Idee eines höheren Reichs einer unwandelbaren Realität, von der allein wahre Wissenschaft möglich ist, und einer niedrigeren
Welt der wandelbaren Dinge, mit denen es Erfahrung und Praxis zu tun
haben. Sie verherrlichten das Unwandelbare auf Kosten des Wandels,
wobei evident ist, dass alle praktische Tätigkeit in den Bereich des Wan-

dels fällt. Sie vermachten uns die Vorstellung, welche die Philosophie seit den Zeiten der Griechen unablässig beherrscht hat, dass die Aufgabe des Erkennens darin bestehe, das aller Erkenntnis vorausgehende Reale zu enthüllen, statt, wie es mit unseren Urteilen der Fall ist, die Art von Verstehen zu gewinnen, die notwendig ist, um mit den Problemen, wie sie jeweils gerade entstehen, fertig zu werden" (2001, S. 20 f.). Selbst bei Hegel noch, zwei Millenien später, findet sich diese Lehre von den zwei Welten: „Nach der Schöpfung der Natur tritt der Mensch auf, und er bildet den Gegensatz zu der natürlichen Welt; er ist das Wesen, das sich in die zweite Welt erhebt. Wir haben in unserm allgemeinen Bewusstsein zwei Reiche, das der Natur und das des Geistes. Das Reich des Geistes ist das, was von dem Menschen hervorgebracht wird" (Hegel 1955, S. 376). Die sich aus diesem Dualismus ergebende Erkenntnisschranke, die nahezu zwei Jahrtausende währte, bildet einen der thematischen Schwerpunkte in der Argumentation Deweys. Verantwortlich dafür, dass sich die Zwei-Welten-Theorie wie Raureif so dauerhaft auf das Voranschreiten okzidentaler Vernunft legen konnte, ist die Institution der Kirche und der von ihr machtvoll propagierte Offenbarungsmythos. Das Verhältnis von Religion und Wissenschaft, die im Christentum aufgehobene orientalische Gnosis in ihrer Beziehung zur okzidentalen Vernunfterkenntnis bilden deshalb einen weiteren Schwerpunkt in der Argumentation Deweys.

Die im griechischen Denken wurzelnde kontemplative, vom unmittelbaren Reproduktionsgeschehen der Gesellschaft abgehobene Annäherung an die Natur änderte sich im Gefolge der europäischen Renaissance in radikaler Weise. Die erkenntnistheoretische Revolution, die durch Newton vollzogen wird, bezeichnet Dewey als Übergang von der empirischen zur experimentellen Erfahrung. So wie das „griechische Mirakel" einen kulturellen Epochenbruch darstellte, so markiert das „Newtonian Age" in vergleichbarer Weise einen grundlegenden Wandel im Verhältnis der Menschen mit ihrer Umwelt. „Der entscheidende Unterschied zwischen der Einstellung, welche die Gegenstände der gewöhnlichen Wahrnehmung, des Gebrauchs und des Genusses als endgültig, als Kulminationen natürlicher Prozesse hinnimmt, und der, welche sie zu Ausgangspunkten für die Reflexion und die Forschung macht, geht weit über die technischen Fragen der Wissenschaft hinaus. Er bedeutet eine Revolution des Lebensgefühls, der gesamten Einstellung zur Wirklichkeit als ganzer" (2001, S. 102).

Dewey anerkennt, dass Newton mit seiner experimentellen Empirie die Wissenschaft auf eine neue Stufe der Erkenntnis gehoben hat. Aber er kritisiert ihn zugleich vehement dafür, dass er diesen Schritt nur halbherzig vollzogen hat, dass er in seiner Metaphysik, ganz im Gegensatz zu seinem praktischen Tun als Naturforscher, der tradierten Vorstellung verhaftet blieb, Erkenntnis sei eine Enthüllung der Realität, einer Realität, die der Erkenntnis vorangeht und von ihr unabhängig ist. Durch Newton wurde zwar das niedrige Reich der Veränderungen, das Gegenstand der Meinung und Praxis gewesen war, endgültig zum einzigen und alleinigen Gegenstand der Naturwissenschaft. Aber trotz dieser Revolution, die er faktisch vollzog, behielt er die alte Auffassung bei, die ihre Wurzeln im griechischen Denken hat und durch die Kirche des Abendlandes tradiert worden war: „dass Erkenntnis sich auf eine vorgängige Realität beziehe und die moralische Lenkung von den Eigenschaften dieser Realität abgeleitet sei" (2001, S. 98). Der für die abendländische Philosophie so typische Dualismus von Theorie und Praxis, von Geist und Körper, von Vernunft und Erfahrung blieb nicht nur weiter bestehen, sondern erhielt durch Kant eine zusätzliche Rechtfertigung. Sie steht im Zentrum einer Kritik Deweys, mit der er einen Weg vorgibt, den Bruno Latour (1988) in seiner berühmten Philippika sechs Dezennien später wieder aufgreifen wird.

Als es den Griechen gelang, natürliche Phänomene mit rationalen Ideen zu identifizieren, und sie von dieser Identifikation entzückt waren, weil sie sich wegen ihres ästhetischen Interesses in einer Welt von Harmonie und Ordnung zu Hause fühlten, zu der diese Identifikation führte, nannten sie das Ergebnis euphorisch „Wissenschaft", obwohl es in Wirklichkeit über fast zweitausend Jahre falsche Auffassungen von der Natur in Europa festschrieb. Auch die Newton'sche Erkenntnistheorie nahm trotz der methodischen Revolution, die sie durchführte, weiterhin an, dass ihre Objekte unabhängig von unserem Erkennen, von unseren Experimenten und Beobachtungen in der Natur da seien und dass wir wissenschaftliche Erkenntnis in dem Maße besitzen, in dem wir sie exakt ermitteln. Zukunft und Vergangenheit gehören ihr zufolge in dasselbe vollständig determinierte und fixierte Schema. Es bedurfte mehr als zweier Jahrhunderte, bis die experimentelle Methode einen Punkt erreichte, an dem die Menschen dazu *gezwungen* waren zu erkennen, dass der Fortschritt der Wissenschaft von der Wahl der vollzogenen Operationen abhängt und nicht von den Eigenschaften von Gegenständen, die als so

sicher und unveränderlich gelten, dass alle detaillierten Phänomene auf
sie reduziert werden können. Einsteins spezielle Relativitätstheorie und
Heisenbergs „Unschärferelation" haben diese „Philosophie" endgültig
umgestürzt (Dewey 2001, S. 186 f., 202 f.). Folgerichtig verwendet
Dewey viel Mühe darauf, die Theorien Einsteins und Heisenbergs als
Konsequenz, die notwendiger Weise aus der experimentellen Empirie
Newtons folgen musste, darzustellen. Dass die Schriften Deweys gegenwärtig von so großer Aktualität sind, verdanken sie allerdings nicht so
sehr den Erkenntnissen Einsteins und Heisenbergs, die Dewey zur Rechtfertigung seiner Argumentation heranzieht, sondern, unabhängig davon,
der Tatsache, dass Natur und Gesellschaft heute zu einem Hybrid verschmelzen, dass die Welt als Ganzes inzwischen zum Labor geworden
ist. Einstein und Heisenberg formulierten lediglich eine Erkenntnistheorie, die sich mit diesem Wandel in Einklang befindet.

4.2 Flucht in die Transzendenz

Die Erklärung dafür, warum es gerade die nachhomerischen Griechen
waren, die zu abstrakten Denkformen vorgestoßen sind, findet sich nicht
bei Dewey. Sie findet sich bei Sohn-Rethel. Und warum sich die formale
zweiwertige, die so genannte Aristotelische Logik, die später zur Basis
einer entfesselten Technologie wird, im frühen Griechentum entwickelte,
die Erklärung dafür findet sich gleichfalls nicht bei Dewey. Sie findet
sich bei Günther. In beiden Fällen, darin stimmen Sohn-Rethel und
Günther überein, unterscheidet sich die griechische radikal von allen
anderen Hochkulturen und leitet den historischen Sonderweg ein, den das
Abendland beschreiten wird.
   Während alle anderen Hochkulturen in ihren Objektivationsbemühun-
gen, durch die sie sich von vorgängigen archaischen Bewusstseinsformen
ablösen, im Bereich inhaltlich gebundener Subjektivität verharren und
die inhaltlichen Substrate ihrer Kultur in die Umwelt projizieren, ihr in
symbolischer oder institutioneller Form, sei es in der Religion, in der
Kunst oder im Alltag, Geltung verschaffen, vollzieht sich in der abendländischen Kultur der radikalste Projektionsschritt: die Übertragung des
leeren Handlungsschemas aus der subjektiven Erfahrung des tätigen
Menschen in die physische Wirklichkeit. Im östlichen Mittelmeerraum
entsteht die abstrakte Denkform logischer Kalküle, die Basis sowohl der

frühen griechischen Proto- wie der späteren europäischen Naturwissenschaft und der Technologie. In ihr verkörpert sich in unüberbietbarer Weise das Symbol, das die generelle zweiwertige Bewusstseinsform, die sämtlichen Hochkulturen zu Grunde liegt, ohne Ansehen von Lokalkolorit und Tradition zum Ausdruck bringt. Das historisch vorgängige archaische Bewusstsein zeichnet sich dadurch aus, dass es vollständig in seiner Außenwelt aufgeht. Aufgehoben in einer mystischen Einheit von Selbst und Umwelt kann es seine eigenen Wesenskategorien nur insoweit verstehen, wie sie sich ihm direkt aus der objektiven Gegenstandswelt ins Bewusstsein zurückspiegeln. Seine eigenen seelischen Bestimmungen erscheinen ihm deshalb als Götter, Geister und Gespenster. Magie und Animismus, Totem und Tabu sind die entsprechenden institutionellen Korrelate. Der Übergang zu zweiwertigen Bewusstseinsformen, zum „Denken zweiter Ordnung" (Elkana 1987) vollzieht sich in den einzelnen regionalen Hochkulturen während der so genannten „Achsenzeit" (Jaspers 1949) durch Ablösung des Menschen von seiner Umwelt, durch die Trennung von Subjekt und Objekt. Zum ersten Mal in der Geschichte erfährt sich der Mensch gegenüber seiner Umwelt als das absolut Verschiedene, als totale Negation der in die unermessliche Vielheit der Objekte aufgebrochenen Welt. Und zugleich entfaltet er eine über alle Maßen besitzergreifende, gestaltende und instrumentelle Beziehung zu ihr. Diese Form der Beziehung durchzieht alle regionalen Hochkulturen, so unterschiedlich sie im Einzelnen auch sein mögen. In dieser gemeinsamen Abgrenzung von der Stufe des archaischen Bewusstseins stimmen sie überein. Worin sie sich aber voneinander unterscheiden ist die inhaltliche Ausgestaltung und Begründung dieser Ablösung. Darin, in dieser Frage, wie gesagt, beschreitet die abendländische Kultur einen Sonderweg. Sie ist das Thema Gotthard Günthers und Alfred Sohn-Rethels.

Im Gegensatz zu Günther und Sohn-Rethel ist das, was Dewey zu erklären versucht, etwas, das allen regionalen Hochkulturen, allerdings in unterschiedlicher Ausprägung, gemeinsam ist: die Flucht in die Transzendenz. Sie, die sich bei ihnen jedoch in rationaler Form vollzieht, haben die frühen Griechen mit den anderen, insbesondere den orientalischen Hochkulturen gemeinsam. Das zentrale Merkmal der Achsenzeit, über alle Kulturen hinweg, besteht darin, dass in ihr eine scharfe Trennung gezogen wird zwischen irdischer und überirdischer Welt und dass, damit verbunden, ein Reflexionsprozess in Gang gesetzt wird, im Verlauf dessen ein Denken zweiter Ordnung entsteht und ein Bild des Menschen,

der sich, seiner selbst und seiner Grenzen bewusst, einer von ihm getrennten Objektwelt gegenübersieht. Als Folge dessen entstehen in ersten
Ansätzen jene Weltreligionen, mit denen die Menschen bis heute leben
und die in jenen Zeiten neuer Ungewissheiten Antworten zu geben ver-
sprachen, wie das Leben im Hier und Jetzt auf gute Weise zu gestalten
sei. Das Bewusstsein des Todes, das neue Wissen um die Zufälligkeit des
menschlichen Handelns und sozialer Einrichtungen, beides kulminierte
schließlich im religiösen Motiv der Erlösungssehnsucht, die zwar durchaus noch an körperliche Vorstellungsbilder und an die Idee einer leib-
lichen Auferstehung im Jenseits gebunden sein mochte, im Wesentlichen
aber doch eine Fortdauer im Jenseits als eine Art Umbildung des
menschlichen Verhaltens und Charakters versprach, eine Umbildung, die
auf den Geboten einer höheren moralischen und metaphysischen Ordnung beruhte, welche die Kluft zwischen der transzendentalen und der
weltlichen Ordnung überbrücken helfen sollte. Die Eschatologie der
Wiedergeburt erhielt in allen Religionen jener Zeit einen fundamental
ethischen Charakter, damit das durch sie propagierte Versprechen, soweit
man sich an ihm orientierte, im Jenseits seine Erlösung finden konnte
(Eisenstadt 1987, S. 12 f.).

Über Wissenschaft, in der sich das Denken zweiter Ordnung ebenso
manifestiert wie in den Transzendentalreligionen, und über ihr Verhältnis
zur Gesellschaft lässt sich deshalb nicht sprechen, ohne Bezug zu nehmen auf mythisches, insbesondere auf außerweltlich gerichtetes Denken,
zumindest nicht in sozialhistorischer Perspektive und soweit es das spezifisch abendländische Verhältnis von Wissenschaft und christlicher Religion betrifft. In kaum einer anderen Kultur stehen orientalischer Mythos
und okzidentaler Logos, Glaube und Wissen in einer vergleichbar span-
nungsreichen und widersprüchlichen, gleichwohl engen Beziehung zueinander. Die christliche Theologie hat den europäischen Säkularisie-
rungsprozess über weite Strecken begleitet und geprägt, und zwar, mit
den Augen Deweys betrachtet, in einer sehr negativen Weise. Die Theologie ist, der Wissenschaft vergleichbar, die Reflexionsstufe der Religion,
also das, was man mit Rationalitätsanspruch hinsichtlich des Glaubens,
den man hat und lebt, vertreten zu können meint (Schnädelbach 2010, S.
8). Die Kirche, die institutionalisierte Form dessen, hat, per Saldo gesehen, die im frühen Griechentum begonnene Entwicklung im Voranschreiten der Vernunft über Jahrhunderte hinweg mehr blockiert als ge-
fördert (vgl., durchaus konträr, Meyer o. J. und Harnack 1950). Dewey

wird nicht müde, auf diese Erkenntnisschranke, die sich aus der Synthese von orientalischem Mythos und okzidentaler Logik ergibt, hinzuweisen. Die griechische Philosophie, die griechische Protowissenschaft entfaltet sich aus der Kritik am Mythos. Xenophanes entlarvt die Götter als menschliche Projektionen. Homer und Hesiod werden als Märchenerzähler lächerlich gemacht. Die Inhalte, über die kritisch gesprochen wird, über die philosophiert wird, ändern sich, aber ihre Wahrheit, die es zu ergründen gilt, ist nach wie vor im Jenseits angesiedelt, abgehoben und unberührt von den Widersprüchlichkeiten und Unsicherheiten des empirischen Alltags. Dort, wo früher die Götter hausten, wird nun die „reine Wahrheit" gesucht, im transzendentalen Raum. Die Welt des Geistigen, die allein Wahrheit gewähren und Gewissheit geben kann, tritt an die Stelle der Götter. Ursache für diese Hinwendung zum Transzendentalen, die sich für zwei Jahrtausende als Fessel der Wissenschaft erweisen wird, ist die Trennung von Hand- und Kopfarbeit, die in der Klassenspaltung der griechischen *Polis* ihre Wurzel hat. Das charakteristische Merkmal praktischer Tätigkeit ist die Ungewissheit, die sie begleitet. Handeln ist immer ein Handeln mit ungewissem Ausgang. Infolgedessen haben sich die Menschen danach gesehnt, einen Bereich zu finden, in dem es eine Tätigkeit gibt, die keinerlei äußere Konsequenzen nach sich zieht, deren Folgen zumindest nicht ungewiss sind.

Denken hingegen ist eine rein innerliche Tätigkeit, eine Tätigkeit, die dem reinen Geist eigen ist. Der Geist genügt vollkommen sich selbst. Auf seine „Tätigkeit" hin kann zwar unter Umständen ein offenes Handeln erfolgen, aber auf eine ihm äußerliche Weise, eine Weise, die für seine Vollkommenheit nicht wesentlich ist. „Wer sich zum reinen Denken hingezogen fühlt und die Muße und Fähigkeit hat, dieser Vorliebe zu folgen, genießt das Glück, welches das Erkennen begleitet, ohne jede störende Beimischung; es ist frei von den Risiken, denen das offene Handeln nicht entgehen kann" (Dewey 2001, S. 11). Das charakteristische Merkmal praktischer Tätigkeit dagegen, das nicht eliminiert werden kann, ist, wie gesagt, die Ungewissheit, die sie begleitet. Diese Differenz ist für die Argumentation Deweys und für seine Erkenntnistheorie der Tat, des Machens, von zentraler Bedeutung: Handeln erfolgt immer auf eigene Gefahr. Während die Menschen im Denken den Gefahren der Ungewissheit zu entkommen vermögen, können Urteil und Meinung hinsichtlich zu vollziehender Handlungen, vor allem auch mit Blick auf die daraus resultierenden Fragen und Folgen, allenfalls den Status prekärer Wahrscheinlichkeiten erlangen.

Deshalb wurden die Künste, durch die der Mensch bei der Erreichung seiner Ziele nur so viel praktische Sicherheit erlangt, wie ihm situationsabhängig möglich ist, von den frühen Griechen verachtet. Nichts lag ihnen, die um Harmonie und Ausgleich bemüht waren, ferner, als ihre Kosmologie durch die Unwägbarkeiten des Alltags in Frage zu stellen. Die praktische Sicherheit, die die Künste gewähren, ist, anders als die theoretische Sicherheit, die die philosophischen und (proto-)wissenschaftlichen Kontemplationen des Geistes gewähren, immer relativ, immer unvollkommen, immer der Gefahr ungünstiger Umstände ausgesetzt. „Jede einzelne führt bei ihrer Ausführung zu neuen und unerwarteten Konsequenzen, die Gefahren in sich bergen, auf die wir nicht vorbereitet sind." Weil kein noch so großer Aufwand an Mühe und Sorgfalt im handelnden Tun vollständige Gewissheit sichern kann, wurde Sicherheit im Erkennen zum philosophischen Trost. Metaphysische Kontemplation, zunächst in der Religion, sodann in der Philosophie, wurde als Ersatzhandlung angebetet und glorifiziert (a.a.O., S. 12, 37, 43).

Aber diese Enthaltsamkeit hatte ihren Preis. Die traditionelle Geringschätzung der praktischen Aktivität seitens der Intelligenz verdammte sie realiter zu einer Position der Ohnmacht. „Ihre Ausübung ist nichts als eine genussvolle Nutzung von Mußestunden. Die Lehre, dass sie den höchsten Wert darstelle, ist weitgehend eine Kompensation für die Ohnmacht, zu der sie verdammt wurde, im Unterschied zu der Kraft der ausführenden Tätigkeiten" (a.a.O., S. 215). In einem Sozialsystem, das dieser Form von Arbeitsteilung folgt, ist der technische Fortschritt insgesamt gehemmt oder doch stark blockiert. Die Form, in der in der griechischen Gesellschaft Arbeit verausgabt wurde, verschaffte auf der einen Seite dem Vollbürger die Zeit und die Muße für Symposien, verhinderte aber zugleich Innovationen in der Beherrschung äußerer Natur. Das „lang andauernde Symposion" der griechischen Philosophie handelte denn auch weniger von den Verhältnissen zwischen Menschen und Dingen als von den Beziehungen der Menschen untereinander. Nicht die Bearbeitung der natürlichen Welt, sondern die Verkehrsformen, mittels derer die Menschen Einfluss aufeinander nehmen, waren ihr Thema. Die Ausweitung der Sklavenarbeit erscheint unter diesen Bedingungen als einzige Möglichkeit, die Produktivkraft der Gesellschaft zu steigern. „Doch die Opposition der Sklaven gegen ihre Herren, ihr Widerstand und nicht zu verhindernder Unwille bei der Ausführung festgesetzter Arbeiten laufen gleichzeitig einem solchen Prozess der Produktivkraftentfaltung zuwider und setzen ihm unter dem Gesichtspunkt der Arbeitsleistung immer engere Grenzen, während, was die Quantität der Produktivkräfte anbelangt, die Anzahl der Sklaven nicht unbegrenzt erhöht werden kann, ohne die Stabilität des Gesellschaftssystems zu gefährden. So lässt sich einräumen, dass von einem bestimmten Stadium an der Antagonismus zwischen den Sklaven und denen, die sie benutzen, zum Grundwiderspruch des Systems wird" (Vernant 1987, S. 25 f.). Einerseits waren sozialstrukturelle Faktoren Ursache einer stagnierenden Technikentwicklung. In der mangelnden Verbindung von theoretischer Reflexion und instrumenteller Technologie verortet Momigliamo (1975, S. 9 ff.) ein zentrales Defizit der griechischen Kultur, das sich negativ auf ihr gesellschaftliches Alltagshandeln auswirkte. Andererseits behinderte eine rückständige Technologie den sozialen Fortschritt. Auf der einen Seite ist unmittelbar einleuchtend, dass ein Produktionsprozess, der auf Sklavenarbeit beruht, kaum ökonomische Anreize bietet, die Produktionsmittel zu revolutionieren (Finley 1960, S. 234, Perkin 1969, S. 105). „It was social and economic causes that had of course an effect on the development of technology" (Lee 1973, S. 192). Auf der anderen Seite wird in der einschlägigen Literatur argumentiert, dass die Rückständigkeit („backwardness") der Griechen „was due not primarily to social or economic causes, but to causes inherent in the state of technology itself. It was not social causes that held back technological change but technological causes that held back social change" (ebda.).

Das Fehlen effizienter Techniken der Naturbeherrschung lenkte die Suche nach Sicherheit in irrelevante Formen der Praxis, in Ritus und Kultus. Das Denken kümmerte sich mehr um die Entdeckung und Deutung von Omina als um Zeichen des Bevorstehenden. Die überkommene Unterscheidung zweier Reiche verfestigte sich. Mit dem höheren, dem transzendenten, in dem die Mächte walten, die das menschliche Schicksal in allen wichtigen Angelegenheiten bestimmen, ursprünglich eine Domäne der Religion, befasste sich zunehmend die Philosophie. Sie erbte die Idee dieser Teilung. Das andere, von ihr vernachlässigte, bestand aus den prosaischen Angelegenheiten, in denen der Mensch sich auf seine eigene Geschicklichkeit und seine Sachkenntnis verlassen musste. In diesem Reich aber hatten, trotz aller Hindernisse, nach und nach „viele Künste einen Entwicklungsstand erreicht, der sie über den Zustand bloßer Routine emporhob; man fand Anzeichen von Maß, Ordnung und Regelmäßigkeit in den bearbeiteten Materialien, die Spuren einer zugrundeliegenden Rationalität zeigten. Dank der Weiterentwicklung der Mathematik entstand auch das Ideal einer rein rationalen Erkenntnis, die als unerschütterlich und wertvoll galt und als das geeignete Mittel angesehen wurde, um im Rahmen der Wissenschaft die Andeutungen von Rationalität in den wechselnden Phänomenen zu verstehen", so dass „die Intellektuellenklasse (…) die Stütze und den Trost, die Garantie der Sicherheit, die bislang von der Religion geliefert worden war, in dem intellektuellen Nachweis der Realität der Gegenstände eines idealen Reiches" finden konnte (Dewey 2001, S. 254). Für Dewey bedeuten alle Theorien dieses idealen Reiches, welche die Umwendung „des Auges der Seele" an die Stelle einer Veränderung natürlicher und gesellschaftlicher Gegenstände setzen, welche die Güter modifiziert, die tatsächlich Gegenstand der Erfahrung sind, einen „Rückzug und eine Flucht aus der Wirklichkeit". Dieser Rückzug in das Selbst gilt ihm als der innerste Kern eines subjektiven Egoismus. Das typischste Beispiel hierfür ist „die Jenseitigkeit, die sich in den Religionen findet, deren Hauptanliegen die Rettung der eigenen Seele ist. Aber Jenseitigkeit findet sich ebensowohl im Ästhetizismus, überhaupt überall, wo sich jemand in einem Elfenbeinturm einschließt" (a.a.O., S.275).

War der Hiatus von Denken und Handeln, von Metaphysik und Empirie schon zu Zeiten der frühen Griechen ein sozialstrukturelles Problem, das die Gesellschaft in einer entwicklungsgeschichtlichen Sackgasse stagnieren ließ, so bedeutet ein solcher Hiatus für eine dynamische Welt, die als Ganzes zum Labor geworden ist, nicht nur Stagnation, sondern die Gefährdung ihrer Existenz. Es ist diese Gefährdung, aus der heraus die Schriften Deweys ihre aktuelle Brisanz beziehen.

Dewey ist einer der wenigen Philosophen, die den geisteswissenschaftlichen Wurzeln, die dem Dualismus von abstraktem Denken und konkretem Tun zugrunde liegen, in sozialhistorischer Weise nachgehen. Für ihn ist entscheidend, dass die Philosophie das Erbe der Religion antrat. „Ihre Art des Erkennens unterschied sich von der, die den empirischen Künsten eigen war, eben weil sie mit einem Reich des höheren Seins zu tun hatte. Sie atmete eine Luft, die reiner war als die, in der das Machen und Tun existiert, das sich auf den Lebensunterhalt bezieht, ebenso wie die Tätigkeiten, welche die Form von Riten und Zeremonien annehmen, edler und dem Göttlichen näher waren als diejenigen, die in

Mühe und Arbeit bestanden" (a.a.O., S. 18). Der Wechsel von der Religion zur Philosophie umfasste zwei Aspekte, einen formalen und einen inhaltlichen. Aus dieser Differenz heraus, die für ihn wesentlich ist, entwickelt Dewey seine weitere Argumentation. In *formaler* Hinsicht vollzog die frühgriechische Philosophie eine Revolution, *inhaltlich* verharrte sie im Überkommenen. Letzteres wird leicht übersehen, weil der Bruch im Formalen so dramatisch, so einzigartig war, dass die inhaltliche Kontinuität kaum Aufmerksamkeit erregte. „Die Form ist nicht länger die der in phantasie- und gefühlvollem Stil erzählten Geschichte, sondern wird zu der des rationalen Diskurses, der die Regeln der Logik beachtet." (a.a.O. S. 18). Aristoteles bezeichnet jenes Stück seines theoretischen Systems, das spätere Generationen „Metaphysik" genannt haben, als „Erste Philosophie". Sie sei der umfassendste aller Erkenntniszweige, weil sie zu ihrem Gegenstand die Definition aller Eigenschaften habe, die allen Formen des Seins überhaupt zukommen, wie sehr sie sich im Detail auch unterscheiden mögen. Auf den ersten Blick betrachtet, scheint die aristotelische Lehre kühl, rational, objektiv und analytisch. Wenn man sich aber die Grundlagen der Philosophie des Aristoteles oder Platons so anschaut, wie ein Ethnologe sich sein Material anschauen würde, das heißt, als sozialhistorisch gewordenes, als kulturelles Material, dann wird sehr schnell deutlich, dass sie nichts anderes waren als Systematisierungen des Inhalts der religiösen und künstlerischen Anschauungen der Griechen jener Zeit in rationaler Form. Diese Systematisierung brachte eine „Reinigung" der Anschauungen mit sich, um einen Begriff Bruno Latours (1998, S. 60, 67 f., 105 f.) zu verwenden, die es in dieser Form kein zweites Mal gab. Die Logik lieferte die Strukturen, denen sich die realen Gegenstände unterzuordnen hatten. Die Folgen für die abendländische Zivilisation sind unübersehbar. In dem Maß, wie die natürliche Welt, selbst in ihrer Veränderlichkeit, eine Exemplifizierung letzter unveränderlicher rationaler Gegenstände darstellte, in dem Maße erst wurde eine Naturwissenschaft möglich, wie sie sich schließlich im 18. Jahrhundert herauszubilden begann. Zusammen mit der Eliminierung von Mythen und gröberen abergläubischen Vorstellungen konnten die Ideale der Wissenschaft und eines Lebens in Vernunft errichtet werden. Zwecke, die sich vor der Vernunft zu rechtfertigen hatten, traten bei der Steuerung des Verhaltens an die Stelle von Sitte und Brauch. Zweifellos: Diese beiden Ideale sind als überdauernder Beitrag aus der abendländischen Zivilisation nicht mehr wegzudenken. Und ihr revolutionärer Charakter ist unbestritten (hierzu auch Whitehead 1974, auf den Dewey sich verschiedentlich bezieht). Wenn man nun aber die Äußerungen des Aristoteles in den Kontext stellt, die sie in seinem eigenen Denken hatten, wird sehr schnell „deutlich, dass Inhaltsreichtum und Universalität der *Ersten Philosophie* keineswegs von strikt analytischer Art sind. Sie bezeichnen einen Unterschied in Hinblick auf den Grad des Wertes und des Anspruchs auf Verehrung. Denn er identifiziert seine *Erste Philosophie* – oder Metaphysik – explizit mit Theologie; er sagt, sie stehe höher als andere Wissenschaften. Denn diese handelten von Entstehen und Vergehen, während der Gegenstand der *Ersten Philosophie* beweisbare, das heißt notwendige Wahrheit erlaube, und ihre Gegenstände göttlich und von solcher Art seien, dass sich selbst Gott mit ihnen abgebe." (Dewey 2001, S. 18 f.). Der Glaube, das Göttliche umfasse die Welt, wurde von der griechischen Philosophie aus seinem ursprünglichen Kontext herausgerissen und später sowohl zur Basis einer Theologie wie zur Grundlage der Naturwissenschaft gemacht. Darin, dass die Geschichte des Universums in Form eines rationalen Diskurses statt gefühl- und phantasievoll erzählt wurde, darin besteht zweifellos ihr großes Verdienst. Sie ist nicht nur die Geburtsstunde der Rationalität, sondern der Logik schlechthin, nichts weniger als die Grundlage der reinen Wissenschaft (hierzu ausführlich: Dewey 2002).

Dadurch aber, dass die Übereinstimmung der höchsten Realität mit den Erfordernissen der Logik ihren konstitutiven Gegenständen notwendige und unwandelbare Eigenschaften anheftete, waren die Bereiche der *Erkenntnis* und des *Handelns* in zwei Regionen unterschieden und in Folge für lange Zeit auf immer getrennt. „Die reine Kontemplation dieser Formen war die höchste und göttlichste Seligkeit des Menschen, eine Kommunion mit der unwandelbaren Wahrheit" (Dewey 2001, S. 19 f.). Ihre Überlegenheit an Wert und Würde kommt bei Aristoteles auch darin „zum Ausdruck, dass das Sein, mit dem sich die Philosophie befasse, primär, ewig und selbstgenügsam sei, weil seine Natur das Gute sei, so dass das Gute zu den ersten Prinzipien gehöre, die den Gegenstand der Philosophie bildeten: – aber wohlgemerkt nicht das Gute in dem Sinne, in dem es Bedeutung und Rang im menschlichen Leben hat, sondern das inhärent und ewig Vollkommene, das, was vollständig und selbstgenügsam ist" (ebda.). Dadurch wurde der Abwertung der Praxis eine philosophische, eine ontologische Rechtfertigung gegeben.

Zeitgleich und in ähnlicher Weise wie Dewey hatte Whitehead auf die Problematik des erkenntnistheoretischen Dualismus hingewiesen und gleichfalls seine historischen Wurzeln im frühen Griechentum verankert. Anders als bei Dewey sind seine Bezugspersonen aber Odysseus und Platon, nicht Aristoteles, und im Zentrum seiner Begrifflichkeit steht die menschliche *Vernunft*, einmal verstanden als das *„gottähnliche Vermögen, das uns zur Übersicht, Einsicht und Beurteilung befähigt"*, zum anderen als *ein* Faktor *unter mehreren*, die in der Gesamtheit des Lebensprozesses wirksam werden: „Auf der einen Seite insistiert die Vernunft darauf, dass sie über der Welt der Lebewesen steht, auf der anderen ist sie ein Faktor neben vielen anderen in dieser Welt. Die Griechen haben uns zwei Gestalten hinterlassen, deren realer bzw. mythischer Lebenslauf sich als Verkörperung dieses Gegensatzes verstehen lässt: Platon und Odysseus. Die Vernunft des einen ist mit der der Götter verwandt, die des anderen mit der Schlauheit der Füchse" (1974, S. 10 f.). Platon ist es um die Vollständigkeit der Einsicht zu tun, Odysseus hingegen plant den Weg einer unmittelbar anstehenden Handlung. Der eine verkörpert die Vernunft des Philosophen, der andere die des Kaufmanns. Beides hat, folgt man der Argumentation Sohn-Rethels, seine sozialhistorische Wurzel im beginnenden Warentausch des östlichen Mittelmeerraums. Die Vernunft des ersteren nennt Whitehead *spekulative*, die des letzteren *praktische* Vernunft. Wie Dewey sieht auch er den Dualismus zwischen beiden Erkenntnisformen in der Sozialgeschichte des frühen Griechentums begründet. Und wie Dewey hält er diese Trennung nicht mehr für zeitgemäß. Vielmehr müssen beide Auffassungen vor dem Hintergrund des technischen Fortschritts der letzten hundertfünfzig Jahre zur Deckung gebracht werden. Das inkonsequente und unkoordinierte Hin- und Herschwanken zwischen beiden Auffassungen, das charakteristisch sei für das philosophische Denken des Abendlandes, erweise sich beim erreichten Stand von Wissenschaft und Technologie als immer problematischer. Widerstand gegen eine solche Interpretation sei heute vor allem von der akademisch betriebenen Wissenschaft zu erwarten. An ihre Stelle habe das „Wechselspiel zwischen Denken und Praxis" als „oberste Autorität" zu treten, als Prüfstein, der die Spekulation frei hält von Obskurantismus und Scharlatanerie (a.a.O., S. 37, 66, ausführlicher hierzu: Whitehead 1984, ein Buch, das Dewey für „die bedeutsamste Darstellung der Beziehungen zwischen Wissenschaft, Philosophie und den Grundfragen des Lebens hielt").

Das griechische Denken gebar die Idee eines höheren Reichs unwandelbarer Realität, von dem allein wahre Wissenschaft möglich sei, und einer niedrigeren Welt der wandelbaren Dinge, mit denen es Erfahrung und Praxis zu tun haben, eine Vorstellung, welche die Philosophie bis weit in die Neuzeit hinein beherrscht hat. Statt, wie es bei praktischen Urteilen der Fall ist, die Art von Verstehen zu gewinnen, die notwendig ist, um Probleme, wie sie sich situationsbezogen jeweils stellen, einer Lösung zuzuführen, sieht sie die Aufgabe des Erkennens darin, das aller Erkenntnis vorausgehende Sein zu enthüllen. „Rationale und notwendige Erkenntnis wurde, wie in ihren Lobpreisungen bei Aristoteles, als eine unhintergehbare, selbstgenügsame und in sich geschlossene Form der ihren Ursprung in sich selbst habenden und von ihr selbst geleiteten Tätigkeit behandelt. Sie war ideal und ewig, unabhängig vom Wechsel und also von der Welt, in der die Menschen handeln und leben, der Welt, die wir sinnlich und praktisch erfahren. ‚Reine Tätigkeit' war scharf vom praktischen Handeln getrennt. Letzteres, ob in den handwerklichen oder schönen Künsten, in der Moral oder in der Politik, befasste sich mit einer niederen Region des Seins, in welcher der Wandel herrscht und die deshalb Sein nur ehrenhalber genannt werden kann, denn sie zeigt eben durch diese Tatsache des Wandels einen Mangel an einer sicheren Grundlage an. Sie ist mit *Nicht*-Sein infiziert" (Dewey 2001, S. 21 f.). Damit, durch diese Ausgrenzung, hat die Suche nach absoluter Gewissheit, ein zentrales Anliegen griechischer Philosophie, der logischen Form nach ihr Ziel erreicht. Was auf der Strecke bleibt, ist der Wandel. Das Reich des Praktischen ist immer kontingent, trägt immer ein Element des Zufalls in sich, das nicht eliminiert werden kann. „Wenn sich ein Ding verändert, ist seine Veränderung ein überzeugender Beweis für seinen Mangel an wahrem oder vollständigem Sein. Was *ist*, im vollen und prägnanten Sinn des Wortes, ist immer ewig. Es ist ein Widerspruch in sich, wenn sich das, was *ist*, ändert" (a.a.O., S. 23). Die aktuelle Brisanz des Problems, die sich aus dieser Interpretation, die zur Zeit der griechischen Philosophen durchaus Berechtigung für sich beanspruchen konnte, ergibt, besteht darin, dass sich die Umwelt des Menschen heute, durch ihn selbst verursacht, ständig verändert, vermittelt durch eine wissenschaftlich betriebene Technologie. Technik als eine Form gesellschaftlicher Praxis der Weltgestaltung und Wissenschaft als die theoretische Reflexion über diese Welt – dieser Dualismus ist in der Technologie zur Synthese gebracht worden. Eine Denkweise, die sich aus den Voraussetzungen frühgriechischer Tradition nicht zu lösen vermag, wird dieser Situation kaum gerecht. Für sie gilt nach wie vor: Das, was wird, *entsteht* immer nur, es *ist* niemals wahrhaftig. Es ist vom *Nicht*-Sein infiziert, von einem Mangel an Sein im vollkommenen Sinn. Das Vollkommene hingegen, das Vollendete ist rationales Denken, der letzte „Zweck" aller natürlichen Bewegung. Von den zwei Arten des Erkennens gilt nur eine als „Erkennen im vollen Sinne, als *Wissenschaft*. Diese hat eine rationale, notwendige und umwandelbare Form; sie ist *gewiss*. Die andere, die es mit der Veränderung zu tun hat, ist Meinung oder Glaube; sie ist empirisch und partikulär; sie ist kontingent, eine Sache der Wahrscheinlichkeit, nicht der Gewissheit. Im besten Fall kann sie behaupten, dass die Dinge ‚im Großen und Ganzen', gewöhnlich, so und so sind." Diesem Unterschied im Sein und in der Erkenntnis korrespondiert ein solcher in den Tätigkeiten. „Reine Tätigkeit ist rational; sie ist theoretisch in dem Sinn, in dem Theorie vom praktischen Handeln abgesondert ist. Daneben gibt es ein Handeln im Tun und Machen, das mit den Bedürfnissen und Mängeln des niederen Reichs der Veränderung zu tun hat, in das der Mensch seiner physischen Natur nach verwoben ist." (a.a.O., S. 24 f.). Aus diesem Dualismus resultiert letztlich das zentrale Problem abendländischer Philosophie. Der Mensch verfügt über zwei Formen, zwei Dimensionen des Meinens. Auf der einen Seite gibt es Meinungen hinsichtlich des wirklich Existierenden, und es gibt Meinungen über erstrebenswerte Güter und vermeidbare Übel. Im ersten Fall handelt es sich um Meinungen über die wirkliche Struktur und die Prozesse der Dinge, welche die wissenschaftliche Forschung bestätigt, im zweiten um Meinungen über die Werte, die sein Verhalten regeln sollen. Erstere, Erkenntnis im vollen Wortsinn, sind beweisend, notwendig – das heißt: sicher. Sie repräsentieren das Reich der wahren Wirklichkeit. Letztere sind lediglich ein Glaube; in ihrer Ungewissheit und bloßen Wahrscheinlichkeit beziehen sie sich auf eine Welt des Wandels. In der Frage, wie diese beiden Arten von Meinungen am wirksamsten und fruchtbarsten miteinander agieren können, besteht das zentrale Problem der abendländischen Philosophie (Feyerabend 2009, S. 186 f.).

Obwohl der griechische Dualismus in seinen Erkenntnisfolgen vor langer Zeit entstand und vieles davon in seiner spezifischen Ausdrucksweise heute sehr merkwürdig klingt, sind zentrale Vorgaben daraus für uns Heutige nach wie vor von Bedeutung, wenngleich auch eher als Erkenntnisschranke denn als produktiver Wegweiser in eine zu bewältigende Zukunft. Trotz der großen, der gewaltigen Veränderungen im Gegenstand und in der Methode, die die Wissenschaft seit Newton genommen hat, sowie der ungeheuren Ausdehnung der praktischen Tätigkeiten mit Hilfe der Künste und Techniken hat die Haupttradition abendländischen Denkens diesen Rahmen, den die griechische Philosophie vorgab, unangetastet gelassen. Die gesamte klassische Tradition philosophischen Denkens hatte bis weit über das späte Mittelalter hinaus eine geringe Meinung von der Erfahrung. Sie wähnte sich im Besitz einer Methode, die aus der Vernunft selbst stammt und durch die Vernunft unabhängig von der Erfahrung gerechtfertigt ist. Auch heute noch hat sie ihre metaphysische Basis, trotz des großen zeitlichen Abstands, in der griechischen Philosophie. Zu Recht bezeichnet Whitehead die Weigerung, die Begrenztheiten tradierter Methoden in Frage zu stellen, als Obskurantismus. „In jedem Zeitalter rekrutieren sich die Obskuranten vor allem aus der Mehrheit derjenigen, die die dominierenden Methoden praktizieren." Heute herrscht die wissenschaftliche Methodik, die ihre metaphysischen Wurzeln im frühen Griechentum hat, und die Obskuranten finden sich mehrheitlich in der Wissenschaft selbst und in der akademisch betriebenen Philosophie (1974, S. 38). Und er fügt etwas später hinzu: „Es sind immer wieder dieselben Grundsätze, auf die die Obskuranten sich berufen; und der gesunde Menschenverstand gibt ihnen immer wieder recht. Ihr einziger ernsthafter Gegner ist die Geschichte, und vor allem die Geschichte Europas, die sie immer wieder widerlegt hat" (a.a.O., S. 62).

Widersprüche erkenntnistheoretischer Art, die sich mit Blick auf die Alltagsrealität des gelebten Lebens ergaben, hatten für die Philosophie keine negativen Konsequenzen zur Folge. Weil sich die Gegenstände des praktischen Wissens von denen der wahren Erkenntnis unterschieden, bestand kein Grund zu rationaler Unzufriedenheit. Es gab keinen Bruch zwischen der Philosophie und dem, was als echte Wissenschaft galt. Verschiedene Zweige der Philosophie: Metaphysik, Logik, Naturphilosophie, Moralphilosophie usw. standen ihrem Erkenntnisgegenstand in einer absteigenden Skala beweisbarer Gewissheit gegenüber. Der niedrigsten Stufe der Erkenntnis, die Meinung (*doxa*) genannt wurde, korrespondierte eben ein vergleichbar niedriger Status des Erkenntnisgegenstandes, der ihr zugrunde lag. Erste Verunsicherungen und einschneidende Veränderungen ergaben sich erst im Verlauf der wissenschaftlichen Revolution des 17. Jahrhunderts, die schließlich im naturwissenschaftlichen Weltbild Newtons kulminierten. Newton übertrug mit Hilfe der Mathematik das Verfahren des beweisenden Erkennens unmittelbar auf die empirische Realität natürlicher Gegenstände. Aus einem Akt kontemplativer Anschauung, wie er der Naturphilosophie eigen war, wurde ein Akt eingreifenden Handelns. Der Unterschied zwischen beiden Erkenntnisweisen kann kaum überschätzt werden. Newton vollzog die Integration von mathematischer Beweismethode und sinnlicher Empirie, indem er beide Momente durch Messregeln miteinander verknüpfte: im Experiment, handlungspraktisch, ein Verfahren, über das sowohl die griechischen wie später die christlich geprägten (Natur-)Philosophen nicht verfügten. In ihm ist der Dualismus von mathematischer Abstraktion und sinnlicher Wahrnehmung zur Synthese gebracht. Durch die messende Vermittlung von theoretischer Physik und empirischem Experiment verliert die Theorie ihren ontologischen Begriffsapparat und das Experiment seine Abhängigkeit von den Sinneswahrnehmungen. Durch sie erst entsteht das, was wir heute als Naturgesetze bezeichnen (Dingler 1952, S. 21). Die „Gesetze" der natürlichen Welt besitzen seitdem jenen unveränderlichen Charakter, der in dem älteren Schema der griechischen Philosophie nur den rationalen und idealen Formen eigen gewesen war. Eine empirisch betriebene Naturwissenschaft, die in der Sprache der Mathematik formuliert ist, erhob nun unübersehbar den Anspruch, die einzig rationale Naturerkenntnis zu liefern. „Infolgedessen verloren die älteren Philosophen ihre Verbindung zur Naturwissenschaft und die Unterstützung, die der Philosophie von dorther zuteil geworden war. Wollte die Philosophie ihren Anspruch aufrecht erhalten, eine überlegene Form der Erkenntnis zu sein, so war sie gezwungen, eine abschätzige und sozusagen bösartige Haltung gegenüber den Schlussfolgerungen der Naturwissenschaft einzunehmen.

Der Rahmen der älteren Tradition war in der Zwischenzeit von der christlichen Theologie übernommen worden und durch religiöse Unterweisung zu einem Teil der überlieferten Kultur geworden, zu einem Element der Bildung all derer, die von technischer Philosophie keinerlei Kenntnis besaßen. Infolgedessen wurde der Wettstreit zwischen der dadurch ausgedünnten Philosophie und der neuen Wissenschaft im Hinblick auf den Anspruch, die Realität zu erkennen, in Wirklichkeit zu einer Rivalität zwischen den geistigen Werten, die sich aus der älteren philosophischen Tradition herleiteten, und den Schlussfolgerungen der Naturwissenschaft. Je weiter die Wissenschaft voranschritt, desto stärker schien sie auf das besondere Gebiet überzugreifen, über das die Philosophie die Gerichtsbarkeit beansprucht hatte. Auf diese Weise wurde die Philosophie in ihrer klassischen Form zu einer Art apologetischer Rechtfertigung für den Glauben an eine höchste Wirklichkeit, die den Werten, die das Leben regulieren und das Verhalten kontrollieren sollten, eine sichere Grundlage bot" (Dewey 2001, S. 32 f.).

In der Folgezeit entwickelte es sich zum Gemeinplatz, von einer Krise zu sprechen, die durch den Fortschritt der Naturwissenschaften in den letzten Jahrhunderten verursacht worden sei. Bemerkenswert daran ist, dass von einer Krise der Wissenschaft, weniger von einer Krise der Philosophie gesprochen wurde (vgl. Husserl 1954). „Diese Krise beruht angeblich auf der Unvereinbarkeit zwischen den Schlussfolgerungen der Naturwissenschaft über die Welt, in der wir leben, und dem Reich höherer Werte, idealer und geistiger Qualitäten, die von der Naturwissenschaft keinerlei Unterstützung erhalten. Die neue Wissenschaft habe die Welt der Qualitäten beraubt, die sie schön und dem Menschen sympathisch gemacht haben; sie habe die Natur aller Bestrebungen auf Ziele hin beraubt, aller Neigungen zum Guten, und sie uns als einen Schauplatz gleichgültiger physikalischer Teilchen präsentiert, die sich nach mathematischen und mechanischen Gesetzen verhalten" (Dewey 2001, S. 44 f). Tatsächlich verdankt die religiös ausgedünnte Philosophie eines ihrer zentralen Probleme dieser Wirkung der modernen Wissenschaft. „Wie ist es möglich, die Wissenschaft zu akzeptieren und trotzdem das Reich der Werte zu bewahren?", fragt John Dewey. Und er ergänzt: „Diese Frage stellt die philosophische Version des allgemeineren Konflikts von Wissenschaft und Religion dar. Statt von der Inkonsistenz der Astronomie mit älteren religiösen Überzeugungen über den Himmel und die Himmelfahrt Christi oder von den Differenzen zwischen den geologischen Forschungsergebnissen und dem Schöpfungsbericht in der Genesis beunruhigt zu sein, waren die Philosophen über die wesensmäßige Lücke beunruhigt, die zwischen den fundamentalen Prinzipien der natürlichen Welt und der Realität der Werte besteht, nach denen die Menschheit ihr Leben führen soll" (ebda.). Entsprechend der religiösen und philosophischen Tradition Europas „war die Geltung aller höchsten Werte, des Guten, des Wahren und des Schönen, damit verknüpft, dass sie Eigenschaften des letzten und höchsten Seins waren", nämlich einer wie immer gearteten höheren Wesenheit. „Alles ging gut, solange das, was als Naturwissenschaft galt, dieser Auffassung nicht im Wege stand. Das Problem entstand, als die Wissenschaft aufhörte, in den Gegenständen der Erkenntnis das Vorhandensein derartiger Eigenschaften nachzuweisen" (a.a.O., S. 46). Der sich daraus ergebende Widerspruch ist alles andere als nur intellektueller Natur. Ein rein theoretischer Dispens, ein rein theoretischer Irrtum hätte ohnehin keinerlei praktische Konsequenzen. Vielmehr handelt es sich um eine kulturelle Krise, um eine soziale Krise, die „ihrem Charakter nach historisch und zeitbedingt ist." Vehement weist Dewey darauf hin, dass es sich hierbei nicht um ein Problem von Inkompatibilitäten in der realen Welt der Dinge handelt, sondern um eines der Rezeption dieser Realität durch die Philosophie. Es ist dieser „cultural lag" (Ogburn 1957), der die Philosophie und nicht die Wissenschaft in eine Krise stürzt. Man kann es nicht oft genug wiederholen: Auch wenn es sich nicht um ein Problem der Anpassung der Eigenschaften der Realität aneinander handelt, hat es die Philosophie vorgezogen, dieses Problem „als eine Frage danach zu behandeln, wie die Realitäten, die als Gegenstand der Wissenschaft aufgefasst wurden, die mathematischen und mechanischen Eigenschaften haben können, die ihnen in der Naturwissenschaft zugeschrieben wurden, während das Reich der letzten Realität nichtsdestoweniger durch Qualitäten charakterisiert sein kann, die ideal und geistig genannt werden" (Dewey, a.a.O., S. 51). Dewey wird nicht müde zu betonen, dass das kulturelle Problem ein Problem der notwendigen Neuanpassungen ist, das seine Wurzel in der traditionellen Auffassung der Philosophie hat, die zwischen Erkennen und Handeln, zwischen Theorie und Praxis einen unüberbrückbaren Trennstrich zieht, und dass seine Lösung nur in der Überwindung dieser Trennung finden kann. Solange die Auffassungen beibehalten werden, Erkenntnis sei eine Enthüllung der Realität, einer Realität, die der Erkenntnis vorangeht und von ihr unabhängig ist, und Erkenntnis sei unabhängig von der Absicht, die Qualitäten der Erfahrungsgegenstände zu kontrollieren, solange die Vorstellung andauert, dass Werte nur unter der Bedingung authentisch und gültig seien, dass sie Eigenschaften eines Seins sind, das unabhängig vom menschlichen Handeln ist, solange angenommen wird, dass ihr Recht, das Handeln zu steuern, davon abhängig ist, dass sie vom Handeln unabhängig sind, so lange werden Denksysteme benötigt, um zu beweisen, dass Werte trotz der Ergebnisse der Wissenschaften echte und erkannte Qualitäten der Realität an sich sind. Mehr als zwei Jahrtausende lang wurde das Gewicht der einflussreichsten und autoritativsten orthodoxen Tradition des Denkens in die Waagschale geworfen, um diesen

Beweis zu erbringen. Die Lehre, die ihr zugrunde lag, war dem Problem einer rein kognitiven Bestätigung, sei es durch Offenbarung, durch Intuition oder durch Vernunft, der schon bestehenden unveränderlichen Realität der Wahrheit, Schönheit und Güte gewidmet. Für sie bilden die Schlussfolgerungen der Naturwissenschaften ein ernstes Problem, denn sie stellen die Frage, die sie empirisch schon immer gewesen ist, auf einer sozialhistorisch erweiterten Stufenleiter und setzen sie damit unabweisbar auf die Tagesordnung: „Was sollen wir *tun*, um Gegenstände, die Wert haben, in der Wirklichkeit besser zu schützen?" (a.a.O., S. 47 f.).

Fragen dieser Art „scheinen vielen Denkern nicht die Würde zu besitzen, die den traditionellen Problemen der Philosophie beigemessen wird. Sie sind nächstliegende, nicht letzte Fragen. Sie betreffen nicht Sein und Erkennen ‚an sich' und überhaupt, sondern den Zustand der Realität zu spezifischen Zeiten und an spezifischen Orten und den Zustand der Neigungen, Pläne und Absichten unter konkreten Umständen. Sie sind nicht damit befasst, ein für allemal eine allgemeine Theorie der Realität, der Erkenntnis und des Wertes aufzustellen, sondern damit, herauszufinden, wie authentische Meinungen über die Wirklichkeit, wie sie gegenwärtig bestehen, im Zusammenhang mit den praktischen Problemen des wirklichen Lebens fruchtbar gemacht werden können" (a.a.O., S. 48 f.). Die Schwierigkeit auf dem Weg dorthin ist eine praktische, eine gesellschaftliche Schwierigkeit, die etwas mit Institutionen und den Methoden und Zielen der Erziehung und Bildung, nicht aber mit Wissenschaft oder mit Wert zu tun hat. „Auf beschränkten und technischen Gebieten verfahren die Menschen mittlerweile ganz selbstverständlich in dieser Weise. In der Technologie, in den Ingenieurskünsten und der Medizin wäre jedes andere Vorgehen undenkbar" (ebda.). Dass dies in den moralischen und spezifisch menschlichen Künsten nicht der Fall ist, darin liegt ein Problem und zugleich eine Aufforderung, darüber nachzudenken, wie mögliche Lösungen aussehen könnten und wie sie zu gestalten seien, so wie Menschen gelernt haben, über Angelegenheiten nachzudenken, die in den Bereich der technischen Künste fallen.

Ähnlich argumentiert Paul Feyerabend. Die zentralen Probleme abendländischer Philosophie und Wissenschaftstheorie sind für ihn nichts anderes als „Probleme des Verhältnisses zwischen voneinander getrennten Bereichen". Sie haben ihre Wurzel in dem auf Parmenides zurückgehenden Grundwiderspruch zwischen der abstrakten Formulierung reiner Begrifflichkeit und der konkreten Realität anschaulicher Ereignisfolgen. Aus ihm speisen sich alle wesentlichen Probleme abendländischen Philosophierens (2009, S. 186 f.). Feyerabend geht es darum, den gedächtnis- und mentalitätsgeschichtlichen Hintergrund dieser Irrtümer zu rekonstruieren. Er zeichnet den Gang der Entwicklung des abendländischen Sonderweges nach, der, wie gesagt, mit Parmenides beginnt. „Die Wirkung des Parmenideischen Denkens auf die Philosophie und die Wissenschaft des Abendlandes kann kaum überschätzt werden. Parmenides ist der Mann, der unveränderliche und rein begrifflich formulierte Gesetze anstelle anschaulicher Ereignisfolgen setzt und der so Wirklichkeit und Welterfahrung, Denken und Anschauung, Wissen und Handeln entschieden voneinander trennt. Ihm verdankt die Mathematik die Wendung vom Anschaulichen zum Abstrakten und ihre ‚Erhebung' aus einer allgemeinen Theorie der Lebenswelt in eine Theorie idealer Wesenheiten. Ihm verdankt die Wissenschaft den Glauben an ewige Gesetze und die axiomatische Darstellungsweise, die nun als die allgemeingültige Grundlage des Verstehens angesehen wird. Mit ihm beginnen alle Probleme der Rechtfertigung, die nichts anderes sind als Probleme des Verhältnisses zwischen den so radikal voneinander getrennten Bereichen. Man trennt, was harmonisch zusammenhängt, und bemüht sich dann unter Aufbietung aller Geisteskräfte, das Getrennte wieder zu vereinigen. Und mit ihm beginnen auch die Versuche, die anschaulich gegebene Welt und die Wechselwirkungen, Veränderungen, Übergänge in ihr aufgrund von Prinzipien zu verstehen, die auf den ersten Blick nichts mit ihr zu tun haben. Man tritt von der Welt zurück, man baut das Denken um, man verwandelt es aus einem vielseitigen Anpassungsmechanismus in einen einfachen, glänzenden, leicht durchschaubaren Computer, und man tritt nun mit diesem neuen Denkmittel wieder an die Welt heran. Die Theorien, die sich dabei ergeben, zerfallen auf mehr oder weniger natürliche Weise in zwei Gruppen.

Auf der einen Seite wird versucht, das Problem der Bewegung und der Entwicklung mit Hilfe von Begriffen und Entitäten zu lösen, die in der Alltagserfahrung kein direktes Analogon haben und deren Beschreibung von der Alltagssprache oft ganz beträchtlich abweicht. Nur schwer und oft auf sehr schematische Weise stellen die Denker dieser Gruppe die Verbindung mit der Wahrnehmung her. Beispiele sind Demokrit, Platon und ihre Nachfolger in den modernen Naturwissenschaften. Auf der anderen Seite versucht man, die Gegenstände der Erfahrung auf mehr direkte Weise zu erfassen, und man versucht zu zeigen, dass die Begriffe

der Alltagssprache, die dabei verwendet werden, vom Parmenideischen
Ideal der Unveränderlichkeit nicht zu weit entfernt sind: Einige kleine
Veränderungen genügen, und sie erfüllen die Erfordernisse einer wissenschaftlichen Darstellung. Der hervorragende Vertreter ist hier Aristoteles,
der unübertroffene Schöpfer einer qualitativen Naturlehre" (ebda.).

4.3 Das Christentum: die Rückkehr zum Mythos

Rolle, Stellenwert und Funktion, die das Christentum hinsichtlich der
abendländischen Vernunftgenese, die in der neuzeitlichen Wissenschaft
ihren vorläufigen Höhepunkt erreicht hat, einnimmt, ist durchaus wider-
sprüchlich. *Einerseits*, gemessen am Stand, den die griechische Protowissenschaft in den *Poleis* erreicht hatte, bedeutet die Ausbreitung und Festigung der christlichen Religion im römischen Kaiserreich einen Rückfall
in Mysterienkult und Aberglaube. Deshalb kann Eduard Meyer, neben
Adolf von Harnack eines der Urgesteine religionswissenschaftlichen
Denkens, von einer „Orientalisierung der abendländischen Welt" sprechen und das Christentum als eine „Reaktion gegen die hellenistische
Aufklärung" bezeichnen (o.J., zweiter Band, S.131). Die materielle Basis
der griechischen Vernunftgenese, eine in ersten Ansätzen urbane, auf
systematisch betriebener Warenproduktion beruhende Ökonomie verliert
im römischen Imperium an Bedeutung gegenüber der ruralen Subsistenz-
wirtschaft des römischen Weltreiches. Der Sklaven- und Kolonenwirt-
schaft im Innern korrespondiert eine Raubwirtschaft nach außen. *Andererseits*, vermittelt vor allem durch den Apostel Paulus und die Apologeten des zweiten Jahrhunderts, die sich wie Clemens von Alexandria
und Origines in ihrer Argumentation griechischer Rhetorik und Beweisführung zu befleißigen wussten, übernahm die katholische Kirche in ihrer
Scholastik Denkformen der griechischen Antike und hielt sie so in der
europäischen Geistesgeschichte präsent. Deshalb kann Harnack (1950)
von einer „Hellenisierung des Christentums" sprechen. Der ursprüngliche
Gegensatz von Mythos und Logos und seine schließliche Aufhebung im
Christentum des römischen Weltreichs stellt sich bei Meyer und Harnack
als eine immanente Entwicklung geistiger Mächte dar. Es darf aber nicht
unberücksichtigt bleiben, dass diese Auseinandersetzungen vor dem
Hintergrund einer völlig veränderten geopolitischen und sozialökonomischen Situation stattfanden. Die überschaubare, zunehmend durch Fern-

und Überseehandel geprägte Welt der *Poleis* war einem militärischen Großreich gewichen, dessen Reproduktion weitgehend auf Sklaven- sowie Kolonatentum beruhte und zentral administriert wurde. Damit verlor auch das dem Warenhandel inhärente Rationalitätsprinzip seine materielle Basis.

Die Philosophie der Vorsokratiker bis hin zu Aristoteles war, soziologisch gesehen, eine Bewegung „von oben" her, erwachsen aus der Aufklärung, aus der Emanzipation des Geistes von den traditionellen Vorstellungen der Religion und des Herkommens, und von daher prinzipiell ungläubig. Sie beginnt mit dem Zweifel, der dann durch die Prüfung entweder zu einem geschlossenen rationalen System der Welt- und Menschenkenntnis oder zum Skeptizismus führt. Das Christentum hingegen und alle seine zahlreichen verwandten Erscheinungen waren eine Bewegung „von unten", erwachsen aus der Religion und den von der Menge zäh festgehaltenen Vorstellungen des mythischen Denkens und der übernatürlichen Mächte, der guten und der bösen, mit ihren Zauberkräften und willkürlichen Wirkungen, und daher prinzipiell irrational und autoritätsgläubig. Sie haben durch ihre Propheten bis zu einem gewissen Grade die Formen des griechischen philosophischen Denkens angenommen und Formulierungen aufgestellt und benutzt, die diesem gleich klingen, im Grundsatz aber bezogen sie ihre Legitimation aus anderen Quellen. Die Idee der griechischen Philosophen, dass Politik und Gerechtigkeit miteinander zusammenhängen, dass die Politik von der Vernunft geleitet werden müsse und nach absoluten ethischen Normen zu beurteilen sei, diese Idee war immer offensichtlicher in Widerspruch geraten zur Realität der antiken Gesellschaft. Die Philosophie der Griechen war aristokratisch in dem Sinne, dass sie sich in der Schicht der Vermögenden entwickelte, die in Krieg und Staatskunst, Dichtung und Redekunst die einzigen annehmbaren nützlichen Betätigungen sahen. Die überwiegende Mehrheit des Volkes war davon ausgeschlossen. Darin, dass Menschen in der Gemeinschaft dieselben Tätigkeiten verrichteten, in derselben Weise und unter denselben Bedingungen, obwohl sie sich in der sozialen Rechtstellung formal unterschieden, darin bestand ein Paradoxon der antiken Sklaverei, das rational nicht lösbar war. Eben das machte die Versprechungen der christlichen Religion für sie so verheißungsvoll.

In mentaler Hinsicht stellt das Christentum gegenüber der griechischen Philosophie einen gewaltigen Rückschritt dar (Meyer, a.a.O., S. 144): Autorität ersetzt den freien Gedankenaustausch. Glaube tritt an die

Stelle der Erkenntnis. Die Unabhängigkeit des menschlichen Geistes weicht der demütigen Unterordnung unter das Phantasma einer Gottheit, die nicht von dieser Welt ist. Statt den Normen eines frei vereinbarten und als verbindlich anerkannten Sittengesetzes zu folgen, ist den von Gott auferlegten Geboten, in der Diktion Meyers: knechtisch Folge zu leisten (a.a.O., S. 131). Meyer bezeichnet diese Reaktion, die der hellenistischen Aufklärung folgt, als „Orientalisierung der abendländischen Welt auf dem Gebiet des geistigen und religiösen Lebens" (ebda.). Die althellenistische Philosophie „kann sich dieser Bewegung nicht entziehen, sondern wird immer stärker von ihr durchdrungen, bis schließlich auch sie sich im Neuplatonismus völlig in ein mystisch-theosophisches Religionssytem umwandelt. Das Endergebnis ist, dass der antike weltliche Staat, der von seinen Bürgern wohl die formale Anerkennung der ihn beschirmenden und erhaltenden Gottheiten und die Vollziehung der offiziell gebotenen Kulthandlungen fordert, aber sich um ihre Gesinnung, ihr individuelles Verhalten zur Religion nicht weiter kümmert, sich umsetzt in eine religiöse Genossenschaft, eine Kirche, die von allen Angehörigen das Bekenntnis zu dem vom Staat oder vielmehr von seinem göttlichen, durch die Vorsehung inspirierten Gebieter als alleinige Wahrheit hingestellten Glauben erzwingt" (ebda.). Die aus dem nachhomerischen Griechentum erwachsene Weltanschauung und Kultur erliegen der Orientalisierung. Neben anderen Heilsbotschaften tritt das Christentum auf und beginnt seine Wirkung zu entfalten. Der desolate Zustand der späthellenistischen Kultur hat ihm den Boden bereitet. Aus ihm heraus „erklären sich die Erfolge, die es bei den Massen findet. Darin liegt und darauf beschränkt sich der berechtigte Kern, aus dem die hier (von Meyer, Anm. A.B.) bekämpften Anschauungen von einer Abhängigkeit der christlichen Lehren von der Philosophie erwachsen sind: nicht um eine Hellenisierung der aus dem Judentum hervorgegangenen neuen Religion handelt es sich, sondern um die fortschreitende Orientalisierung der aus dem Boden des Griechentums erwachsenen universellen Kulturwelt. Auch das Christentum ist eine Mysterienreligion so gut wie die ägyptischen, syrischen, kleinasiatischen, persischen, orphischen Kulturen, wie die Religion des Simon Magus und der Propheten und Wundertäter nach Art des Apollonius von Tyana; es hat in Taufe und Abendmahl seine geheimen, Wunder wirkenden Riten, und seine Lehren und Offenbarungen sind ein Mysterium, das nur die Gläubigen und durch die Taufe

Geweihten wirklich zu begreifen vermögen und das nur ihnen das Heil bringt, während alle andern der Verdammnis anheim fallen" (ebda.).

Den Widerspruch von Mythos und Logos diskutiert Meyer als Gegensatz von Orient und Okzident. Indem er ihn historisiert, formuliert er ihn gleichsam soziologisch um in ein Problem gesellschaftlicher Stratifikation. Allerdings spricht er nicht in Kategorien von Ober- und Unterschicht, sondern von gebildeter Elite und ungebildeten Massen. Es sei die Reaktion der unteren Schichten und des Orients gegen die Herrschaft der Gebildeten und den Hellenismus, die sich in dem Vordringen der neuen Religionen vollzieht. Im Ergebnis verlieren die Ideale griechischer Aufklärung und Vernunft sowohl an Bedeutung wie an Wirkung. In dem größeren weltgeschichtlichen Zusammenhang, der durch das Imperium Alexanders hergestellt wurde, scheidet nicht nur die übergroße Mehrheit der Bevölkerung, sondern auch die bislang tragende gesellschaftliche Elite aus dem politischen Willensbildungsprozess aus. Darin besteht für Meyer die Kehrseite des zur Weltherrschaft gelangenden Hellenismus: dass die griechische Kultur den Verkehrsformen des Orients erliegt, wie sie sich seit dem Perserreich durchgesetzt haben, fortschreitend in den makedonischen Königreichen seit Alexander dem Großen. In dieser Entwicklung bildet das römische Kaiserreich den vorläufigen Abschluss.

Nicht nur dass den Massen das Unrecht und die Unabänderlichkeit der sozialen Stratifikation bewusst wurde, trieb sie in die Trost spendenden Arme religiöser Gläubigkeit, sondern auch die Unüberschaubarkeit der Weite des römischen Imperiums und, anders als in der griechischen *Polis*, der mangelnde Einfluss darauf, wie es regiert wurde. „Aus dem Dunkel des Ahnens war die hellenische Philosophie ans Licht getreten, im Ahnen verdämmerte sie auch wieder. Der Logos räumte im späteren Altertum dem Mythos wieder das Feld, und der Glaube wurde mächtiger als das Streben nach wissenschaftlicher Erkenntnis ... Einst war die *Polis*, war der Freundschaftsbund der natürliche Halt des Ich gewesen, dem Kosmos, als dessen Glied er sich fühlte, dem Staate, in den er hinein geboren war, hatte der Stoiker gedient. Aber in der weltumspannenden Weite des untergehenden Römischen Reiches, deren Symbol die riesigen Hallen seiner Gewölbebauten waren, fühlte der Mensch sich allzu leicht verloren, und in seiner Verlassenheit suchte das vom Gefühle des Vergänglichen durchschauerte Ich die unmittelbare Verbindung mit Gott" (Kranz 2006, S. 317).

Zwar nicht so sehr in der Beschreibung, sondern in der Bewertung dessen, was sich bei Meyer als „Orientalisierung" liest, unterscheidet sich Harnack mit seiner Hellenisierungsthese von ersterem. Zwei Momente, die charakteristisch sind für die Verschmelzung des Evangeliums mit der griechischen Philosophie, hebt er hervor: das Einströmen sowohl des *Logos* als auch der *Ethik*, wie sie zuvor in der griechischen Philosophie entfaltet worden waren. Eine wichtige Rolle spricht er dabei dem Apostel Paulus zu. Er habe das Evangelium aus der Exklusivität des regional ge-bundenen Judentums herausgeführt und dadurch zur Weltreligion werden lassen. Ihm verdanke man es, „dass das Evangelium aus dem Orient, wo es auch später niemals recht hat gedeihen können, in den Okzident ver-pflanzt worden ist. In diesem Schritt besteht seine weltgeschichtliche Größe". Er sei es gewesen, der nicht nur im Evangelium etwas völlig Neues erkannt hat, das die im jüdischen Volkstum wurzelnde Gesetzes-religion völlig aufhebt, sondern auch, dass diese „neue Stufe dem einzel-nen und daher allen gehört." In dieser Überzeugung hat er das Evange-lium mit vollem Bewusstsein in die Völkerwelt getragen „und vom Judentum auf den griechisch-römischen Boden hinübergestellt" (1950, S. 104 f.). Entscheidend daran ist für Harnack die durch das Griechentum geschaffene „Erstarkung des individuellen Elements und damit die Idee der geschlossenen, in sich lebendigen und verantwortlichen Persönlich-keit" (1990, Bd. 1, S. 55), die im Gegensatz steht zur Autorität des Geset-zes, wie es im Alten Testament verkündet wird. Mit dem Diktum, Chris-tus sei des Gesetzes Ende (Römer 10:4), begründet Paulus letztlich die abendländisch-christliche Kultur. Durch den bewusst vollzogenen Bruch mit der Synagoge und die Gründung selbständiger religiöser Gemeinden hat Paulus das Evangelium in eine universale Religion verwandelt und den Grundstein der kommenden Weltkirche gelegt. Es waren die Mittel griechischen Denkens, derer sich die neue Kirche zu ihrer Festigung be-diente. „*Das Einströmen des Griechentums, des griechischen Geistes*, und die Verbindung des Evangeliums mit ihm ist die größte Tatsache in der Kirchengeschichte des zweiten Jahrhunderts, und sie setzte sich, grundlegend vollzogen, in den folgenden Jahrhunderten fort" (1950, S. 119). Andernfalls wäre sie wie so viele der neuen Religionsgründungen jener Zeit über den Status einer Sekte nicht hinausgekommen. Durch die-ses Einströmen ist ein Bruchteil der griechischen Gedankenwelt für die folgende Epoche der Menschheitsgeschichte gerettet worden und hat hier, aufgenommen in die dogmatischen Formeln der Kirche, eine dau-

ernde tiefgreifende Wirkung ausüben können. „Das Mittelalter hat von
der alten Kirche nicht nur das wesentlich fertige Dogma erhalten, sondern auch – als lebendige Kraft – die Philosophie resp. Theologie, welche
an der Ausprägung des Dogmas gearbeitet hat, und dazu einen Schatz
klassischer, mit der Philosophie und dem Dogma wenig oder gar nicht
zusammenhängender Literatur, dem in Italien und Byzanz ein nie völlig
untergegangenes Element antiker Lebensauffassung entsprach" (1990,
Bd. 3, S. 360).

Neben der Ethik war es vor allem ein kosmologischer Begriff, den die
Kirche zu rezipieren begann und der nach wenigen Jahrzehnten in ihrer
Lehre eine beherrschende Stellung erlangen sollte: *der Logos*. So wie
sich in der religiösen Ethik wahlverwandte Elemente zusammenschlos-
sen, die in der griechischen Philosophie aufgrund innerer Erfahrungen
und metaphysischer Spekulationen gewonnen waren, so erfolgte Ver-
gleichbares hinsichtlich des Logos, ein Vorgang, der schließlich in der
Identifizierung des Logos mit Christus gipfelte und damit zum entschei-
denden Moment für die Verschmelzung der griechischen Philosophie mit
dem apostolischen Erbe wurde. Diesen Schritt vermochten auch die den-
kenden Griechen nachzuvollziehen. „Es war der wichtigste Schritt innerhalb der christlichen Lehrgeschichte, der je getan worden ist, als am Anfang des zweiten Jahrhunderts christliche Apologeten die Gleichung
vollzogen: der Logos ist Jesus Christus" (Harnack 1950, S. 120 f.). So
nimmt es denn nicht wunder, dass die weitere Entwicklung des Christentums aufs Stärkste vom Neuplatonismus, der letzten großen Bewegung der nichtchristlichen Antike, beeinflusst wurde. Der realge-
schichtliche Hintergrund liegt offen zutage. Aristoteles starb etwa zur
selben Zeit wie die klassische *Polis*. Als sein Zeitgenosse Diogenes von
sich sagte, er sei ein *Kosmopolites*, gab er zu verstehen, dass „Bürger-
schaft" ein sinnentleerter Begriff geworden war. In der Folge konzentrierte sich das Streben nach Weisheit und moralischer Existenz so ausschließlich auf die individuelle Seele, dass die Gesellschaft als ein neben-
sächlicher und zufälliger Faktor angesehen wurde. Zwar behielten in dieser veränderten Welt „die Logik und die Physik des Aristoteles ihre Le-
benskraft, nicht aber seine politischen Anschauungen und seine Ethik,
und zwar gerade deswegen, weil sie als ‚praktische Künste' im Rahmen
der *Polis* konzipiert waren. Platon jedoch überdauerte paradoxerweise,
weil er ‚entpolitisiert' war. Seine Ablehnung der Erfahrungswelt zugunsten der ewigen Ordnung, sein Mystifizismus, seine einseitige Aus-

richtung auf die Seele waren hervorragend geeignet für philosophische Lehren, die unter Verhältnissen, wie sie sich in den Staaten und der Gesellschaft des Hellenismus ergaben, notwendigerweise den Menschen auf sich selbst hinlenkten. Und später erwiesen sie sich als passend für eine neue religiöse Konzeption, deren Kernstück die Erlösung war" (Finley 1983, S. 98 f.).

Etwas Neues allerdings kommt nun hinzu. Anders als in den meisten vorchristlichen Religionen gilt der Mensch nicht mehr als eingewoben in das Ganze dieser Welt, sondern ist als Ebenbild Gottes aus ihr herausgehoben, versehen mit einem eindeutigen *Herrschaftsauftrag*. Der christliche Gott ist ein Willens-, Arbeits- und Schöpfergott, und daher hat auch der Mensch als sein Ebenbild die Fähigkeit und die Verpflichtung zum freien Schöpfertum. „Macht Euch die Erde untertan", so lautet der Arbeitsauftrag (Gen I, 28). Darin nun unterscheidet sich die christliche *Arbeitsethik* von der griechischen. Während in jener die körperliche Arbeit verachtet wurde – Sklaven und Handwerker galten als „beseelte Werkzeuge" (Aristoteles, Politik, 1. Buch, 1253 B) – wurde sie in dieser als etwas Notwendiges und Normales angesehen. „Gott schuf den Menschen als ein Wesen, das der Arbeit bedarf, mit dem Ziel, ihm die Möglichkeit zu geben, überall seine Erkenntniskräfte zu üben", hatte Origines formuliert (vgl. Gurjewitsch 1980, S. 296). Zwar ist körperliche Arbeit eine Strafe Gottes für die Hybris des Menschen im Paradies – „im Schweiße Deines Angesichts sollst Du Dein Brot essen" (Gen 3, 19) – aber gleichwohl: Schon im Alten Testament wird der Fleißige gelobt, der Faule getadelt. Und so kann Paulus fordern: „Wer nicht arbeitet, soll auch nicht essen" (2. Thess. 3, 10).

Auch wenn er ihn nicht explizit nennt, so ist die Affinität der Argumentation Deweys zu der Eduard Meyers doch kaum zu übersehen. Er schreibt: Die griechischen Philosophen waren zu der Erkenntnis gekommen, „dass sie sich durch rationales Denken über die natürliche Welt erheben konnten, in der sie, mit ihrem Körper und jenen geistigen Prozessen, die mit dem Körper verbunden waren, lebten. Im Kampf mit der Unbarmherzigkeit der Natur, im Erdulden ihrer Stöße, beim Kampf um ihren Lebensunterhalt aus ihren Ressourcen waren sie Teile der Natur. Aber in der Erkenntnis, im wahren, das heißt rationalen Erkennen, das sich mit Gegenständen befasst, die allgemein und unveränderlich sind, entflohen sie der Welt des Wandels und der Ungewissheit: Sie erhoben sich über das Reich, in dem Bedürfnisse empfunden und mühselige Arbeiten verlangt werden. Indem sie sich über diese Welt der Sinnlichkeit und der Zeit erhoben, traten sie in eine rationale Verbindung zu dem Göttlichen, das reiner und vollkommener Geist war. Sie wurden zu wahren Teilhabern am Reich der höchsten Realität. Durch das Erkennen standen sie außerhalb der Welt des Zufalls und Wandels und innerhalb der Welt des vollkommenen und unveränderlichen Seins" (Dewey 2001, S. 292). Die Theologen der christlichen Kirche übernahmen diese Ansicht in einer Form, die ihren religiösen Zwecken angepasst war. Die vollkommene und höchste Realität war Gott. Ihn zu erkennen, war ewige Seligkeit. Die Welt, in welcher der Mensch lebte und handelte, war eine Welt der Versuchungen und Probleme, um ihn für eine höhere Bestimmung auf die Probe zu stellen und darauf vorzubereiten. Da die Quelle allen Übels in den Mängeln dieses Reichs des Wandels begründet war, wurden menschliche Unwissenheit, Unfähigkeit und Gefühlslosigkeit von der Verantwortung frei. Es blieb nur, die eigene Haltung und Disposition zu ändern, die Seele von den vergänglichen Dingen ab- und dem vollkommenen Sein zuzuwenden. Mit dieser Idee forderte die Religion in ihrer Sprache genau das, was die große philosophische Tradition in der ihren formuliert hatte (Dewey, a.a.O., S. 292 f.).

„Mit der Ausbreitung des Christentums gewannen die ethisch-religiösen Züge allmählich die Oberhand über die rein rationalen. Die höchsten autoritativen Maßstäbe, die das Verhalten und die Zwecke des menschlichen Willens bestimmten, und die Maßstäbe, die den Forderungen nach notwendiger und universaler Wahrheit genügten, wurden vereinigt. Dazu kam, dass die Autorität des höchsten Seins auf der Erde durch die Kirche repräsentiert wurde; was seiner Natur nach den Intellekt transzendierte, wurde durch eine Offenbarung verbreitet, deren Interpret und Hüter die Kirche war. Dieses System bestand über Jahrhunderte, und solange es währte, ermöglichte es der abendländischen Welt eine Integration von Glauben und Verhalten. Die Einheit von Denken und Handeln erstreckte sich bis auf jedes Detail der Lebensführung. Die Wirksamkeit dieses Systems hing nicht vom Denken ab. Es wurde durch die mächtigste und autoritativste aller gesellschaftlichen Institutionen garantiert." Dieses System mag damals durchaus seine historische Berechtigung gehabt haben, eine Berechtigung, die zunehmend, worauf insbesondere Feuerbach aufmerksam machen sollte, verloren ging. „Sein scheinbar solides Fundament wurde durch die Schlussfolgerungen der modernen Wissenschaft, insbesondere Newtons unterminiert. Sie bewirkten – vor allem im

Hinblick auf die neuen Interessen und Tätigkeiten, die sie hervorbrachten
– einen Bruch zwischen dem, womit der Mensch hier und jetzt beschäftigt ist, und dem Glauben an eine höchste Realität, die bis dahin seinem
hiesigen Leben die Richtung gewiesen hatte, insofern sie sein letztes und
ewiges Schicksal bestimmte. Dieses Problem, die Überzeugungen des
Menschen über die Welt, in der er lebt, mit seinen Überzeugungen über
die Werte und Zwecke, die sein Verhalten lenken sollten, zu verbinden
und zu harmonisieren, ist das tiefste Problem des modernen Lebens. Es
ist das Problem jeder Philosophie, die sich von diesem Leben nicht abgesondert hat" (a.a.O., S. 254 f.).

Der Sinn für transzendente Werte ist spätestens seit Feuerbach schwä-
cher geworden. Längst durchdringt er nicht mehr alle Dinge im Leben,
sondern beschränkt sich auf spezielle Zeiten und Handlungen. Für Feuerbach sind alle Bestimmungen des göttlichen Wesens letztlich Bestimmungen des menschlichen Wesens (2005, S. 54 f.). In dem Maße, wie
das erkannt wird, verliert die Kirche ihre Macht, den göttlichen Willen
und Zweck zu verkünden und durchzusetzen. „Was immer Menschen
sagen und bekennen mögen, angesichts wirklicher Übel neigen sie dazu,
zu natürlichen und empirischen Mitteln zu greifen, um sie zu beheben."
Gleichwohl besteht die alte Überzeugung fort, dass die Güter und Maßstäbe der gewöhnlichen Erfahrung verfälscht und unwürdig seien. „Diese
Divergenz zwischen dem, was Menschen tun, und ihrem nominellen Bekenntnis hängt eng mit den Verwirrungen und Konflikten des modernen
Denkens zusammen" (Dewey 2001, S. 257). Während Max Weber sich
mit Blick auf das „stählerne Gehäuse" einer wissenschaftlich-technischen
Zivilisation ganz unsicher war, „ob am Ende dieser ungeheuren Entwicklung ganz neue Propheten oder eine mächtige Wiedergeburt alter
Gedanken und Ideale stehen werden, *oder* aber – wenn keins von beiden
– mechanisierte Versteinerung" (1988, Bd. 1, S. 204), hielt es sein Zeitgenosse Ferdinand Tönnies „für wahrscheinlich, dass nach dem Ablaufe
dieser oder einer etwas längeren Folge von Jahrhunderten die monotheis-
tischen Religionen ebenso zu den nur ideell überlebenden Altertümern
gehören werden, wie längst dazu die Religionen von Ägypten, von Hellas
und dem alten Italien gehören." Denkbar wäre zum Beispiel, dass eine
neue Religion aus der Wurzel des phantasielosen wissenschaftlichen
Denkens entstünde. Sollte das der Fall sein, „so wird sie eine schlechthin
universale Religion sein wollen, sein müssen, an der gleich der allgemeinen Menschlichkeit die Idee der Wissenschaftlichkeit ihren Anteil nimmt

und die eben dadurch den Anspruch erhebt, eine schlechthin *ethische*, das heißt, schlechthin wahre Religion zu sein. War ehemals jene Wendung zum Monotheismus eine große Epoche, so wird diese Wendung zum *Atheismus*, so schrecklich das Wort heute noch klingen mag, eine größere sein" (Tönnies 2010, S. 213 f.).

4.4 Experimentelle Erfahrung: Newtons Synthese von Axiomatik und Empirie

Als im siebzehnten Jahrhundert neue Methoden wissenschaftlicher For-schung begannen sich durchzusetzen, trat immer klarer zu Tage, dass die Teleologie der griechischen Naturphilosophie, der griechischen Proto-wissenschaft eine nutzlose, eine hemmende Belastung für den weiteren Fortgang menschlichen Wissens sei. Ihre Lehre der idealen Formen galt als okkulter Versuch der Welterklärung, der das menschliche Erkenntnis-streben auf eine falsche Fährte gesetzt und völlig fehlgeleitet hatte. Aus dieser prekären erkenntnistheoretischen Situation heraus begann die Philosophie zu versuchen, die neuen Ergebnisse der Naturwissenschaft über die empirische Welt dort draußen mit den tradierten Auffassungen vom Wesen des Geistes und des Erkennens zu verbinden, Auffassungen, die, wie gesagt, vor Beginn einer systematischen experimentellen For-schung entstanden waren. Die Ergebnisse waren wenig überzeugend. Zwischen der Metaphysik, die ihre Wurzeln im antiken Griechentum hat, und den empirischen Erkenntnisverfahren der modernen Naturwissen-schaft klaffen Welten, deren inhärente Unvereinbarkeit dazu führte, dass alle Bemühungen der Philosophie, diesen Graben zu überwinden, durch eine gewisse Künstlichkeit und unlösbare Konflikte charakterisiert sind. „Das griechische Denken, von dem die philosophischen Auffassungen von der Natur der Erkenntnis als dem einzig gültigen Erfassen oder An-schauen der Realität stammen, hatte diese ... Probleme (noch) nicht", weil die Physik der Griechen mit ihrer Metaphysik vollständig überein-stimmte. „Letztere war teleologisch und qualitativ." Das heißt: „Natür-liche Gegenstände streben, durch ihre Veränderungen hindurch, von selbst idealen Zwecken zu, welche die letzten Gegenstände der höchsten Erkenntnis sind." Nur aufgrund dieser Tatsache, so schien es den griechi-schen Philosophen, sei eine Wissenschaft von natürlichen Veränderungen möglich: „Die natürliche Welt ist erkennbar, soweit ihre Veränderungen von Formen oder Wesenheiten beherrscht werden, die unveränderlich, vollständig oder vollkommen sind. Bei dem Bestreben, diese schon vorher bestehenden und vollkommenen Formen zu verwirklichen, zeigen natürliche Phänomene Eigenschaften, dank deren sie erkannt, das heißt definiert und klassifiziert werden können." Diese idealen Formen stellen die Vernunft in ihrer vollen und vollkommenen Wirklichkeit des Seins dar. Sie zu erkennen, heißt deshalb, „in Gemeinschaft mit dem vollkommenen Sein zu sein und auf diese Weise die höchste Glückseligkeit zu genießen" (Dewey 2001, S. 53 f.).

Das griechische Denken hat niemals eine scharfe Trennung zwischen dem vernünftigen und vollkommenen Reich des Geistes und der natürlichen Welt gemacht. Letztere war zwar niedriger und von Nicht-Sein und Mangel beherrscht, aber sie stand in keinerlei Gegensatz zur höheren und vollkommeneren Realität. „Das griechische Denken akzeptierte die Sinne, den Körper und die Natur mit natürlichem Respekt und sah in der Natur eine Hierarchie von Formen, die Stufe um Stufe zum Göttlichen führten. Die Seele war die tätige Wirklichkeit des Körpers, wie die Vernunft die transzendente Verwirklichung der Andeutung idealer Formen, die in der Seele enthalten waren." Im Gegensatz dazu hat das moderne Denken den Abgrund zwischen den Werten, die für das Wirkliche wesentlich sind und deshalb nicht vom Handeln abhängen, und denjenigen Gütern, die, als bloßes Mittel, Gegenstände praktischer Tätigkeit sind, vertieft.

Das Dilemma der modernen Philosophie entstand dadurch, dass die Resultate der neuen Naturwissenschaft im Gefolge Galileis, Bacons und Newtons einerseits keinerlei Rechtfertigung dafür boten, den Gegenständen der kognitiven Gewissheit jene Vollkommenheiten zuzuschreiben, die in der griechischen Protowissenschaft ihre wesentlichen Eigenschaften gewesen waren. Dass andererseits keinerlei Neigung bestand, sich von dieser Tradition zu lösen. „Von daher rührt das entscheidende Problem, dem die moderne Philosophie sich gegenübersah, soweit sie die Schlussfolgerungen der neuen Wissenschaft akzeptierte und gleichzeitig drei signifikante Elemente des antiken Denkens beibehielt: erstens, dass Gewissheit, Sicherheit nur in dem Feststehenden, Unveränderlichen gefunden werden könne; zweitens, dass Erkenntnis der einzige Weg zu dem sei, was seinem Wesen nach stabil und gewiss ist; und drittens, dass praktische Tätigkeit eine niedrige Art von Seiendem sei, die einfach nur wegen der animalischen Natur des Menschen und dem Zwang, sich die

Lebensmittel aus der Umwelt zu verschaffen, notwendig sei" (a.a.O., S. 54 f.).

Die wesentliche Ursache für dieses Spezifikum abendländischer Kulturentwicklung sieht Dewey darin, dass die moderne Philosophie zwar den Rahmen der griechischen Vorstellungen von der Natur des Erkennens übernahm, obwohl sie deren inhaltliche Schlussfolgerungen über natürliche Gegenstände verwarf. Entscheidend war, dass sie ihn durch das Medium der jüdischen und christlichen Religion vereinnahmte. „In dieser Tradition galt die natürliche Welt als gefallen und verderbt. Bei den Griechen galt das Element der Vernünftigkeit als das Höchste, und das Gute kam durch die verwirklichte Entwicklung der Vernunft in menschlichen Besitz. Die intervenierende religiöse Entwicklung erklärte das Sittliche für grundlegender als das Vernünftige. Die wichtigsten Streitfragen betrafen eher die Beziehungen des Willens als die des Intellekts zum höchsten und vollkommenen Sein. Auf diese Weise kam es zu einer Umkehr der Perspektive hinsichtlich der Beziehungen der Eigenschaften, dank deren das vollkommene Sein Gegenstand wahrer Erkenntnis bzw. des vollkommenen Guten und der Seligkeit ist. In Übereinstimmung mit den jüdischen Elementen, die in die christliche Theologie aufgenommen wurden, galt die Sittlichkeit als vorrangig, und rein intellektuelle Eigenschaften galten als zweitrangig. Die Teilhabe des Geistes am vollkommenen Sein konnte vom Intellekt nicht erreicht werden, solange nicht der Intellekt selbst moralisch erlöst und gereinigt war" (a.a.O., S. 55 f.). Zwar haben Denker, die tief von der modernen Wissenschaft beeinflusst sind, oft aufgehört, an die göttliche Offenbarung als höchste Autorität zu glauben, aber „dass das Gute als definierende Eigenschaft des letztlich Realen den höchsten Rang innehat, blieb die gemeinsame Prämisse von Juden, Katholiken und Protestanten. Wenn sie nicht durch die Offenbarung verbürgt wurde, dann durch ‚das natürliche Licht‘ des Intellekts. Dieser Aspekt der religiösen Tradition war so tief in der europäischen Kultur verwurzelt, dass kein Philosoph, außer überzeugten Skeptikern, seinem Einfluss entging. In diesem Sinne begann die moderne Philosophie ihre Entwicklung mit einer Akzentuierung der Lücke, die zwischen höchsten und ewigen Werten und natürlichen Gegenständen und Gütern besteht" (ebda.). Meyer hatte in diesem Zusammenhang, ganz im Gegensatz zu Harnack, von den beklagenswerten Folgen der Orientalisierung des Okzidents auf dem Gebiet des geistigen und religiösen Lebens gesprochen.

Die Folgen dieser Landnahme können in ihrer Auswirkung auf die ideologische Verfestigung der Dichotomie vom Geist und Körper, Theorie und Praxis, Zweck und Mittel kaum überschätzt werden. Zwar waren es griechische Philosophen, denen zufolge die praktischen Künste niedriger einzustufen seien als Erkenntnisprozesse rein intellektueller Art, aber diese Auffassung wäre historisch kaum über das Selbstlob einer kleinen intellektuellen Schicht hinauskommen, wenn sich nicht die Kirche als herrschende Macht Europas diese philosophische Auffassung in ihrer Religion zu eigen gemacht hätte. Sie etablierte die Theologie als „Wissenschaft" in einem ganz eigentümlichen, ganz einzigartigen Sinn: „Sie allein war Erkenntnis des höchsten und letzten Seins." So gewann die Kirche „einen direkten Einfluss auf die Herzen und das Verhalten, die Meinungen und Urteile der Menschen, den eine abgesonderte intellektuelle Klasse niemals hätte gewinnen können. Der Kirche oblag es, die Wahrheiten zu hüten und die Sakramente auszuteilen, die über das ewige Schicksal, das ewige Glück oder Unglück der Seele entschieden. So kam es dazu, dass Ideen, die in der Philosophie ihren Ursprung hatten, ihre Verkörperung in der Kultur der Christenheit" fanden (Dewey, a.a.O., S. 78 f.). Es ist mit Blick auf Dewey interessant zu sehen, dass das, was Harnack als „Hellenisierung des Christentums" positiv konnotiert, bei Meyer (1920/23) diametral entgegengesetzt interpretiert wird: als Niedergang der im Griechentum wurzelnden abendländischen Vernunft durch die Landnahme eben dieses Christentums, das nichts anderes sei als eine Spielart des orientalischen Mystizismus, der bis weit in das 17. Jahrhundert hinein die intellektuelle Entwicklung Europas negativ beeinflusst habe.

Für die Philosophie wurde die Trennung von Geist und Körper, Theorie und Praxis, Mittel und Zweck in dem Maß zum Problem, das sich immer weniger abweisen ließ, wie die Trennung von Erkennen und Tun in der Naturwissenschaft hinfällig wurde. In dem Maße, in dem der hierarchische Aufstieg der Natur zum Geist und zu idealen Formen, wie ihn die Griechen ursprünglich formuliert hatten, durch die neuere Überzeugung getrübt wurde, dass der Gegenstand der Naturwissenschaft ausschließlich physisch und mechanisch sei, in dem Maße vertiefte sich in spezifischer Weise die dualistische Opposition von Materie und Geist, von Natur und höchsten Zwecken bzw. Gütern. „Die Spannung, die durch den Gegensatz und die gleichwohl notwendige Verknüpfung von Natur und Geist geschaffen worden war, ließ alle charakteristischen

Probleme der modernen Philosophie entstehen. Sie konnte weder unbefangen naturalistisch noch auch unter Missachtung der Schlussfolgerungen der Physik rückhaltlos spiritualistisch sein. Da der Mensch auf der einen Seite ein Produkt der Natur war und auf der anderen Seite am Reich des Geistes teilhatte, bildete seine Doppelnatur den Brennpunkt all ihrer Probleme" (Dewey, a.a.O., S. 57).

Hier nun sind wir an einem Punkt angelangt, an dem wir Dewey vorübergehend verlassen müssen, um uns nach anderen Gewährsleuten umzusehen. Das hängt damit zusammen, dass in der einschlägigen philosophischen Literatur, zumindest in der deutschsprachigen, der Epochenbruch, soweit er die Revolution der Erkenntnistheorie (Dewey, a.a.O., S. 97) betrifft, überwiegend an Galilei und Bacon festgemacht wird und nicht dort, wo er seine überdauernde Ursache hat: an der Person Newtons. Herbert Marcuse etwa, in einer seiner zentralen Schriften (1970), bezieht sich in seiner Argumentation mehrfach auf Galilei, verschiedentlich auf Descartes, kein einziges Mal aber auf Newton. Eine der wenigen Ausnahmen in dieser Hinsicht bildet Ernst Cassirer (1980, 1991). Für ihn ist die Frage nach der Methode, mit der die abendländische Philosophie begonnen hatte, in der Newtonischen Wissenschaft zum Abschluss gelangt. Was die abstrakte Spekulation vergeblich gesucht und ersehnt hatte, das habe die empirische Forschung in ihrem stetigen Gang errungen. Gemessen daran, trete die Suche nach Erkenntnis der Grundformel des kosmischen Geschehens, was immer ihre Ursache sei, in ihrer Bedeutung zurück. Newtons nächste Schüler und Anhänger fassten seine Leistung durchaus in diesem Sinne auf. „Ihnen ist Newton nicht in erster Linie der Entdecker des Gravitationsgesetzes, sondern der Begründer einer neuen Forschungsart. Sein Werk bedeutet ihnen zugleich eine philosophische Tat, sofern in ihm das induktive Verfahren nicht nur zu seinen höchsten Ergebnissen, sondern überhaupt zur ersten logischen Aussprache und Fixierung gelangt ist" (Cassirer 1991, S. 401). Als Beispiel und Beleg für die Wertschätzung der Newtonischen *Methode* wird William Emerson zitiert: „Upon mechanics is also founded *the Newtonian or only true philosophy in the world* ... It has been ignorantly objected by some that the Newtonian philosophy, like all others before it, will grow old and out of date and be succeeded by some new system ... But this objection is very falsely made. *For never a philosopher before Newton ever took the method that he did.* For whilst their systems are nothing but hypotheses, conceits, fictions, conjectures and romances invented at pleasure and without any foundation in the nature of things, he on the contrary and by himself alone set out upon a very different footing. For he admits nothing but what he gains from experiments and accurate observations and from this foundation whatever is further advanced, is deduced by strict mathematical reasoning. The foundation is now firmly laid: the Newtonian philosophy may indeed be improved and farther advanced: but it can never be overthrown: notwithstanding the efforts of all the Bernoulli's, the Leibniz's, the Green's, the Berkeley's, the Hutchinson's etc." (Emerson: The Principles of Mechanics, London 1773, S. V ff., in: Cassirer, a.a.O., S. 402). Die Einsicht in die Grundformel des kosmischen Geschehens, wie gesagt, musste gering erscheinen gegenüber dem großen Vorbild, das hier für alle zukünftige „Experimentalphilosophie" geschaffen war. „Newton selbst hatte, am Schluss seiner *Optik*, das Ziel und den Leitgedanken seiner physikalischen Forschung mit der Klarheit des Entdeckers und des Meisters gezeichnet. Die Frage, was die Schwere ihrem Wesen nach sei und welchen ‚inneren' Eigenschaften sie ihre Wirksamkeit verdanke, wird hier mit voller Bestimmtheit abgewiesen. Denn wie immer man diese Frage auch beantworten mag, so trägt sie doch nichts zu unserer Erkenntnis der Schwere*phänomene* bei, mit deren Darstellung und wechselseitiger funktionaler Verknüpfung die mathematische Physik es allein zu tun hat" (Cassirer, a.a.O., S. 402). Die Frage, wie Prinzip und Tatsache, Gesetze und Dinge, Phänomen und Ursache sich zueinander verhalten, erfährt eine eindeutige Antwort in der bewussten Trennung, die zwischen den Prinzipien und den Ursachen vorgenommen wird. „Worauf alle Wissenschaft abzielt, das ist die Feststellung allgemeinster und oberster Gesetze, durch die die Erscheinungen einer bestimmten Regel und Ordnung unterworfen werden und durch die wir daher erst zu wahrhaften Erkenntnisobjekten gelangen. Der Seinsgrund dieser Gesetze bleibt uns verschlossen; ja die Frage nach ihm fällt bereits aus den Grenzen des Wissens heraus. Ein derartiger Seinsgrund mag immerhin existieren: für die empirische Forschung aber und ihren *Wahrheitswert* ist er ohne Belang. Denn dieser Wert wird ihr nicht von außen verliehen, sondern sie muss ihn aus sich selber gewinnen: aus der strengen deduktiven Verknüpfung, die sie zwischen den einzelnen Phänomenen auf Grund ihrer mathematischen Erkenntnismittel herstellt" (Cassirer, a.a.O., S. 404). Die Prinzipien und Kräfte, die diese Wissenschaft annimmt, wollen keine verborgenen Eigenschaften bedeuten, deren Ursprung in erdichteten „spezifischen

Formen" der Dinge zu suchen wäre, sondern sie wollen lediglich Ausdruck für die *allgemeinen Naturgesetze* sein, die für alle Formung und Gestaltung der Dinge die Voraussetzung bilden. Ausführlich zitiert Cassirer eine entscheidende Passage aus Newtons *Optice*: „Dass es derartige Prinzipien tatsächlich gibt, lehren die Erscheinungen der Natur, mag auch ihre Ursache noch nicht erkundet sein. Die Eigenschaften, von denen wir sprechen, sind also offenbar, und nur die Ursachen sind es, die man dunkel nennen kann. Die Aristoteliker und Scholastiker haben dagegen als dunkle Qualitäten nicht irgendwelche offenkundige Eigenschaften bezeichnet, sondern solche, von denen sie annahmen, dass sie im Körper verborgen seien und den unbekannten Grund der sichtbaren Wirkungen ausmachen. Von dieser Art wären aber die Gravitation, wie die elektrische und magnetische Kraft nur dann, wenn wir voraussetzten, dass sie aus inneren, uns unbekannten Beschaffenheiten der Dinge stammten, die unausdenkbar und unerforschlich sind. Derartige ‚Qualitäten' sind freilich ein Hemmnis jedes wissenschaftlichen Fortschritts und werden daher von der modernen Forschung mit Recht verworfen. Die Annahme spezifischer Wesenheiten der Dinge, die mit spezifischen verborgenen Kräften begabt und dadurch zur Erzeugung bestimmter sinnlicher Wirkungen befähigt sein sollen, ist gänzlich leer und nichtssagend. Aus den Phänomenen dagegen zwei oder drei allgemeine *Bewegungsprinzipien* abzuleiten und sodann zu erklären, wie aus ihnen als klaren und offen zutage liegenden Voraussetzungen die Eigenschaften und Wirkungsweisen aller körperlichen Dinge folgen: dies wäre selbst dann ein gewaltiger Fortschritt wissenschaftlicher Einsicht, wenn die *Ursachen* dieser Prinzipien uns unbekannt blieben. Ich stelle daher unbedenklich die angegebenen Prinzipien der Bewegung auf, da sie sich uns in der gesamten Natur überall sichtlich darbieten, während ich die Erforschung ihrer Ursachen gänzlich dahingestellt sein lasse" (1740, S. 326 f., in: Cassirer, a.a.O., S. 402 f.).

Nicht nur hat Dewey, abgesehen von Ernst Cassirer, als einer der ganz wenigen Geistes- bzw. Sozialwissenschaftler schon sehr früh auf die überragende Bedeutung Newtons nicht so sehr als Entdecker des Gravitationsgesetzes, sondern als Begründer einer neuen Erkenntnistheorie hingewiesen, sondern zugleich, und weit darüber hinausgehend, auch die Ambivalenzen im Denken Newtons kritisch herausgestrichen. Newton vollzieht die Integration von mathematischer Methode und sinnlicher Empirie, indem er beide Momente durch Messregeln miteinander ver-

knüpft: im Experiment, handlungspraktisch. Der Status, den die Mathematik im Rahmen der Naturerkenntnis bei Newton einnimmt, ist nicht
mehr, wie noch bei Galilei, grundlegendes Prinzip der Natur selbst, sondern ein Hilfsmittel der Darstellungsweise. Und anders als bei Bacon
wird die Empirie, im Experiment, systematisch unter die Bedingungen
apriorischer Annahmen gestellt. Im messenden Experiment quantifizierender Naturerfassung wird die Theorie, und das ist das alles entscheidende Novum in der Synthese, die Newton vornimmt, nicht als Mittel zur
Bearbeitung fertiger Tatsachen verwendet, sondern, umgekehrt, durch
theoretische Kriterien wird allererst ermittelt und entschieden, was als
empirische Tatsache anzusehen ist. Durch die messende Vermittlung von
theoretischer Physik und empirischem Experiment verliert die Theorie
ihren ontologischen Begriffsapparat und das Experiment seine Abhängigkeit von den Sinneswahrnehmungen.

So wie das „griechische Mirakel" einen kulturellen Epochenbruch darstellte, so markiert das „Newtonian Age" in vergleichbarer Weise einen
grundlegenden Wandel im Verhältnis der Menschen zu ihrer Umwelt.
Die erkenntnistheoretische Revolution, die mit Newton zu einem
vorläufigen Ende gekommen ist, bezeichnet Dewey als Übergang von der
empirischen zur *experimentellen* Erfahrung. Erstere umfasste „die in der
Erinnerung an eine Vielzahl vergangener Taten und Leiden angehäuften
Resultate, die man ohne Kontrolle durch die Einsicht besaß, wenn dieser
Erfahrungsbestand beim Umgang mit aktuellen Situationen sich als
praktisch tauglich erwies. Sowohl die ursprünglichen Wahrnehmungen
und Verwendungen wie die Anwendung von deren Ergebnis auf das
gegenwärtige Tun waren akzidentell – das heißt, keines war durch ein
Verständnis der Beziehungen von Ursache und Wirkung, von Mittel und
Folge, die dabei im Spiel waren, determiniert. In diesem Sinne waren sie
nichtrational, unwissenschaftlich" (2001, S. 84). So war die ästhetische
Einstellung der Griechen auf das gerichtet, was schon da war, auf das,
was vollendet, beendet war. Die empirische Erfahrung, derer sie sich bedienten, war eine Kunst, Dinge so hinzunehmen, wie sie genossen und
erlitten wurden. Die moderne experimentelle Erfahrung im Gefolge
Newtons hingegen ist eine Kunst der Beherrschung. Sie ist dadurch charakterisiert, dass es erstens um Ereignisse und Relationen geht, um Veränderungen, die bewusst inszeniert werden, dass es sich bei diesen Insze-
nierungen zweitens nicht um Zufallsaktivitäten handelt, sondern um theoretisch begründete Interventionen, die der Lösung des zugrunde liegen-

den Problems kohärent sind und dass drittens das Ergebnis dieser gelenkten Tätigkeit Konsequenzen beinhaltet, die einen Erkenntnisgewinn
darstellen (Dewey, a.a.O., S. 89). Hinzu kommt, dass im Zusammenhang
und im Gefolge der wissenschaftlichen Revolution Newtons eine technische Industrie und eine Geldökonomie entstand, das so genannte „europäische Mirakel" (Jones 1992), durch die sich die nun anbrechende
Epoche fundamental von den früheren abhebt. Mit seiner Methode experimenteller Erfahrung hatte Newton die Basiskriterien der technisch-
instrumentellen Verfügung über die Natur formuliert, die in der Technologie des ausgehenden neunzehnten Jahrhunderts dann umfassend zur
Anwendung gelangten. Das messende Experiment Newtons ist, so gesehen, die modellhafte Antizipation industrieller Produktionspraxis.

Dewey, wie gesagt, anerkennt, dass Newton mit seiner experimentellen Empirie die Wissenschaft auf eine neue Stufe der Erkenntnis gehoben
hat. Aber er kritisiert ihn zugleich vehement dafür, dass er diesen Schritt
nur halbherzig vollzogen hat, dass er in seiner Metaphysik, ganz im
Gegensatz zu seinem praktischen Tun als Naturforscher, der tradierten
Vorstellung verhaftet blieb, Erkenntnis sei eine Enthüllung der Realität,
einer Realität, die der Erkenntnis vorangeht und von ihr unabhängig ist.
Durch Newton wurde zwar das niedrige Reich der Veränderungen, das
Gegenstand der Meinung und Praxis gewesen war, endgültig zum einzigen und alleinigen Gegenstand der Naturwissenschaft. Aber trotz dieser
Revolution, die er faktisch vollzog, behielt er die alte Auffassung bei, die
ihre Wurzeln im griechischen Denken hat und durch die Kirche des
Abendlandes tradiert worden war: „dass Erkenntnis sich auf eine vorgängige Realität beziehe und die moralische Lenkung von den Eigenschaften
dieser Realität abgeleitet sei" (a.a.O., S. 98). Der für die abendländische
Philosophie so typische Dualismus von Theorie und Praxis, von Geist
und Körper, von Vernunft und Erfahrung blieb weiterhin bestehen.

Tatsächlich aber war die „Zuschauer-Theorie des Wissens" seit Newtons messenden Experimenten am Ende. Sie mochte, historisch gesehen,
unvermeidlich gewesen sein, solange man das Denken als Ausübung
einer vom Körper unabhängigen „Vernunft" ansah, die mittels logischer
Handlungen Wahrheit erlangte. Nun aber, wo experimentelle Verfahren
des Erkenntnisgewinns zur Verfügung standen und die Rolle der organischen Akte in allen mentalen Prozessen zunehmend ins Bewusstsein
drang, wurde sie zum Anachronismus. „Es war logisch unvermeidlich,
dass bei einem weiteren Fortschritt der Wissenschaft auf dem experi-

mentellen Weg früher oder später klar werden würde, dass alle Begriffe, alle intellektuellen Darstellungen auf der Basis wirklicher oder in der Vorstellungskraft möglicher Operationen formuliert werden müssen. Es sind keine Methoden denkbar, mittels experimenteller Operationen bis zur Existenz letzter unwandelbarer Substanzen vorzustoßen, die miteinander in Wechselwirkung treten, ohne eine Veränderung an sich zu erfahren. Infolgedessen haben sie keinen empirischen, keinen experimentellen Rang; sie sind rein dialektische Erfindungen. Sie waren nicht einmal nötig für die Anwendung der mathematischen Methode Newtons. Der größte Teil seiner analytischen Arbeit in der *Principia* bliebe unverändert, wenn (sie) fallengelassen würden" (a.a.O., S. 121).

Was die sozialhistorische Situation gegen Ende des siebzehnten Jahrhunderts von früheren Situationen unterscheidet, ist vor allem die Entstehung einer Industrie, die auf Geldwirtschaft basiert. Die Industrialisierung des gesellschaftlichen Reproduktionsprozesses folgt den Direktiven experimenteller Erfahrung. Sie ist Anwendung naturwissenschaftlicher Erkenntnis mittels Technologie. Es gibt keinen prinzipiellen Unterschied zwischen der Methode der Wissenschaft und der Methode, die in der Technologie angewendet wird. „Der Unterschied ist lediglich praktischer Natur; er liegt in der Größenanordnung der verrichteten Handlungen, dem geringen Grad an Kontrolle durch Isolierung wirksamer Bedingungen und besonders in dem Zweck, um dessentwillen die Beherrschung der Modifikationen natürlicher Realitäten und Energien angestrebt wird; besonders, da das beherrschende Motiv für die umfassende Regelung des Ganges der Veränderung materieller Komfort oder finanzieller Gewinn ist. Aber die Technik der modernen Industrie in Handel, Kommunikation, Transportwesen und all den Anwendungen von Licht, Wärme und Elektrizität ist das Ergebnis der modernen Anwendung der Wissenschaft. Und diese sogenannte ‚Anwendung' bedeutet, dass dieselbe Art bewusster Herstellung und Beherrschung von Veränderungen, die im Laboratorium stattfindet, auch in der Fabrik, auf der Schiene und im Kraftwerk angestrebt wird" (Dewey, a.a.O., S. 87 f.). Was Dewey hier beschreibt, ist nicht nur die Tatsache, dass die abendländische Zivilisation mit Beginn des achtzehnten Jahrhunderts einen zunehmend industriellen Zuschnitt annimmt, sondern dass ihr beherrschendes Charakteristikum darin besteht, dass diese Industrialisierung das direkte Ergebnis der sich ausweitenden experimentellen Methode der Erkenntnis ist. In den Verfahren, die im Labor und in der Technologie zur Anwendung gelangen, ist die Trennung zwischen Erkenntnis und Tun faktisch aufgehoben. „Die Wissenschaft schreitet dadurch voran, dass sie die Werkzeuge und Handlungen der gelenkten Praxis übernimmt, und die so gewonnene Erkenntnis wird zu einem Mittel der Entwicklung der Künste, welche die Natur immer weiter in den wirklichen und potentiellen Dienst menschlicher Zwecke und Wertschätzungen stellt" (ebda.). Durch sie erlangt der Mensch die authentischste und verlässlichste Erkenntnis. Mit ihnen zerfallen die Argumente, aus denen heraus „einige Gegenstände – als an sich unveränderliche, außerhalb und oberhalb des Ganges der menschlichen Erfahrung und seiner Konsequenzen stehende Gegenstände – in einen Gegensatz zu der irdischen und konkreten Welt, in der wir leben, gebracht worden sind". Ihre unübersehbaren Auswirkungen „auf Politik und soziale Institutionen, auf Kommunikation und Verkehr, Arbeit und Spiel, auf die Lokalisierung von Einfluss, Macht und Prestige, sind charakteristische Merkmale der gegenwärtigen Erfahrung im Konkreten." Sie sind die Ursache für das Obsoletwerden einer „Philosophie, die lediglich die Hauptzüge der bestehenden Situation reflektierte und darstellte, als ob sie schon endgültig wären, ohne Rücksicht darauf, was aus ihnen werden könnte" (a.a.O., S. 82). Latour hat sechs Dezennien später diese Ambivalenz zwischen experimenteller Erfahrung und ihrer philosophischen Deutung als ungelösten Dualismus von Vermittlungs- und Reinigungsarbeit soziologisch auf den Begriff zu bringen versucht. Im alltäglichen Realgeschehen experimenteller Erfahrung, im Akt der *Vermittlung*, wie Latour ihn benennt, wird die Grenze zwischen „Natur" und „Gesellschaft" ständig eingeebnet, überschritten und ignoriert. Im Ergebnis entsteht ein Hybrid, das in der philosophischen Deutung, im Akt der *Reinigung*, aber so nicht wahrgenommen wird. Im Gegenteil: In der Tradition Kants stehend, gegen dessen Philosophie des „Dings an sich" er vehement Einspruch erhebt, wird diese Grenze kontrafaktisch reformuliert und akzentuiert. Was dabei vernachlässigt wird, ist die Differenz zwischen einer Welt des je Vorgefundenen, sei es in der Natur, sei es in der Gesellschaft, und einer Welt der hybriden Artefakte, der realisierten Möglichkeiten, des technologisch Hergestellten, das es so vorher nicht gab und das Folgewirkungen zeitigt, die zu berücksichtigen sind. Für Latour ist die Krise der Moderne deshalb vorrangig eine Krise des semantischen Diskurses. Die um sich greifende „Vermittlungsarbeit", in den Worten Deweys: die experimentelle Erfahrung, ist immer offensichtlicher in Widerspruch geraten zur kontrastierenden „Reinigungsarbeit", zur philosophischen Deutung dessen (Latour 1998, S. 60 ff., S. 105 ff.). Angesichts der realen Veränderungen im neuzeitlichen Verlauf des abendländischen Zivilisationsprozesses ist es sowohl für Latour als auch, sechs Dezennien zuvor, für Dewey ganz unfassbar, dass immer noch dieselben metaphysischen Vorstellungen vom Geist und seinen Erkenntnisorganen bestehen, zusammen mit der Vorstellung von der Unterlegenheit der Praxis gegenüber dem Intellekt, die sich in der Antike angesichts einer gänzlich anderen Situation entwickelt haben. Beide sind sich darin einig, dass vor allem auch ihre Aktualisierung durch die Philosophie Kants überwunden werden müsse. Dewey zufolge habe das einherzugehen mit einem Wandel im Verständnis dessen, was Erfahrung sei. Entscheidend ist für ihn dabei die bereits erwähnte Differenz zwischen *empirischer* und *experimenteller* Erfahrung.

Erstere war dominierend, als die Künste in der Hauptsache noch Gewohnheit waren, eine durch bloße Übung und Praxis erworbene Geschicklichkeit, letztere hingegen bildete sich im Verlauf des 17. und 18. Jahrhunderts heraus, als die Künste experimentell wurden. „Erfahrung" umfasste ursprünglich jene „in der Erinnerung an eine Vielzahl vergangener Taten und Leiden angehäuften Resultate, die man ohne Kontrollen durch die Einsicht besaß, wenn dieser Erfahrungsbestand beim Umgang mit aktuellen Situationen sich als praktisch tauglich erwies. Sowohl die ursprünglichen Wahrnehmungen und Verwendungen wie die Anwendung von deren Ergebnis auf das gegenwärtige Tun waren akzidentell – das heißt, keines war durch ein Verständnis der Beziehungen von Ursache und Wirkung, von Mittel und Folge, die dabei im Spiel waren, determiniert. In diesem Sinne waren sie nicht-rational, unwissenschaftlich." Dewey erläutert seinen Begriff der empirischen Erfahrung anhand zweier Beispiele. Ein Brückenbauer, der auf der Grundlage dessen baute, was in der Vergangenheit getan wurde, benötigte keine Kenntnis von Druck und Zug oder, allgemeiner formuliert, der physikalischen Beziehungen und Gesetzmäßigkeiten, die dabei eine Rolle spielen. Die Anpassung des Wissens zur Lösung anstehender Probleme erfolgte durch die Generationen übergreifende Weitergabe von Erfahrung. Anders als heute bestand der zentrale Verteilungsmechanismus des gesellschaftlich erforderlichen Wissens im Generationswechsel (vgl. Weingart 1976, S. 222). Das zweite Beispiel, das Dewey zur Illustration seiner Begrifflichkeit heranzieht, entstammt der ärztlichen Praxis. Die Erfolge der Medizin, soweit sie nicht einfach auf zufälligen Behandlungsmaßnahmen beruhten, die in der Vergangenheit benutzt wurden, ohne dass man wusste, *warum* einige wirkten und andere nicht, basierten im Wesentlichen auf Geschick und Erfahrung, auf Versuch und Irrtum. In diesem Sinne war das Wissen, das ihnen zugrunde lag, empirisch. Der abfällige Begriff von Erfahrung, der unter solchen Bedingungen entstand, spiegelte zutreffend die wirklichen Bedingungen wider, und „die Philosophen waren vollkommen im Recht, wenn sie die Erfahrung als der rationalen Wissenschaft inhärent unterlegen ansahen. Was sie hinzufügten, war freilich etwas ganz anderes. Es war eine Feststellung, dass die Unterlegenheit inhärent mit dem Körper, mit den Sinnen, mit materiellen Dingen verknüpft sei, mit dem auf ungewisse Weise sich Verändernden im Unterschied zu dem Sicheren, weil Unwandelbaren. Unglücklicherweise überdauerten ihre Theorien zur Erklärung der Mängel der Erfahrung und wurden klassisch, nachdem die Erfahrung selbst, in einigen ihrer Formen, in dem Sinne experimentell geworden war, dass sie durch das Verstehen der Bedingungen und ihrer Konsequenzen gelenkt wurde" (Dewey, a.a.O., S. 84 f.).

In diesen Theorien, die ihre Wurzeln im kontemplativen Denken frühgriechischer Philosophen haben, bildeten die Sinne und die Erfahrung Schranken der wahren Wissenschaft, weil sie mit Veränderungen verbunden sind. Erkenntnis im vollgültigen Sinn war nur vom Umwandelbaren möglich, vom Unbewegten. Nur dieses versprach Gewissheit. Hinsichtlich wandelbarer Dinge gab es nur Vermutung und Meinung. Dem Wissenschaftler von heute ist eine solche Vorstellung, die der Veränderung der Dinge, den *Ereignissen*, den Rücken zukehrt, ganz unverständlich. „Was er wissen, was er verstehen möchte, sind genau die Veränderungen, die sich vollziehen; diese stellen ihm seine Probleme, und Probleme werden gelöst, wenn Veränderungen miteinander verknüpft werden. Konstanten und relative Invarianten spielen zwar eine gewisse Rolle, aber sie sind Relationen zwischen Veränderungen, nicht die Elemente eines höheren Reichs des Seins. Mit dieser Modifikation im Hinblick auf den Gegenstand geht eine Modifikation der Struktur und des Inhalts der ‚Erfahrung' einher. Es gibt keinen festen Unterschied mehr zwischen ihr und etwas Höherem" (a.a.O., S. 85 f.).

Die griechische Protowissenschaft ging davon aus, dass die höhere Erkenntnis aus dem reinen Denken stammen müsse, „rein", weil unabhängig von der Erfahrung, da letztere sich auf die Sinne stützt. Heute hingegen gilt es als selbstverständlich, dass das Denken zwar für die Er-

kenntnis der Wirklichkeit unentbehrlich ist, aus sich selbst heraus aber
diese Erkenntnis niemals liefern kann. Beobachtung ist unentbehrlich,
sowohl um authentisches Material zu liefern, mit dem zu arbeiten ist, als
auch um Schlussfolgerungen zu überprüfen und zu verifizieren, zu denen
man durch theoretische Erwägungen gelangt ist. Während in der griechischen Protowissenschaft Erkenntnis und „Wissenschaft" nichts anderes
bedeutete, als sich vom Wandel abzuwenden und dem Wandellosen zuzuwenden, wird in der neuzeitlichen experimentellen Wissenschaft Erkenntnis auf eine genau entgegen gesetzte Weise gewonnen, nämlich
durch die bewusste Herstellung eines bestimmten, spezifizierten Verlaufs
der Veränderung. Ihre Methode besteht darin, eine theoretisch begründete Veränderung experimentell herbeizuführen, um zu sehen, welche
andere Veränderung sich daraus ergibt. Die durch eine Reihe von Handlungen gemessene Korrelation zwischen diesen Veränderungen konsti-
tuiert den erwünschten Erkenntnisstand. *Experimentelle* Erfahrung weist
Dewey zufolge gegenüber der *empirischen* Erfahrung drei herausragende
Merkmale auf: „Das erste Merkmal ist offenkundig: Alles Experimentieren impliziert *offenes* Tun; es bewirkt bestimmte Veränderungen in der
Umwelt oder in unserem Verhältnis zu ihr. Das zweite Merkmal besteht
darin, dass ein Experiment keine Zufallsaktivität ist, sondern von Ideen
gelenkt wird, die den Bedingungen genügen müssen, welche die Erfordernisse des Problems, das die Forschungstätigkeit in Gang gesetzt hat,
stellen. Das dritte und letzte Merkmal, in dem die beiden anderen erst
ihren eigentlichen Sinn haben, besteht darin, dass das Ergebnis dieser
gelenkten Tätigkeit in der Schaffung einer neuen empirischen Situation
besteht, in der Gegenstände auf verschiedene Weise aufeinander bezogen
sind, und zwar so, dass die Konsequenzen der gelenkten Handlungen die
Gegenstände bilden, die die Eigenschaft haben, *erkannt* zu werden"
(a.a.O., S. 89).

Der Sachverhalt, um den es Dewey geht, lässt sich auch anders formulieren: In einem Selbstverständnis, das sich, obzwar durchaus modern
und auf der Höhe der Zeit, lediglich kontemplativ als Erkenntnistheorie
begreift, insoweit also der Tradition griechischen Denkens verhaftet
bleibt, wird die Übereinstimmung von Theorie und Realität dadurch er-
zielt, dass die Theorie immer mehr der Realität angeglichen wird. Tatsächlich aber erfolgt die Anpassung von zwei Seiten her. Die Theorie
wird nicht einfach der Realität angepasst, sondern die Realität, die der
Theorie entspricht, wird produziert. Erst wenn eine solche künstliche

Realität (in der Regel mit sehr hohem Aufwand) hergestellt ist, können die in der Theorie postulierten Gesetzmäßigkeiten auch beobachtet werden. Die neuen Wirklichkeiten, die auf diese Weise entstehen, haben andere Eigenschaften als die Welt, die immer schon vorgefunden wird. Dementsprechend geben Theorien, die ihnen korrespondieren, nicht so sehr Auskunft über das „Wesen" der Natur oder über das „Wesen" der Welt, sondern über die Möglichkeit, Realitäten neu herzustellen. Es sind operationale Theorien. Sie bilden die Welt nicht nur ab, sie machen sie handhabbar und gestalten sie. Sie unterscheiden sich von den nur kontemplativ auf Erkenntnis gerichteten Theorien durch ihren Bezug zur Wirklichkeit. Sie realisieren beides zugleich: Handlung, aktiv, praktisch, *und* Erkenntnis, passiv, kontemplativ. Vom Standpunkt der operationalen Definition und Überprüfung der Ideen, die ihnen zugrunde liegen, haben Ideen einen empirischen Ursprung und einen empirischen Status. Aber, und das lässt an Sohn-Rethels Begriff der Realabstraktion denken, es ist der Status von vollzogenen und zu vollziehenden *Handlungen*, von Handlungen im buchstäblichen und realen Sinn des Wortes, von verrichteten und zu verrichtenden Taten, nicht im Sinne der Rezeption von Empfindungen, die dem erkennenden Subjekt von außen aufgezwungen werden. Sinnesqualitäten sind gewiss wichtig. Aber intellektuell sind sie nur als Konsequenzen von intentional verrichteten Akten bedeutsam (vgl. Dewey, a.a.O., S. 115). In einer nur kontemplativ auf Erkenntnis gerichteten Theorie hat sich das erkennende Subjekt, der Schöpfer dieser Theorie, seinem Selbstverständnis nach aus dem Weltzusammenhang herausgelöst und steht diesem betrachtend gegenüber. Da es, diesem Beobachterstatus entsprechend, in dem Bild, das es sich von der Welt macht, selbst nicht vorkommt, ist es notwendig blind gegenüber der eigenen Praxis. Im Rahmen einer solchen Sichtweise hat die Beziehung der Theorie zur Wirklichkeit, zum Sein, den Charakter einer Einbahnstraße. In ihr geht es darum, Erkenntnisse über eine objektiv vorhandene Welt zu sammeln, also herauszufinden, wie die Welt „wirklich" ist. Erkenntnis und Welt stehen in einem hierarchischen Verhältnis zueinander. Diese „Auffassung, dass die Ergebnisse der Wissenschaft eine Enthüllung der inhärenten Eigenschaften der höchsten Realität, ja der Wirklichkeit überhaupt seien, ist ein Überbleibsel der älteren Metaphysik" (a.a.O., S. 105). Sie wurde formuliert zu einer Zeit, in der Erkenntnis noch als etwas angesehen wurde, das ausschließlich mittels der rationalen Kräfte des Geistes bewirkt werden konnte. Heute geht es nicht mehr um die Definition von Objekten, die über jede Möglichkeit der Veränderung erhaben sind, sondern um die Entdeckung konstanter Beziehungen zwischen Veränderungen. Experimentelle Erkenntnis in diesem Sinn ist eine Form des Tuns, und wie alles Tun findet sie zu einer bestimmten Zeit statt, an einem bestimmten Ort, unter spezifischen Bedingungen, in Verbindung mit einem bestimmten Problem. Sie ist deshalb eher prophetisch als deskriptiv, eher an Hypothesen orientiert als an der Darstellung von Tatsachen, die bereits angemessen verwirklicht sind. Zweifellos gibt es Gemeinsamkeiten. Auch experimentelle Erkenntnis „beginnt immer mit Dingen der Umwelt, die wir in unserem alltäglichen Leben erfahren, mit Dingen, die wir sehen, handhaben, benutzen, genießen und unter denen wir leiden. Das ist die gewöhnliche qualitative Welt. Aber statt die Qualitäten und Werte dieser Welt – die Zwecke und die Formen – so hinzunehmen, dass sie, vorausgesetzt, ihnen wird eine bestimmte logische Ordnung gegeben, die Gegenstände der Erkenntnis darstellen, behandelt die experimentelle Forschung sie als eine Herausforderung für das Denken. Sie sind das Material der Probleme, nicht der Lösungen. Sie sind weniger Gegenstände der Erkenntnis als vielmehr Gegenstände, die erst noch erkannt werden *sollen*. Der erste Schritt der Erkenntnis besteht darin, die Probleme zu lokalisieren, die der Lösung bedürfen. Dieser Schritt wird dadurch vollzogen, dass man die sichtbaren und gegebenen Qualitäten verändert. Diese sind Wirkungen; sie sind Dinge, die verstanden werden *sollen* und sie werden verstanden, wenn man weiß, wie sie hervorgebracht werden. Die Suche nach ‚Wirkursachen' statt nach Zweckursachen, nach äußerlichen Relationen statt nach innewohnenden Formen macht das Ziel" einer solchen Wissenschaft aus (a.a.O., S. 106).

4.5 Das Apriorische und das Empirische: Kants Versuch einer Versöhnung

Unter dem Eindruck der Physik Newtons und in Auseinandersetzung mit der Erfahrungslehre Humes hatte Kant die abendländische, auf das frühe Griechentum zurückgehende Erkenntnistheorie reformuliert, indem er dem konstruktiven Aspekt des menschlichen Wahrnehmungsvermögens Rechnung trug. Gleichwohl aber behielt er den in der griechischen Metaphysik begründeten Dualismus zwischen einer Welt an sich und der Lebenswelt des Menschen bei. Für Dewey ergibt sich hieraus die Notwendigkeit eines Denkens, das sich auf der Höhe der Zeit befindet und ernst macht mit dem Wandel, der durch Newtons experimentelle Empirie stattgefunden hat. Im Vollzug dieses Vorhabens, worin für Dewey die wirkliche „kopernikanische Wende" besteht, findet eine intensive Auseinandersetzung mit der „Halbherzigkeit" Kantischer Dualismen statt. Damit gibt er einen Weg vor, den Bruno Latour in seiner berühmten Philippika knapp sechs Dezennien später wieder aufgreifen wird: „Down with Kant! Down with the Critique! Let us go back to the world still unknown and despised". Darüber, welcher Weg dabei zu beschreiten sei, lässt er keinen Zweifel: „that of the world, not the word" (Latour 1988, S. 173).

Kants Anspruch, eine kopernikanische Wende in der Philosophie herbeigeführt zu haben, besteht darin, dass er die Welt und ihre Erkenntnis vom Standpunkt des erkennenden Subjekts aus behandelt. „Nach Kants Auffassung erleichterte Kopernikus das Verständnis der astronomischen Phänomene dadurch, dass er ihre wahrgenommenen Bewegungen von ihrer Relation zum wahrnehmenden Subjekt her interpretierte und sie nicht als inhärente Eigenschaften der wahrgenommenen Dinge ansah. Die Drehung der Sonne um die Erde, wie sie sich der Sinneswahrnehmung darbietet, wurde den Bedingungen der menschlichen Beobachtung und nicht den Bewegungen der Sonne selbst zugeschrieben" (Dewey 2001, S. 287). Seine „Revolution" bedeutete zugleich eine Verlagerung von der theologischen zur menschlichen Urheberschaft der Erkenntnis, von der göttlichen zur menschlichen Vernunft. Nicht von ungefähr verweist Kant auf die Gedankenexperimente Galileis, um die Art und Weise zu illustrieren, wie das Denken dazu führt, dass ein Gegenstand aufgrund seiner Übereinstimmung mit einer zuvor entwickelten Idee erkannt wird. In den Augen Deweys ließ Kant aber seine Revolution unvollendet, weil er sich auf diesen einen Aspekt der Methode des Kopernikus beschränkte, ohne die Konsequenzen des geänderten Standpunkts in seiner vollen Dimension zu erfassen. Tatsächlich lasse sich die kopernikanische Umkehrung erst durch die Methode der experimentellen Empirie vollenden. Zwar sei richtig, „dass das Experimentieren auf der Basis einer leitenden Idee vor sich geht. Aber der Unterschied zwischen der Aufgabe der Idee bei der Bestimmung eines Erkenntnisgegenstands und der Aufgabe, die ihr in Kants Theorie zugewiesen wird, ist ebenso groß wie der zwischen dem kopernikanischen und dem ptolemäischen System. Denn eine Idee gilt im Experiment nur als Versuch, als Möglichkeit, nicht aber als unveränder-

lich und endgültig. Sie kontrolliert eine zu vollziehende Handlung, aber
der Wert der leitenden Idee wird von den Konsequenzen der Operation
bestimmt; die leitende Idee fixiert nicht die Natur des Gegenstandes"
(a.a.O., S. 288). Dewey räumt ein, dass die Lehre Kants auf den ersten
Blick eine oberflächliche Ähnlichkeit mit dem von ihm vertretenen Konzept der experimentellen Erfahrung habe. Auch sie bestehe auf der Notwendigkeit sowohl der Wahrnehmung wie der Ideen, wenn es Erkenntnis
geben soll. Dieser „Anschein von Ähnlichkeit wird durch Kants bekann-
ten Satz suggeriert, dass Anschauung ohne Begriffe blind und Begriffe
ohne Anschauung leer seien." Seine Lehre ist nichtsdestoweniger fundamental verschieden von der, die Dewey für sich beansprucht. „Der fundamentale Unterschied liegt in der Tatsache, dass, nach der experimentellen Erkenntnis, die Unterscheidung von Sinnlichkeit und Denken
innerhalb des Prozesses reflexiver Forschung erfolgt und beide miteinander mit Hilfe von Operationen verknüpft werden, die offen vollzogen
werden. In dem Kantischen Schema existieren die beiden ursprünglich
unabhängig voneinander, und ihre Verbindung wird durch Operationen
hergestellt, die unbeobachtbar und immer schon in verborgenen Tiefen
des menschlichen Geistes vollzogen werden. Was ihre ursprüngliche Differenz anbelangt, so wirkt das sinnliche Material in Gestalt eines Ein-
drucks von außen, während die verbindenden Begriffe im Verstand be-
reitgestellt werden. Was die Verbindung anbelangt, so findet die Synthesis nicht bewusst und mit Hilfe der kontrollierten Kunst der Forschung
statt, sondern automatisch und spontan" (a.a.O., S. 172 f.). Aus all dem
ergibt sich, dass der Gegensatz zwischen der Kantischen Bestimmung
von Gegenständen durch das Denken und der Bestimmung durch das
Denken, die beim Experimentieren stattfindet, größer ist als die Übereinstimmung. „Kants Formen der Anschauung und des Begriffs haben
nichts Hypothetisches oder Konditionales. Sie arbeiten gleichförmig und
erfolgreich; sie bedürfen keinerlei differenzierender Überprüfung durch
Konsequenzen. Kant postuliert sie aus dem Grund, weil er die Allge-
meingültigkeit und Notwendigkeit anstelle des Hypothetischen und des
Wahrscheinlichen sichern möchte. Auch gibt es weder etwas Offenes,
Beobachtbares noch etwas Zeitliches oder Historisches in der Kantischen
Maschinerie. Ihre Arbeit findet hinter den Kulissen statt. Nur das Resul-
tat wird beobachtet, und erst ein komplizierter Prozess dialektischen
Schließens befähigt Kant, die Existenz seines Apparates von Formen und
Kategorien zu behaupten. Sie selbst sind der Beobachtung ebenso unzu-

gänglich, wie es die okkulten Formen und Wesenheiten waren, deren Verwerfung eine Voraussetzung der Entwicklung der modernen Wissenschaft war" (a.a.O., S. 289). Dewey zu Folge ist die Theorie Kants in die Irre gegangen, „weil sie Unterscheidungen, die zutreffend und unentbehrlich sind, aus ihrem Rahmen und ihrer Funktion in der wirklichen Forschung herausgerissen hat. Sie hat sie zu festen und pauschalen Unterscheidungen verallgemeinert und dabei die spezifische Rolle aus dem Auge verloren, die sie bei der Erlangung jener überprüften Überzeugungen spielen, die Sicherheit gewähren. Dadurch kam es zu künstlichen Komplikationen und unlösbaren Problemen" (a.a.O., S. 176).

Kants Argument für die Rechtfertigung der Gewissheit der Erkenntnisgrundlagen ist in der Notwendigkeit eines höheren, wenngleich intellektuell unerreichbaren Reiches begründet, eine Basiskonstellation abendländischen Denkens seit dem frühen Griechentum. Die Hochscholastik hatte, daran anknüpfend, eine elaborierte Methode entwickelt, die Ansprüche der natürlichen Vernunft und der moralischen Autorität mit Hilfe einer Gebietsteilung einander anzupassen: die Lehre von der „zwiefältigen Natur der Wahrheit". Die reinliche Scheidung von Glauben und Wissen bei Wahrung ihrer grundsätzlichen Übereinstimmung und die Verselbständigung der Philosophie war eine Folge der Auseinandersetzung des Thomismus mit konkurrierenden Kirchenlehren. „Das Reich der Zwecke und Werte, die für das Verhalten bestimmend waren, war das Reich des geoffenbarten Willens. Das Organ für seine Apprehension war der Glaube. Die Natur ist der Gegenstand der Erkenntnis, und im Hinblick auf sie nehmen die Ansprüche der Vernunft die höchste Stelle ein. Die beiden Reiche sind so voneinander geschieden, dass es zu keinem Konflikt kommen kann. Das Werk Kants steht in dieser Tradition der Methode der Anpassung mittels einer Gebietsaufteilung. Natürlich trennte er das Reich der moralischen Autorität nicht aufgrund des Glaubens an die Offenbarung ab. An die Stelle setzte er die Idee des Glaubens, der auf praktischer Vernunft beruhte. Aber er hielt an der älteren Unterscheidung eines Reiches, in dem der Intellekt herrscht, und eines Reiches, in dem die Forderungen des Willens den obersten Platz einnehmen, fest. Ebenso beharrte er auf einer Isolierung der beiden Reiche voneinander, die so vollkommen ist, dass es keine mögliche Überschneidung und daher keine Möglichkeit der Interferenz gibt. Wenn die Reiche der Wissenschaft und der Sittlichkeit sich nirgends berühren, kann es keinen Streit zwischen ihnen geben. Tatsächlich suchte Kant ihre Beziehungen oder ihren Man-

gel an Beziehungen so einzurichten, dass es nicht nur zu keinerlei
Interferenz, sondern zu einem Pakt zumindest wohlwollender Neutralität
kommen sollte" (a.a.O., S. 61 f.). Darin, in dieser Teilung der Territorien
zwischen den Gegenständen kognitiver Gewissheit und denen einer
gleichermaßen vollständigen praktischen moralischen Sicherheit, besteht
nach Dewey das Hauptmerkmal des Kantischen Systems. „Die Titel
seiner beiden Hauptwerke, *Kritik der reinen Vernunft* und *Kritik der
praktischen Vernunft*, unterstützen diese Interpretation. Die erste *Kritik*
zielt darauf, aus rationalen Gründen *a priori* die Grundlagen der Erkenntnis der Natur sicher zu machen; die zweite erfüllt die gleiche Aufgabe für die Grundlagen moralischer und religiöser Auffassungen. Die
Wissenschaft beschränkt sich auf Phänomene in Raum und Zeit, damit
die Welt höherer und noumenaler Realitäten von Idealen und spirituellen
Werten in Besitz genommen werden kann. Jede Vernunft hat in ihrem
eigenen Reich die vollständige Rechtsprechung und unbestrittene Souve-
ränität" (a.a.O., S. 62). Nach Kants eigener Auffassung lag nichts Künstliches in der Art, wie die beiden Reiche einander ausschlossen und
gleichwohl notwendig machten. Ganz im Gegenteil, die saubere Art und
Weise, wie die Elemente beider Reiche sich in die des jeweils anderen
einfügten, war in seinen Augen ein überzeugender Beweis für die Notwendigkeit des Systems als eines Ganzen. Dass dieses genaue Inein-
anderpassen das Produkt seiner eigenen Zimmerei sein könnte, kam ihm
nicht in den Sinn. „Auf der wissenschaftlichen Seite war er bemüht, eine
endgültige philosophische Rechtfertigung der Newton'schen Wissenschaft zu liefern, die jedem Skeptizismus den Boden entzog. Seine Auffassung von Raum und Zeit als notwendiger Formen der Möglichkeit der
Anschauung war die Rechtfertigung der Anwendung der Mathematik auf
natürliche Phänomene. Kategorien des Denkens, die notwendig sind, um
die wahrgenommenen Gegenstände zu verstehen – ein Verstehen, das
seinerseits für die Wissenschaft notwendig ist –, lieferten die Grundlage
für dauernde Substanzen und gleichförmige Relationen der Abfolge –
oder Verursachung –, die von den Newton'schen Theorien der Atome
und gleichförmigen Gesetze verlangt wurden. Die Tendenz des Geistes,
über die Grenzen der Erfahrung zum Denken unbedingter und selbstge-
nügsamer Totalitäten hinauszuschreiten, den ‚Ideen' der Welt, der Seele
und Gottes, wurde erklärt; und während diesen Ideen kognitive Gültigkeit abgesprochen wurde, wurden sie als regulative Ideale zugelassen, die
die Forschung und die Interpretation leiteten. Vor allem ließ der Gedanke

dieser transphänomenalen und über-empirischen Realitäten einen Raum, den die praktische Vernunft mit ihrem Imperativ der Pflicht und dem Postulat des freien Willens ausfüllen konnte. Auf diese Weise wurde der Supremat der Sittlichkeit nach jüdisch-christlicher Tradition unabhängig von der Offenbarung durch rein rationale Mittel gerechtfertigt" (a.a.O., S. 63 f.).

Im Gegensatz dazu und abweichend davon besteht die Bedeutung einer wirklichen kopernikanischen Wende für Dewey darin, „dass wir uns nicht an die Erkenntnis halten müssen, um einen exklusiven Zugriff auf die Realität zu gewinnen. Die Welt, wie wir sie erfahren, ist eine wirkliche Welt. Aber sie ist in ihren primären Aspekten keine Welt, die erkannt ist, keine Welt, die verstanden wird und die intellektuell kohärent und sicher ist. Erkennen besteht aus Operationen, die den Gegenständen der Erfahrung eine Form geben, in der wir die sichere Erfahrung der Relationen machen, von denen der weitere Verlauf der Ereignisse abhängt. Es bezeichnet eine vorübergehende Neuausrichtung und Neuanordnung des Wirklichen. Es ist vermittelnd und instrumentell; es steht in der Mitte zwischen einer relativ beiläufigen und zufälligen und einer relativ geklärten und bestimmten Erfahrung der Realität. Der Erkennende ist in der Welt des Existierenden; seine experimentelle Erkenntnis bezeichnet die Interaktion eines Existierenden mit anderem Existierenden. Es gibt freilich einen höchst wichtigen Unterschied zwischen ihr und anderen wirklichen Interaktionen. Der Unterschied ist nicht der zwischen etwas, das innerhalb der Natur als ein Teil ihrer selbst vor sich geht, und etwas anderem, das außerhalb ihrer stattfindet, sondern der zwischen einem geregelten und einem unkontrollierten Lauf der Veränderungen. Im Erkennen werden Ursachen zu Mitteln und Wirkungen zu Konsequenzen, und deshalb haben Dinge Sinn. Der erkannte Gegenstand ist ein der Erkenntnis vorgängiger Gegenstand, der bewusst neu angeordnet und eingerichtet wird, ein *am Ende möglicher* Gegenstand, dessen Wert durch die Rekonstruktion überprüft wird, die er bewirkt. Er geht sozusagen aus dem Feuer des experimentellen Denkens hervor wie verfeintes Metall aus den Operationen, die am Eisenerz vollzogen werden. Es ist derselbe Gegenstand, aber mit einem Unterschied, wie ein Mensch, der durch Bedingungen hindurchgegangen ist, die sein innerstes Wesen auf die Probe stellen, als derselbe und als ein anderer herauskommt" (a.a.O., S. 295).

4.6 Unschärferelation und Relativitätstheorie: ein neues Weltbild und seine Folgen

Trotz der methodischen Revolution, die sie durchführte, hielt die New-ton'sche Erkenntnistheorie an der überkommenen Vorstellung fest, dass Erkennen ein Prozess der Identifikation sei. Obwohl sie faktisch Inter-ventionswissenschaft betrieb, indem sie vorgefundene („natürliche") Ge-gebenheiten experimentell umkonstruierte und aus den Konsequenzen Schlüsse zog, folgte sie weiterhin der Metaphysik einer Repräsentations-wissenschaft, die davon ausgeht, dass ihre Erkenntnisobjekte unabhängig von menschlichen Experimenten und Beobachtungen da seien und dass wir Kenntnis von ihnen in dem Maße besitzen, in dem wir sie exakt er-mitteln. Wissenschaftshistorisch lässt sich das Zustandekommen dieser Ambivalenz sehr gut nachzeichnen. Newton hatte in Cambridge nicht nur den dort üblichen religiösen Platonismus verinnerlicht, sondern auch die durch ihn vertretene Auffassung vom Raum als „Sensorium Gottes", des Organs der Wirkung Gottes in der Körperwelt, übernommen. Sie war die Basis für die Lehre vom absoluten Raum und von der absoluten Zeit, ein Kernstück Newton'scher Physik, das bis zur Relativitäts- und Quanten-theorie weitgehende Geltung beanspruchen konnte. Sie erst führten dazu, dass die metaphysischen Auffassungen Newtons fallengelassen wurden. Darin, auf diese Diskrepanz zwischen dem faktischen Tun Newtons und seinem metaphysischen Denken hingewiesen und sie einer fundamenta-len Kritik unterzogen zu haben, besteht ein wesentliches Verdienst der „kopernikanischen Wende" Deweys. Folgerichtig verwendet er viel Mühe darauf, die Theorien Einsteins und Heisenbergs als Konsequenz, die notwendigerweise aus der Methode experimenteller Empirie Newtons über kurz oder lang habe folgen müssen, darzustellen. Obwohl das Welt-bild, das der Newton'schen Metaphysik zugrunde lag, durch sie völlig verändert wurden, legt Dewey Wert darauf festzustellen, dass zu dem Zeitpunkt, als diese Revolutionierung stattfand, es sich eigentlich nur um eine Anerkennung dessen handelte, was faktisch schon die ganze Zeit über, seit Newton, das treibende Prinzip der Entwicklung wissenschaft-lichen Erkenntnisstrebens gewesen war.

„Diese Feststellung ist keine Herabwürdigung der wissenschaftlichen Wichtigkeit der Entdeckung, dass Masse mit der Geschwindigkeit vari-iert, und des Ergebnisses des Michelson-Morley-Experiments zur Licht-geschwindigkeit. Solche Entdeckungen waren zweifellos notwendig, um die Erkenntnis des operationalen oder rationalen Charakters wissenschaftlicher Begriffe zu erzwingen. Gleichwohl zeigt die Art und Weise, wie Raum, Zeit und Bewegung mit ihren verschiedenen Funktionen in mathematischen Gleichungen auftreten und in Hinsicht aufeinander in äquivalente Formulierungen übersetzt werden – etwas, was mit Qualitäten als solchen unmöglich ist –, dass eine relationale Behandlung schon immer im Spiel gewesen ist. Aber die Phantasie der Menschen war an Ideen gewöhnt, die sich am Modell großer Massen und relativ langsamer Geschwindigkeiten gebildet hatten. Um die Phantasie von ihren erworbenen Gewohnheiten zu befreien, bedurfte es der Beobachtung von Veränderungen großer Geschwindigkeit, wie der des Lichts über große Entfernungen hin, und winziger Veränderungen, wie sie in infinitesimalen Entfernungen vorkommen. Die Entdeckung, dass die Masse mit der Geschwindigkeit variiert, machte es unmöglich, weiter an der Vermutung festzuhalten, Masse sei das definierende Merkmal von Dingen in ihrer Isolierung voneinander (einzig unter der Bedingung einer solchen Isolierung konnte Masse als unwandelbar oder fixiert angesehen werden)" (Dewey 2001, S. 129 f.).

Dewey räumt durchaus ein, dass die Veränderung, welche diese Entdeckung für den wirklichen Inhalt der wissenschaftlichen Theorie bewirkte, von erheblicher Bedeutung gewesen sei. Trotzdem war sie „nicht so groß wie die Veränderung, die sich daraus für die Logik wissenschaftlicher Erkenntnis oder für die Philosophie ergab. Mit dem Verzicht auf unwandelbare Substanzen, die Eigenschaften besitzen, die in ihrer Isolierung fest und von Interaktionen unberührt sind, musste auch die Vorstellung fallen, Gewissheit werde durch eine Bindung an feste Gegenstände mit festen Eigenschaften erreicht" (a.a.O., S. 130).

Die Schlüsse, die Einstein aus dem Michelson-Morley-Experiment zog, lauteten, dass „Ereignisse gleichzeitig sein können, die nach den Angaben von zwei synchronen Uhren, die an den Punkten der Quelle der (im Experiment erzeugten, A.B.) Blitze platziert waren, zu verschiedenen Zeiten eintraten. In wissenschaftlichem Kontext war dieses Ergebnis gleichbedeutend mit einer Beseitigung von Newtons Absoluta; es war die Quelle der Lehre der speziellen Relativitätstheorie. Es bedeutete, dass lokale oder individualisierte Zeiten nicht dieselben sind wie eine generische gemeinsame Zeit der Physik. Kurzum, es bedeutete, dass physikalische Zeit eine *Relation* von Ereignissen bezeichnet, nicht die inhärente Eigenschaft von Gegenständen" (a.a.O., S. 147). Für Dewey ist daran

entscheidend, dass Einstein, statt an der alten Theorie Newtons festzuhalten und die Gültigkeit der beobachteten Resultate des Michelson-
Morley-Experiments, die im Widerspruch dazu standen, zu bestreiten,
fragte, *welche Veränderung der Auffassungen durch das experimentelle
Resultat gefordert wurde*. Er sah, dass das Messen der Zeitrelationen, das
um den Begriff der Gleichzeitigkeit kreiste, der entscheidende Punkt war.
Die Lösung Einsteins zeichnete sich dadurch aus, dass sie die Frage nach
dem Einfluss des Standpunktes des Beobachters beantwortete. Ihr zu
Folge wird das gleiche Ereignis, von verschieden bewegten Systemen aus
beurteilt, zu verschiedenen Ergebnissen führen.

Neben der Relativitätstheorie Einsteins führt Dewey zur Illustration
und Plausibilisierung seines Konzepts der experimentellen Erkenntnis als
zweites Beispiel die Heisenberg'sche Unschärferelation an. „Heisenbergs
Prinzip erzwingt die Anerkennung der Tatsache, dass die Wechselwirkung eine genaue Messung der Geschwindigkeit und der Lage eines
jeden Körpers verhindert, wobei sich der Beweis auf die Rolle des
Einflusses des Beobachters auf die Bestimmung dessen, was wirklich
passiert, konzentriert." Heisenberg „zeigte, dass es dann, wenn wir die
Geschwindigkeit messen, einen Bereich der Unbestimmtheit in den Zuordnungen der Position gibt und umgekehrt. Wenn das eine fixiert ist, ist
das andere nur innerhalb einer spezifizierten Grenze der Wahrscheinlichkeit definiert. Das Element der Unbestimmtheit hängt nicht mit einer Unzulänglichkeit der Beobachtungsmethode zusammen, sondern gehört zum
Wesen der Sache selbst. Das beobachtete Teilchen *hat* keine feste Position oder Geschwindigkeit, denn es wandelt sich aufgrund seiner Interaktion die ganze Zeit über; speziell in diesem Fall aufgrund seiner Interaktion mit dem Akt der Beobachtung oder genauer mit den Bedingungen,
unter denen eine Beobachtung möglich ist; denn es ist nicht der ‚mentale'
Aspekt der Beobachtung, der den Unterschied ausmacht. Da je nach
Wahl entweder die Position oder die Geschwindigkeit fixiert werden
kann, wobei das Element der Unbestimmtheit auf der jeweils andern
Seite bleibt, erweisen sich beide als ihrer Natur nach begrifflich. Das
heißt, sie gehören zu dem intellektuellen Apparat, den wir verwenden,
um *mit* der schon bestehenden Wirklichkeit *umzugehen*, und sind nicht
fixierte Eigenschaften jener Wirklichkeit. Die Isolierung eines Teilchens
zum Zweck der Messung ist im Wesentlichen ein Mittel, um die spätere
perzeptuelle Erfahrung zu regulieren" (a.a.O., S. 203 f.). Entscheidend ist
daran für Dewey, dass die Einsicht, Erkenntnis sei eine Art von Interak-

tion, die innerhalb der Welt vor sich geht, im wissenschaftlichen Verfahren selbst anerkannt wird. Damit ist die „Zuschauer-Theorie des Wissens" der alten Metaphysik an ihr Ende gekommen.

4.7 Deweys „kopernikanische Wende" im Überblick – argumentative Begründung und historische Einordnung

Um seine Kritik an der nicht radikal genug durchgeführten Revision abendländischer Erkenntnistheorie durch Kant zu begründen, ist Dewey genötigt, die Differenz zwischen antiker und moderner Erkenntnistheorie und ihre historischen Wurzeln näher zu erläutern. „Die griechische und die mittelalterliche Wissenschaft war eine Kunst, Dinge so hinzunehmen, wie sie genossen und erlitten werden. Die moderne experimentelle Wissenschaft ist eine Kunst der Beherrschung." Die Erkenntnistheorie der Griechen war wesentlich ästhetischer Natur. Sie hat sich im Verlauf ihrer weiteren Entwicklung spätestens seit Newton in ein Mittel säkularer Herrschaft verwandelt, in eine Methode, Veränderungen bewusst herbeizuführen, welche die Richtung des Gangs der Ereignisse in neue Bahnen lenken. Die ästhetische Einstellung ist notwendigerweise auf das gerichtet, was schon da ist, auf das, was vollendet, was beendet ist. Die Intention der Naturbeherrschung hingegen sieht in die Zukunft, auf das Hervorbringen. Sie setzt Daten an die Stelle von Gegenständen. Die Differenz zwischen ästhetischer und vereinnahmender Betrachtungsweise, die Dewey ins Zentrum seiner Analyse rückt, und ihre Folgen für die Gestaltung menschlicher Lebenswelten kann kaum überschätzt werden. Die griechische Wissenschaft operierte mit Gegenständen im Sinne von Sternen, Felsen, Bäumen, Regen, den warmen und kalten Tagen der gewöhnlichen Erfahrung. „Gegenstände" sind etwas Abgeschlossenes, sie sind vollständig, beendet. Sie erfordern ein Nachdenken nur in Gestalt von Definition, Klassifikation, logischer Anordnung, Subsumtion in Syllogismen usw. „Daten" hingegen bezeichnen Material zur weiteren Nutzung. Sie sind Indikationen, Zeugnis, Zeichen, Hinweise auf und von etwas, das erst noch zu erreichen ist. Sie sind intermediär, nicht endgültig, Mittel, nicht Zwecke. Die Natur, die ihnen zugrunde liegt, ist Material, das neu zu formen ist, und nicht schon ein vollendetes Kunstwerk. „Der entscheidende Unterschied zwischen der Einstellung, welche die Gegenstände der gewöhnlichen Wahrnehmung, des Gebrauchs und des

Genusses als endgültig, als Kulminationen natürlicher Prozesse hinnimmt, und der, welche sie zu Ausgangspunkten für die Reflexion und
Forschung macht, geht weit über die technischen Fragen der Wissenschaft hinaus. Er bedeutet eine Revolution des Lebensgefühls, der gesamten Einstellung zur Wirklichkeit als ganzer. Wenn die Dinge, die um
uns herum existieren, die wir berühren, sehen, hören und schmecken, als
Fragen angesehen werden, auf die eine Antwort gesucht werden muss
(und zwar dadurch, dass wir ganz bewusst Veränderungen vornehmen,
bis die Dinge in etwas anderes umgeformt worden sind), dann hört die
Natur, wie sie schon besteht, auf, etwas zu sein, das gerade so, wie es ist,
hingenommen und anerkannt, ertragen oder genossen werden muss. Sie
ist Material, auf das man einwirken muss, um es in neue Objekte zu
transformieren, die unseren Bedürfnissen besser genügen" (Dewey 2001,
S. 101 ff.). Diese Objekte nun stellen sich heute als Mischwesen dar, als
hybride Artefakte, zusammengesetzt aus natürlichen und gesellschaftlichen Ressourcen, die in ihrer Problematik und in ihren Folgewirkungen
durch eine Wissenschaft, die ihre metaphysischen Wurzeln im frühen
Griechentum hat, kaum erfasst werden können (hierzu vor allem Latour
1998).

Die „Kategorien" der griechischen Beschreibung und Erklärung natürlicher Phänomene, wie gesagt, waren ihrem Charakter nach ästhetisch,
orientiert an den unmittelbaren qualitativen Eigenschaften der Dinge. Die
logischen Eigenschaften, die dem Beobachtungsmaterial eine wissenschaftliche Form gaben, waren Harmonie, Proportion oder Maß und
Symmetrie. Sie bildeten den „Logos", der es den Phänomenen ermöglicht, Gegenstand eines rationalen Diskurses zu sein. „Dank dieser
Eigenschaften, die den Phänomenen zugeschrieben wurden, obgleich sie
als ihnen immanent galten, sind natürliche Objekte erkennbar. Infolgedessen verwendeten die Griechen das Denken nicht als Mittel, um gegebene Wahrnehmungsgegenstände zu verändern, um so die Bedingungen und Wirkungen ihres Vorkommens zu beherrschen, sondern um
ihnen gewisse statische Eigenschaften aufzuerlegen, die sich in ihnen
nicht fanden, solange sie als wandelbar erschienen. Das Wesen der statischen Eigenschaften, die ihnen verliehen wurden, war Harmonie von
Form und Struktur." Dementsprechend zielten die Griechen darauf ab,
aus der Natur, so wie sie beobachtet wurde, ein künstlerisches Ganzes für
das Auge der Seele zu entwerfen. Infolgedessen war die Natur für die
griechische Wissenschaft, das heißt, für das, was als Wissenschaft galt,

ein in sich harmonischer Kosmos. „Sie war eine Komposition, aber kein Kompositum aus Elementen. Das heißt, sie war dank der universalen und beherrschenden qualitativen Einheit ein qualitatives Ganzes, ein Ganzes, wie es ein Drama, eine Statue oder ein Tempel ist" (Dewey, a.a.O., 93 f.). Auf den ersten Blick scheint „die Vorliebe des pythagoräisierenden Platonismus für Zahl und Geometrie dem Gesagten zu widersprechen." Tatsächlich waren Zahl und Geometrie „Mittel, um direkt beobachtete natürliche Phänomene zu ordnen. Sie waren Prinzipien des Maßes, der Symmetrie und der Einteilung, die wesentlich ästhetischen Kanons genügten" (a.a.O., S. 95). Dewey versäumt nicht, in diesem Zusammenhang darauf hinzuweisen, dass die Wissenschaft beinahe zweitausend Jahre warten musste, bis die Mathematik mittels Gleichungen und anderer Funktionen zu einem Mittel der Analysis wurde, der Zerlegung in Elemente um der Neuzusammensetzung willen, ein Unterfangen, das den griechischen Denkern völlig fern lag.

Die Griechen besaßen eine ausgeprägte Sensibilität gegenüber natürlichen Objekten, und sie waren scharfe Beobachter. Mehrfach weist Dewey die unermüdlich kultivierte Vorstellung zurück, der Unterschied zwischen der antiken und der modernen Wissenschaft bestehe darin, dass erstere keinen Respekt vor der Sinneswahrnehmung gehabt und sich ausschließlich auf Spekulationen verlassen habe. „Das Problem lag nicht darin, dass sie von Anfang an das Theoretisieren an die Stelle des Wahrnehmungsmaterials gesetzt hätten, sondern darin, dass sie das Material nahmen ‚wie es war'; sie unternahmen keinerlei Versuch, es radikal zu verändern, bevor sie darüber nachzudenken und zu theoretisieren begannen. Die Griechen gingen so weit, wie Beobachtungen ohne Zuhilfenahme künstlicher Geräte und Mittel zur bewussten Veränderung des beobachteten Materials eben reichte" (a.a.O., S. 91). Das Problem, das sie hatten, bestand darin, dass sie das sinnlich beobachtete Material in eine logische Form zu bringen trachteten, die ihm äußerlich war. Sie entsprang allein ihrem rationalen Denken. „Die Tatsache, dass das Material nicht ausschließlich logisch war oder so beschaffen, dass es den Anforderungen der rationalen Form genügt hätte, machte die resultierende Erkenntnis weniger wissenschaftlich als die Erkenntnis der reinen Mathematik, Logik und Metaphysik, die sich mit dem ewigen Sein befassten. Aber soweit die Wissenschaft reichte, handelte sie von dem Material der Sinneswahrnehmung, wie es sich einem scharfen und wachen Beobachter direkt darbot. Infolgedessen ist das Material der griechischen Naturwissenschaft viel näher am Material des gesunden Menschenverstandes als die Resultate der zeitgenössischen Wissenschaft. Man kann die überlieferten Darstellungen lesen, ohne größere Vorkenntnisse zu benötigen als beispielsweise eine gewisse Vertrautheit mit der euklidischen Geometrie, während heute niemand ohne fachliche Qualifikationen den Forschungsberichten der aktuellen Physik folgen kann" (ebda.). Doch auch wenn es nun auf den ersten Blick so scheinen mag: Tatsächlich entfernt sich die moderne Wissenschaft mit ihren Veränderungen am Material der direkten Wahrnehmung, die durch die Verwendung von Apparaten bewirkt wird, nicht von dem beobachteten Material als solchem, sondern von den *qualitativen* Merkmalen der Dinge, wie sie ursprünglich und „natürlicherweise" beobachtet werden. Darin besteht das eigentlich Wichtige der modernen Erkenntnis: dass diese Veränderungen am Material nicht unmittelbar, sondern, vergleichbar dem industriellen Produktionsprozess, mittels Technologie herbeigeführt und beobachtet werden. Mit Hilfe von Instrumenten, Geräten und Apparaten, die zu dem Zweck entwickelt wurden, Beziehungen aufzuzeigen, die auf andere Weise nicht erkennbar sind, verstärkt die moderne Wissenschaft das aktive Herangehen an ihren Erkenntnisstand.

Im Gegensatz zur modernen Wissenschaft akzeptierte die antike Protowissenschaft das sinnliche Material so, wie es erschien, und organisierte es dann durch logische Definition, Klassifikation in Spezies und syllogistische Subsumtion. Anders als heute besaßen die Menschen „entweder keine Werkzeuge und Gerätschaften, um die gewöhnlichen Objekte der Beobachtung zu modifizieren, sie analytisch in ihre Elemente zu zerlegen und ihnen neue Formen und Anordnungen zu geben, oder es gelang ihnen nicht, die Werkzeuge, die sie hatten, zu verwenden. Auf diese Weise waren die Schlussfolgerungen der griechischen Wissenschaft (die bis zur wissenschaftlichen Revolution des siebzehnten Jahrhunderts weiter bestand) *inhaltlich* oder dem Stoff nach viel näher an den Gegenständen der alltäglichen Erfahrung als die Gegenstände des gegenwärtigen wissenschaftlichen Denkens" (a.a.O., S. 92).

Begriffe, mit denen wir heute wissenschaftliche Gegenstände denken, stammen weder aus den Sinnen noch aus Kategorien *a priori*. „Sinnesqualitäten sind ... etwas, was erkannt werden *soll*, sie sind Herausforderungen an die Erkenntnis, sie stellen der Forschung Probleme. Unsere wissenschaftliche Erkenntnis ist Erkenntnis *über* sie, löst die Probleme, die sie stellen. Forschung schreitet durch Reflexion voran, durch Nachdenken; aber ganz entschieden *nicht* durch Denken, wie es in der alten Tradition begriffen wird, als etwas, das im ‚Geist' eingesperrt ist. Denn experimentelle Forschung oder Denken bezeichnet eine *zielgerichtete Aktivität*, ein Tun, das die Bedingungen verändert, unter denen wir Gegenstände beobachten und handhaben, und zwar dadurch, dass wir sie neu anordnen. Dinge, die wahrgenommen werden, legen bestimmte Arten und Weisen nahe (ursprünglich evozieren oder stimulieren sie sie nur), auf sie zu reagieren oder sie zu behandeln. Diese Operationen sind während der Geschichte des Menschen auf der Erde beständig verfeinert und ausgearbeitet worden, obgleich erst in den letzten Jahrhunderten erkannt wurde, dass kontrolliertes Denken und sein Resultat, echte Erkenntnis, mit ihrer Auswahl und Bestimmung verbunden ist" (Dewey, a.a.O., S. 125 f.). Auf die Frage, was die Auswahl der zu vollziehenden Operation bestimme, gibt es Dewey zufolge „nur eine einzige Antwort: die Natur des zu behandelnden Problems." Und er ergänzt: „Wollte man die Geschichte der Wissenschaft weit genug zurückverfolgen, würde man einen Zeitpunkt erreichen, an dem die Akte, die mit einer problematischen Situation fertig wurden, organische, mit einigen wenigen erworbenen Gewohnheiten verbundene Reaktionen struktureller Art waren. Die fortgeschrittenste Technik der gegenwärtigen Forschung im Laboratorium ist eine Ausdehnung und Verfeinerung dieser einfachen ursprünglichen Operationen. Ihre Entwicklung hing zum größten Teil von der Nutzbarmachung materieller Instrumente ab, die dann, als die Forschung bis zu einem gewissen Punkt entwickelt war, planmäßig erfunden wurden. Im Prinzip unterscheidet sich die Geschichte der Konstruktion zweckmäßiger Operationen auf wissenschaftlichem Gebiet nicht von der Geschichte ihrer Evolution in der Industrie" (a.a.O., S. 126). Auch für sie „hängt die Gültigkeit des Denkgegenstandes von den *Konsequenzen* der Handlungen ab, die den Denkgegenstand definieren. Zum Beispiel werden Farben in Form bestimmter Zahlen begriffen. Die Konzeptionen sind in dem Maße gültig, in dem es uns gelingt, mittels dieser Zahlen zukünftige Ereignisse vorauszusagen und die Interaktionen farbiger Körper als Zeichen von stattfindenden Veränderungen zu regulieren. Die Zahlen sind Hinweise oder Zeichen der Intensität und Richtung der sich vollziehenden Veränderungen. Für die Frage ihrer Gültigkeit ist einzig relevant, ob sie verlässliche Zeichen sind" (a.a.O., S. 131). Entscheidend für diese Form der Erkenntnis sind „Ereignisse, nicht Substanzen. Erkenntnis ist an der Korrelation zwischen Veränderungen oder Ereignissen interessiert, was nichts anderes bedeutet, als dass ein Ereignis (…) in ein System eingeordnet werden muss, das aus einer riesigen Menge von darin eingeschlossenen Ereignissen besteht" (ebda.). Deshalb, weil die physikalische Zeit eine *Relation* von Ereignissen bezeichnet und nicht die inhärente Eigenschaft von Gegenständen, lassen sich wissenschaftliche Konzeptionen von Gegenständen nicht in Begriffen von Eigenschaften bilden, die diesen Gegenständen unabhängig von den beobachtenden Konsequenzen einer experimentellen Operation zugeschrieben werden (vgl. Dewey, a.a.O., S. 147).

„Es ist nicht die Aufgabe des Denkens, sich den Merkmalen anzupassen, welche die Gegenstände schon besitzen, oder sie zu reproduzieren, sondern sie als Möglichkeiten dessen zu beurteilen, was sie durch eine angezeigte Operation werden … Eine Erkenntnis, die lediglich eine Verdoppelung dessen, was ohnehin schon in der Welt existiert, in Gestalt von Ideen ist, gewährt uns vielleicht die Befriedigung, die eine Photographie bietet, aber das ist auch alles. Ideen zu bilden, deren Wert danach zu beurteilen ist, was unabhängig von ihnen existiert, ist keine Funktion, die (selbst wenn dies überprüft werden könnte, was unmöglich scheint) innerhalb der Natur oder dort irgendetwas verändert. Aber Ideen, die Pläne von zu vollziehenden Operationen sind, sind integrale Faktoren in Handlungen, die das Gesicht der Welt verändern. Idealistische Philosophien haben in diesem Punkt nicht unrecht gehabt, dass sie Ideen ungeheure Wichtigkeit und Macht zugesprochen haben. Aber da sie deren Funktion und Überprüfung vom Handeln getrennt haben, haben sie den Punkt und den Ort, wo Ideen eine konstruktive Aufgabe haben, nicht begriffen" (a.a.O., S. 140).

Begriffe, ebenso wie Instrumente und Apparate, sind Konstruktionen, in die bestimmte Vorannahmen konstitutiv und bewusst mit eingegangen sind. Anders verhält es sich mit Symbolen. Symbolhaftes Denken ist gleichsam eine Vorstufe begrifflichen und apparativ unterstützten Denkens. „Die Erfindung technischer Symbole bedeutete die Möglichkeit eines Fortschritts des Denkens von der Ebene des gesunden Menschenverstandes zur Ebene des wissenschaftlichen Denkens." Sie ermöglichten zu handeln, ohne zu handeln. Neue Operationen konnten mit ihnen vollzogen werden. Man konnte mit ihnen spielen im Sinne der schönen Künste, ohne sie unmittelbar aus der Perspektive eines nützlichen Zwecks oder Handwerks zu betrachten. „Die Griechen mit ihrem vorwiegend ästhetischen Interesse waren diejenigen, die diesen Schritt taten.

Man hat von der Schöpfung der Geometrie durch die Griechen gesagt, dass sie, von der Kunst des Muster-Entwerfens angeregt, von einer ästhetischen Anwendung symmetrischer Figuren geleitet wurden" (a.a.O., S. 154 f.). Wie auch immer, die Bedeutung dieses geistigen Übergangs vom Konkreten zum Abstrakten für die weitere Entwicklung abendländischer Zivilisation kann kaum überschätzt werden. Es entstand ein System von Begriffen, die *als* Begriffe zueinander in Beziehung stehen, ein System, das zugleich die Voraussetzung der Entstehung einer formalen Logik war. Was immer ihr konkretes Entstehungsmotiv war, ihr Ursprung und ihre letztliche Bedeutung liegen in Handlungen, die mit konkreten Situationen zu tun haben. „Operationen wie Buchführung und Punktezählen finden sich sowohl bei der Arbeit wie im Spiel. Weder Arbeit noch Spiel können ohne solche Handlungen und die ihnen angemessenen Symbole eine komplexe Entwicklung nehmen. Diese Handlungen sind der Ursprung der Zahlen und aller Entwicklungen von Zahlen. Es gibt viele Künste, in denen die Operationen des Zählens, die für die Buchführung charakteristisch sind, explizit für Messungen benutzt werden." Hinter all dem steht „die Notwendigkeit, bestimmte Dinge als Mittel, als Ressourcen, an andere Dinge als Zwecke anzupassen. Der Ursprung des Zählens und Messens liegt in der Wirtschaftlichkeit und Wirksamkeit solcher Anpassungen." Dewey unterscheidet in systematischer Weise drei Typen von Situationen, in denen diese Anpassung von Mitteln an Zwecke eine praktische Notwendigkeit ist. „Es gibt einmal den Fall der Zuweisung oder Verteilung von Materialien; dann den Fall der Sammlung von Vorräten gegen drohende Zeiten des Mangels; und schließlich den Austausch von Dingen, die im Überfluss vorhanden sind, gegen Dinge, an denen Mangel herrscht. Die fundamentalen mathematischen Begriffe der Äquivalenz, der geordneten Reihe, der Summe und ihrer Bestandteile, der Korrespondenz und der Substitution sind alle implizit in den Operationen enthalten, die sich mit solchen Situationen befassen, obgleich sie erst dann explizit und verallgemeinert werden, wenn diese Operationen mit Bezug aufeinander durchgeführt werden" (a.a.O., S. 156 f.).

Es gibt starke sozialhistorische und empirische Argumente dafür, dass insbesondere der dritte Situationstypus, der systematisch betriebene Austausch von Dingen, der Warenverkehr, wie er sich erstmals an den Außenrändern der phönizischen und griechischen Gesellschaft im Mittelmeer herausgebildet hat, verantwortlich war für die Entstehung for-

mallogischer Denkabstraktionen und einer ihnen entsprechenden Begrifflichkeit. Für ihre weitere, gleichsam spielerische Entwicklung, das
heißt, für die Entwicklung der Mathematik als Wissenschaft und für die
Entstehung einer Logik der Ideen, war einzig erforderlich, dass einige
Menschen sich für die Operationen um ihrer selbst willen, als Operationen und nicht als Mittel für bestimmte spezifizierte Verwendungen inte-
ressierten. Die innere Stratifikation der griechischen Gesellschaft in
Vollbürger, die über die nötige Muße verfügten, in Freie, Frauen und
Sklaven, war die sozialhistorische Voraussetzung für eine solche Entwicklung. Als erst einmal Symbole ersonnen waren, die sich aus den
Realabstraktionen eines systematisch betriebenen Warentausches ergaben, folgte alles Weitere, wie es dann unter dem Einfluss des ästhetischen Interesses der Griechen geschah, nahezu von selbst (vgl. Sohn-
Rethel 1989).

Für Dewey ist nun entscheidend, dass Mathematik und formale Logik
zwar hoch spezialisierte Zweige intellektueller Tätigkeit darstellen, deren
Arbeitsprinzipien denen der Werke der schönen Künste, insbesondere der
Musik, ähnlich sind. Beide zeichnen sich aus durch eine Kombination
von Freiheit und Strenge. Gleichwohl handelt es sich hierbei nicht, wie
bei Kant, um transzendente, aus aller Verbindung mit der Realität heraus
gelöste Bereiche. Den Unterschied zwischen den beiden Arten von Operationen, den materiellen und den symbolischen, in einer solchen Weise
zu stilisieren, entspreche eher einer religiösen denn einer wissenschaftlichen Geisteshaltung. „Wenn diese Unterscheidung zum Dogma der beiden Ordnungen des Seins, der Existenz und der Essenz, erstarrt ist, lässt
sie die Vorstellung entstehen, es gebe zwei Typen von Logik und zwei
Kriterien der Wahrheit, die formale und die materiale, und die formale
sei die höhere und fundamentalere. In Wahrheit ist die formale Entwicklung ein spezialisierter Sprössling des materialen Denkens. Sie ist letztlich von verrichteten Akten abgeleitet und stellt eine Erweiterung von
Handlungen, die durch Symbole ermöglicht werden, auf der Basis ihrer
Kongruenz miteinander dar" (Dewey, a.a.O., S. 163). Die Argumentation
Deweys ist insofern interessant, als sie ohne Kenntnis der nahezu zeit-
gleichen Studien Sohn-Rethels erfolgte.

Zielgerichtete Tätigkeit verlangt Ideen, die über die Resultate vergangener Wahrnehmungen hinausgehen, denn sie zielt darauf ab, zukünftigen Situationen, von denen es noch keinerlei Erfahrung gibt, zu genügen.
Deshalb konstruieren wir uns in Gedanken als Ideal den Gegenstand, um

den es geht, indem wir ihm eine charakteristische innere Struktur oder Form geben. Diese formale Struktur wird, weil es sich um eine Abstraktion handelt, von den wirklichen Dingen immer nur annähernd erreicht. „Infolgedessen entsteht der Schein, als hätten Wesenheiten ein Sein, das von unserem Denken unabhängig ist und ihm vorausgeht. Es liegt freilich in dieser Tatsache nichts Geheimnisvolles oder Transzendentes, das so oft damit verbunden wird. Sie bedeutet nur eins: *Wenn* man ein bestimmtes Resultat erreichen will, muss man den Bedingungen genügen, welche die Mittel sind, um dieses Resultat zu sichern; *wenn* man das Resultat mit einem Maximum an Effizienz erhalten will, dann gibt es Bedingungen, die eine notwendige Beziehung zu dieser Absicht haben" (Dewey, a.a.O., S. 166 f.). Die Funktion der Erkenntnis besteht nicht darin, sich einer Realität zu bemächtigen, die den Operationen der Untersuchung und ihren Konsequenzen vorhergeht und von ihnen unabhängig ist. Entscheidend ist die Problemsituation, die der Erkenntnis zugrunde liegt. Viele Irrtümer ergeben sich daraus, dass man Dinge als Daten nimmt, die nicht Daten für das vorliegende Problem sind. Unzweifelhaft existieren sie, aber sie sind nicht das Beweismittel, das benötigt wird. Das Problem liegt in der Konstruktion. Sie muss dem Gegenstand, um den es geht, kongruent sein. Die erkenntnistheoretische Herausforderung besteht darin, „dass der Gegenstand der Erkenntnis nicht schon vorliegt, sondern erst von bestimmten Bedingungen abhängig ist, weil er das Resultat schlussfolgernder oder reflexiver Handlungen ist, die das, was schon besteht, neu anordnen" (a.a.O., S. 180 f.). Mit anderen Worten: Die Gültigkeit des Denkgegenstandes hängt ab von den *Konsequenzen* der Handlungen, die den Denkgegenstand definieren. Die Auffassung, dass Erkennen auf der Basis dessen erfolgt, was ihm vorausgeht und von ihm unabhängig ist, „entstand zu einer Zeit, als experimentelles Erkennen nur sehr gelegentlich und gleichsam zufällig vorkam; als Entdeckungen als Gaben der Götter oder als besondere Eingebungen galten: als die Menschen vom Brauch beherrscht wurden und sich angesichts von Veränderungen unbehaglich fühlten und vor dem Unbekannten Angst hatten. Sie wurde zu einer Theorie rationalisiert, als es den Griechen gelang, natürliche Phänomene mit rationalen Ideen zu identifizieren, und sie von dieser Identifikation entzückt waren, weil sie sich wegen ihres ästhetischen Interesses in einer Welt von Harmonie und Ordnung zu Hause fühlten, zu der diese Identifikation führte. Sie nannten das Ergebnis Wissenschaft, obgleich es in Wirklichkeit über fast zweitausend Jahre falsche Auffas-

sungen von der Natur in Europa festschrieb" (a.a.O., S. 186). Und auch
Newton, der, indem er Axiomatik und Empirie im Experiment zur Synthese brachte, eine Revolution der Erkenntnistheorie herbeiführte, blieb
der griechischen Metaphysik insoweit verbunden, als auch er permanente
Substanzen zu letzten Realitäten machte und behauptete, dass reflexives
Denken zur Erkenntnis führe, wenn es Phänomene in diese Eigenschaften
übersetze (a.a.O., S. 206 f.). So hielt die Wissenschaft im Gefolge Newtons uneingeschränkt an der Theorie fest, dass Erkennen einen Prozess
der Identifikation bezeichne. „Es bedurfte mehr als zweier Jahrhunderte,
bis die experimentelle Methode einen Punkt erreichte, an dem die Menschen dazu gezwungen waren zu erkennen, dass der Fortschritt der Wissenschaft von der Wahl der vollzogenen Operationen abhängt und nicht
von den Eigenschaften von Gegenständen, die als so sicher und unveränderlich gelten, dass alle detaillierten Phänomene auf sie reduziert werden
können. Diese Auffassung vom Erkennen beherrscht das Denken in
sozialen und moralischen Fragen noch immer. Erst wenn wir sehen, dass
wir, wie im Bereich der Physik, so auch auf diesem Gebiet nur erkennen,
was wir bewusst konstruieren, dass alles von der Bestimmung der Ope-
rationsmethoden und von der Beobachtung der Konsequenzen, die der
Überprüfung dienen, abhängt, kann der Fortschritt der Erkenntnis auch in
diesen Fragen sicher und stetig werden" (a.a.O., S. 186 f.). Auch hier
geht es um das Niederreißen der traditionellen Schranke zwischen einer
metaphysischen Theorie, die sich mit einer angeblich vorgängigen Realität befasst, und einer empirischen Praxis, die sich um die Herstellung
von Konsequenzen kümmert.

Dewey zufolge erwachsen sämtliche Rivalitäten und die damit ver-
knüpften Probleme der abendländischen Philosophie aus einer einzigen
Wurzel. Sie entspringen der Annahme, dass der wahre und gültige Erkenntnisgegenstand derjenige ist, der „Sein" vor und unabhängig von den
Operationen des Erkennens hat. „Sie entspringen der Lehre, dass Erkennen ein Ergreifen oder Erblicken der Realität ist, ohne dass irgendetwas
getan wird, ihren vorgängigen Zustand zu modifizieren – die Lehre, welche die Quelle der Trennung der Erkenntnis von praktischer Tätigkeit ist.
Wenn wir sehen, dass Erkennen nicht der Akt eines außen stehenden Beobachters ist, sondern der eines Teilnehmers auf dem natürlichen und sozialen Schauplatz, dann liegt der wahre Gegenstand der Erkenntnis in den
Konsequenzen einer gelenkten Handlung. Wenn wir diesen Gesichtspunkt einnehmen, sei es auch nur als Hypothese, verschwinden die Ver-

wirrungen und Schwierigkeiten, von denen wir gesprochen haben. Denn auf dieser Grundlage gibt es ebenso viele Arten der erkannten Gegenstände, wie es Arten wirksam durchgeführter Operationen der Forschung gibt, die zu den beabsichtigten Konsequenzen führen. Das Ergebnis der einen Operation wird ein ebenso guter und wahrer Erkenntnisstand sein wie das irgendeiner anderen, vorausgesetzt, es ist überhaupt gut; das heißt, vorausgesetzt, es genügt den Bedingungen, die die Untersuchung veranlasst haben" (a.a.O., S. 197).

Künftige Generationen, so mutmaßt Dewey, werden kaum nachvollziehen können, worin das Problem abendländischer Philosophen realistischer Weise bestanden habe. Von ihnen werde es wohl als Scheinproblem empfunden werden. Um seine eigene Position in diesem lang andauernden Disput kontrastierend zu verdeutlichen, stellt er die streitenden Parteien in ihrem grundlegenden Widerspruch als Gegensatz von Geist und Materie, Leib und Seele dar sowie den Kantischen Versuch als eine Synthese von beidem.

„Der Disput über die Frage, ob Vernunft und Begriff oder Wahrnehmung und Sinnlichkeit Quelle und letzte Prüfungsinstanz des Wissens sei, gehört zu den langlebigsten in der Geschichte des Denkens. Er hat die Philosophie sowohl von Seiten der Natur des Denkgegenstandes wie der geistigen Fähigkeit, ihn zu erreichen, berührt. Von der Gegenstandsseite her haben die Vertreter der Ansprüche der Vernunft das Universale höher gestellt als das Individuelle; die Anhänger der Wahrnehmung haben die Rangfolge umgekehrt. Von Seiten des Geistes her hat die eine Schule die synthetische Funktion der Begriffe betont. Die andere Schule hat sich auf die Tatsache berufen, dass sich der Geist in der Empfindung nicht in das Wirken der Gegenstände einmische, wenn er von ihnen Bericht erstatte" (Dewey, a.a.O., S. 171). Nun ließe sich der ganze Zwist als Glasperlenspiel abtun, in das allenfalls eine Minderheit philosophisch interessierter Liebhaber der Wissenschaft involviert sei. Doch dem ist nicht so. Über die praktischen Auswirkungen nicht nur der Wissenschaft, sondern auch der christlichen Religion und ihrer theologisch fundierten Moralvorstellung sind mehr oder weniger alle Mitglieder abendländisch sozialisierter Ethnien betroffen. Der Gegensatz von Geist und Materie hat sich auf das Selbstverständnis und die Probleme sowohl des individuellen Verhaltens wie der gesellschaftlichen Verkehrsformen ausgewirkt. „Auf der einen Seite steht die Betonung der Notwendigkeit der Kontrolle durch rationale Maßstäbe; auf der anderen Seite wurde die dynamische

Qualität der Bedürfnisse und der ganz private Charakter ihrer Befriedigung im Vergleich mit der blassen Distanziertheit des reinen Denkens
betont. Auf der politischen Seite besteht eine ähnliche Trennung zwischen den Anhängern von Ordnung und Organisation, die glauben, allein
die Vernunft gebe Sicherheit, und denjenigen, die sich für Freiheit, Innovation und Fortschritt interessieren, die also die Ansprüche des Indivi-
duums und seine Wünsche als philosophische Basis benutzt haben. Die
Kontroverse war von jeher hitzig. Ihretwegen haben die Philosophen viel
Energie auf wechselseitige Fehden verschwendet, und wenn sie praktischen Angelegenheiten eine Orientierung gegeben haben, dann weitgehend mit dem Ziel, Anhänger der streitenden Truppen zu unterstützen"
(ebda.).

Der Syntheseversuch Kants ist für Dewey deshalb von besonderem
Interesse, weil er seiner eigenen Position der experimentellen Erkenntnis
sehr nahe kommt. Im Gegensatz zu Kant geht es ihm aber nicht um eine
Synthese, sondern, dem Ansatz Gotthard Günthers vergleichbar, um eine
Rejektion des bisherigen Dualismus. Dewey entwickelt seine Kritik sehr
ausführlich an mehreren Beispielen. Sie müssen hier nicht weiter verfolgt
werden. Deutlich wird in jedem Fall die Hervorhebung und Betonung
operationeller Praxis im konkreten, im tatsächlichen Forschungsprozess,
durch welche sich die Wissenschaft voran bewegt. Bei Kant hingegen
kam es zu künstlichen Komplikationen und unlösbaren Problemen. Zwar
ist Kant bemüht, zwischen Empirismus und Rationalismus zu vermitteln,
aber in diesem Bemühen bleibt er dem Repräsentationismus, wenngleich
als einer seiner letzten und reflektiertesten Vertreter, nach wie vor verhaftet, während sich in den Äußerungen Deweys bereits der erste Advent
des heraufdämmernden Interventionismus abzeichnet. Für Dewey stellt
die Heisenberg'sche Unschärferelation „den letzten Schritt in der Ablösung der alten Zuschauertheorie der Erkenntnis dar", und zwar im *hard
core* der Naturwissenschaften selbst, der Physik. „Die Tatsache, dass Erkennen eine Art von Interaktion ist, die innerhalb der Welt vor sich geht,
wird damit im wissenschaftlichen Verfahren selbst anerkannt. Erkenntnis
bezeichnet die Verwandlung ungerichteter Veränderungen in Veränderungen, die auf eine beabsichtigte Schlussfolgerung hin gerichtet werden." Für die Philosophie ergeben sich aus dieser Einsicht nur zwei
Möglichkeiten: „Entweder vereitelt die Erkenntnis ihren eigenen Zweck;
oder das Ziel der Erkenntnis *sind* die Konsequenzen von absichtlich un-
ternommenen Operationen, vorausgesetzt, sie erfüllen die Bedingungen,

um derentwillen sie durchgeführt werden. Wenn wir bei der traditionellen Auffassung bleiben, nach der das zu erkennende Ding etwas ist, das dem Akt des Erkennens vorausgeht und gänzlich unabhängig von ihm existiert, dann ist die Entdeckung der Tatsache, dass der Akt der Beobachtung, der in der Wirklichkeitserkenntnis notwendig ist, dieses präexistente Etwas verändert, der Beweis dafür, dass der Erkenntnisakt sich selbst in die Quere kommt, seine eigene Absicht vereitelt. Wenn Erkennen eine Form des Tuns ist und wie andere Formen zuletzt nach seinem Ergebnis zu beurteilen ist, wird uns diese tragische Schlussfolgerung nicht aufgezwungen. Im Grunde geht es um die Frage, ob die Philosophie bereit ist, eine Theorie des Geistes und seiner Erkenntnisorgane aufzugeben, die entstand, als die Erkenntnispraxis noch in den Kinderschuhen steckte" (a.a.O., S. 205 f.). Diese Veränderung, die in der Unschärferelation Heisenbergs exemplarisch zum Ausdruck kommt, fordert eine Umkehrung jener Erkenntnistheorie heraus, die das abendländische Denken seit den frühen Griechen beherrscht hat: Menschliche Intervention um der Bewirkung von Zielen willen gilt nun nicht länger als Einmischung, sondern als ein Mittel der Erkenntnis. Der individuell beobachtete Fall wird zum Maß der Erkenntnis. Gesetze sind geistige Werkzeuge, durch die jener individuelle Gegenstand festgestellt und in seiner Bedeutung bestimmt wird. Nach der klassischen Logik bestand die Wirkung des Erkennens, auch wenn es sich dabei um ein Experiment handelte, nicht darin, das vorhandene Erkenntnismaterial zu reorganisieren, „sondern lediglich darin, eine Veränderung unserer eigenen subjektiven oder mentalen Haltung herbeizuführen. Der Akt ging nicht stärker in die Konstitution des erkannten Objekts ein, als eine Reise nach Athen mit dem Ziel, das Parthenon zu sehen, eine Auswirkung auf dessen Architektur hat. Er bewirkt eine Veränderung in unserer eigenen persönlichen Haltung und Stellung, so dass wir besser sehen können, was die ganze Zeit über schon da war. Er ist eine praktische Konzession an die Schwäche unserer Auffassungsgabe. Das ganze Schema hängt mit der traditionellen Geringschätzung der praktischen Aktivität auf Seiten der Intellektuellenklasse zusammen. In Wirklichkeit verdammt es auch die Intelligenz zu einer Position der Ohnmacht. Ihre Ausübung ist nichts als eine genussvolle Nutzung von Mußestunden. Die Lehre, dass sie den höchsten Wert darstelle, ist weitgehend eine Kompensation für die Ohnmacht, zu der sie verdammt wurde, im Unterschied zu der Kraft der ausführenden Tätigkeiten" (a.a.O., S. 215). Die Philosophen, die mit einem Aspekt reflexiver Erkenntnis beschäftigt sind, haben diesen Aspekt verabsolutiert. „Sie haben seinen Entstehungs- und Funktionszusammenhang ignoriert und ihn mit gültiger Erfahrung überhaupt gleichgesetzt. Auf diese Weise entstand die Lehre, dass alle wertvolle Erfahrung ihrem Wesen nach kognitiv sei; dass andere Arten von Erfahrungsgegenständen überprüft werden müssen, nicht hier und da, wie es die Gelegenheit verlangt, sondern allgemein durch eine Reduktion auf die Termini erkannter Gegenstände. Diese Annahme der eigentlichen Universalität der kognitiven Erkenntnis ist der große intellektualistische Fehlschluss. Er ist die Quelle aller Geringschätzung der alltäglichen qualitativen Erfahrung, der praktischen, der ästhetischen und der moralischen. Er ist die letzte Quelle der Lehre, die alle Gegenstände der Erfahrung, die nicht auf Eigenschaften von Erkenntnisgegenständen reduziert werden können, subjektiv und phänomenal nennt" (a.a.O., S. 220). So wurde „Wissenschaft" zu etwas Besonderem stilisiert, eine Art Heiligtum. „Es entstand eine religiöse, um nicht zu sagen idolatrische Atmosphäre" (a.a.O., S. 221 f.).

Wissenschaft, die sich in gesellschaftliche Problemfelder begibt, um Lösungen mit zu gestalten, sieht sich mit zwei Kerneigenschaften konfrontiert, die unhintergehbar sind: Unsicherheit und Wertevielfalt. Anders als Funtowicz und Ravetz (1993, 2001) sieht Dewey das Problem der Wertevielfalt nicht so sehr in der Heterogenität von Werten begründet. Das wäre immerhin ein Sachverhalt, der analytisch durchaus zu bearbeiten wäre, etwa im Rahmen und im Sinne eines Habermas'schen Diskursverfahrens (Habermas 1981, 1984). Dewey siedelt das Problem der Werte sowohl sozialhistorisch als auch erkenntnistheoretisch tiefer und grundlegender an. Er sieht dessen zentrale Ursache in der mangelnden rationalen Begründung der überwiegend weltanschaulich, religiös oder wie auch immer deduktiv legitimierten Werte, wodurch sie jeglichem rationalen Diskurs, wie er für die Methode der experimentellen Erfahrung typisch ist, entzogen werden. Sie sind diskursresistent. In vergleichbarer Weise, sozialhistorische und erkenntnistheoretische Aspekte miteinander verknüpfend, verfährt er mit dem Problem der Ungewissheit, wie es sich in einer Welt, die selbst zum Labor geworden ist, heute stellt. „Ungewissheit," schreibt Dewey (a.a.O., S. 223), sei „in erster Linie eine Angelegenheit der Praxis." Sie ist der Situation geschuldet, in der gehandelt werden muss, deren Möglichkeitsraum immer größer ist als das, was letztendlich in der Zukunft, als Folge der durchgeführten Handlung, realisiert worden sein wird. Niemand kann mit Sicherheit wissen, wie die

Erfahrungen, die im Handlungsvollzug gemacht werden, ausgehen, denn sie „sind von zukünftigen Gefahren wie von inneren Einwänden bedroht. Eine Handlung mit dem Ziel, diesen Einwänden zu begegnen, hat weder eine Erfolgsgarantie, noch ist sie selbst risikolos. Die zwangsläufig beunruhigende und ungewisse Eigenschaft von Situationen liegt in der Tatsache, dass deren Ergebnis im Ungewissen liegt; sie bewegen sich auf ein schlimmes oder ein gutes Schicksal zu" (ebda.). Wenn es dem Handeln an Mitteln fehlt, die als problematisch empfundene Situation unter Kontrolle zu bringen, etwa weil sich externe Bedingungen menschlichem Zugriff entziehen, kann es leicht Formen annehmen, die für die wirkliche Lösung des anstehenden Problems kaum von Bedeutung sind, Formen des Ritus und des Kultus. So äußerte sich das Fehlen aller Techniken der Naturbeherrschung in vormodernen Gesellschaften bei der Suche nach Sicherheit in irrelevanten Formen der Praxis, in Animismus, Magie und Religion. Das Denken kümmerte sich mehr um die Entdeckung von Omina als um die Bereitstellung von Werkzeugen zur Lösung der Probleme. Allmählich aber kam es „zu einer Unterscheidung zweier Reiche: eines höheren, in dem die Mächte walten, die das menschliche Schicksal in allen wichtigen Angelegenheiten bestimmen; damit befasste sich die Religion. Das andere bestand aus den prosaischen Angelegenheiten, in denen der Mensch sich auf seine eigene Geschicklichkeit und seine Sachkenntnis verließ. Die Philosophie erbte die Idee dieser Teilung. In Griechenland hatten viele Künste einen Entwicklungsstand erreicht, der sie über den Zustand bloßer Routine emporhob; man fand Anzeichen von Maß, Ordnung und Regelmäßigkeit in den bearbeiteten Materialien, die Spuren einer zugrundeliegenden Rationalität zeigten. Dank der Weiterentwicklung der Mathematik entstand das Ideal einer rein rationalen Erkenntnis, die als unerschütterlich und wertvoll galt und als das geeignete Mittel angesehen wurde, um im Rahmen der Wissenschaft die Andeutungen von Rationalität in den wechselnden Phänomenen zu verstehen. Die Intellektuellenklasse fand die Stütze und den Trost, die Garantie der Sicherheit, die bislang vom Mythos, von der Religion geliefert worden waren, in dem intellektuellen Nachweis der Realität der Gegenstände eines idealen Reiches."

Die moderne Wissenschaft, soweit sie sich experimenteller Verfahren bedient und als interventionistisch versteht, hat die Trennung von Erkennen und Handeln aufgegeben. In ihr ist Handeln das Mittel, um eine problematische Situation zu bewältigen. „Nur wer außerhalb der Natur steht und die Erkenntnis von irgendeinem äußeren Ort aus betrachtet, kann bestreiten, dass Erkennen ein Akt ist, der das verändert, was vorher existiert hat. Die Zuschauer-Theorie des Wissens mag, historisch gesehen, unvermeidlich gewesen sein, solange man das Denken als die Ausübung einer vom Körper unabhängigen ‚Vernunft' ansah, die mittels rein logischer Handlungen Wahrheit erlangte. Jetzt, wo wir das Modell des experimentellen Verfahrens vor Augen haben und uns der Rolle der organischen Akte in allen mentalen Prozessen bewusst sind, ist sie ein Anachronismus" (Dewey, a.a.O., S. 245). Die Logik, die dieser obsoleten Philosophie, dieser Sicht auf die Welt, zugrunde liegt, ist nach wie vor eine Logik der Definition und Klassifikation, wie sie bis zum siebzehnten Jahrhundert auch in den Naturwissenschaften vorherrschte. Der Gesellschaft aber, die mit der Natur immer enger zu einem Hybrid verschmilzt, wird eine solche Metaphysik nicht mehr gerecht. Dadurch entsteht eine in sozialer Hinsicht gespaltene und verworrene Situation: Das am besten gesicherte Wissen, das wir haben, wird durch eine zielgerichtete Praxis erreicht, die Methode aber, der wir uns dabei bedienen, ist immer noch auf Dinge beschränkt, die vom Menschen weit entfernt sind oder ihn nur in den Technologien der Industrie betreffen. Der Rest unserer Praxis in Fragen, die uns am nächsten und tiefsten berühren, wird nicht durch intelligente Operationen geregelt, sondern durch Tradition, Selbstinteresse und zufällige Umstände (a.a.O., S. 251 f.). Gemessen an diesem Sachverhalt, ist das Problem der Beziehung wissenschaftlicher Erkenntnis zu den Dingen der gewöhnlichen Erfahrung in der Form, in der es zum Gegenstand der Philosophie, auch der modernen, gemacht wurde, ein künstliches, weil es auf dem Festhalten an Prämissen beruht, die in einer früheren Epoche der Geschichte formuliert wurden und heute keinerlei Relevanz mehr besitzen. „Der Geist ist nicht länger ein Zuschauer, der die Welt von außen betrachtet und seine höchste Befriedigung im Genuss einer sich selbst genügenden Kontemplation findet. Der Geist ist in der Welt als ein Teil ihres voranschreitenden Prozesses. Er ist als Geist durch die Tatsache charakterisiert, dass überall da, wo er sich findet, die Veränderungen in einer zielgerichteten Weise stattfinden, so dass eine Bewegung eine bestimmte, einsinnige Richtung – vom Zweifelhaften und Verworrenen zum Klaren, Gelösten und Geklärten – nimmt" (a.a.O., S. 291). Vom Erkennen als einem Betrachten von außen zum Erkennen als aktiver Teilnahme am Drama einer sich voran bewegenden Welt – darin besteht der historische Übergang, dessen Geschichte Dewey nachzeichnet, um das Charakteristikum des Interventionswissens im Gegensatz zu dem des Repräsentationswissens deutlicher herauszuarbeiten.

Der Sinneswandel, vor dem die traditionelle Metaphysik steht, ist unabweisbar, will sie nicht ins erkenntnistheoretische Abseits geraten. „Soweit es die Philosophie betrifft, besteht die erste direkte und unmittelbare Wirkung dieses Übergangs vom Erkennen, das zwar für den Erkennenden einen Unterschied ausmacht, aber keinen in der Welt, zum Erkennen, das eine zielgerichtete Veränderung in der Welt ist, in dem vollständigen Aufgeben dessen, was wir vielleicht den intellektualistischen Fehlschluss nennen können. Damit ist etwas gemeint, was man auch die Universalität der Erkenntnis als Maßstab der Realität nennen könnte. Die älteren Philosophien, die entstanden, bevor das experimentelle Erkennen irgendeinen signifikanten Fortschritt gemacht hatte, machten, wie man wohl sagen darf, eine scharfe Trennung zwischen der Welt, in welcher der Mensch denkt und erkennt, und der Welt, in der er lebt und handelt." Anders als in den Glasperlenspielen kontemplativer Spekulation „*war* der Mensch in seinen Bedürfnissen und in den Handlungen, die daraus entspringen, immer schon *ein Teil* der Welt, hatte an ihren Schicksalen teil, manchmal freiwillig, manchmal gezwungenermaßen; er war ihren Wechselfällen ausgesetzt und ihren regellosen und unvorhersehbaren Veränderungen auf Gedeih und Verderb ausgeliefert. Er ging seinen irdischen Weg, indem er in der Welt und auf die Welt hin handelte, manchmal scheiternd, manchmal erfolgreich. Er erlitt ihre Wirkungen, kam manchmal zu unerwartetem Ruhm und wurde manchmal durch ihre Ungunst überwältigt" (a.a.O., S. 291 f.). Auch heute ist er, nach wie vor, ein Teil dieser Welt, aber, dank seiner Technologie, mit anderen Möglichkeiten.

Die nach wie vor bestehende Aktualität einer historisch überholten Sichtweise beruht wesentlich auf der Tatsache, dass sie die Überzeugung von Menschen wiedergibt, die mehrheitlich immer noch unter dem Einfluss der institutionellen Religion stehen. „Genau wie einstmals den beobachteten und vergänglichen Phänomenen rationale Begriffe übergestülpt worden sind, so werden den Gütern, die Gegenstand der Erfahrung sind, ewige Werte übergestülpt. Im einen wie im anderen Fall ist die Alternative vermeintlich nur Konfusion und Gesetzlosigkeit. Die Philosophen behaupten, dass diese ewigen Werte durch die Vernunft erkannt werden; die Masse der Menschen glaubt, dass sie auf göttlicher Offenbarung beruhen" (a.a.O., S. 256).

Es mag eine Zeit kommen, in der man es als überaus merkwürdig empfinden wird, dass die Menschen heute mit allen ihnen zur Verfügung stehenden Mitteln sich mit der Bildung von Ideen über physische Dinge befassen, selbst über Dinge, die am weitesten von allen menschlichen Interessen entfernt sind, dass sie hinsichtlich der Methoden, wie Ideen von Gegenständen, die ihre tiefsten Interessen berühren, zu bilden sind, allergrößte Skrupel haben und bei der Bildung der Ideen von Werten entweder dogmatisch sind oder sich von unmittelbaren Bedingungen treiben lassen. Es sind diese Verwirrungen und Konflikte des modernen Denkens, die eine bewusst gelenkte Erneuerung gesellschaftlicher Institutionen erschweren, seien es ökonomische, politische oder religiöse Institutionen, die den anstehenden Problemen eher gerecht werden würden. Sie zu etablieren, bedarf es erheblicher Anstrengungen und soziologischer Phantasie (vgl. Dewey, a.a.O., S. 268).

Bereits Tarde hatte auf diese, einer eigentümlichen Metaphysik geschuldeten Differenz zwischen dem geringen Wissen von dem Menschen und der Gesellschaft einerseits, dem vermeintlich umfassenderen Wissen über entfernte Dinge der physikalischen Welt andererseits hingewiesen. Für ihn verband sich mit diesem Hinweis eine fundamentale Kritik an den metaphysischen Abstraktionen der Soziologie eines Durkheim, seines großen Kontrahenten (Tarde 2009, S. 63 ff.). Man könnte meinen, Dewey beziehe sich auf ihn, wenn er formuliert: „Die Beziehungen, die für das Auftreten menschlicher Erfahrungen verantwortlich sind, besonders wenn soziale Bindungen in Betracht gezogen werden, sind unendlich viel weiter und komplexer als diejenigen, welche die physisch genannten Ereignisse bestimmen; letztere sind das Ergebnis klar umrissener selektiver Operationen. Das ist der Grund, weshalb wir über entfernte Gegenstände wie die Sterne besser Bescheid wissen als über signifikant charakteristische Dinge unseres eigenen Körpers und Geistes. Wir vergessen die unendliche Anzahl von Dingen, die wir über die Sterne nicht wissen, oder eher, dass das, was wir einen Stern nennen, selbst ein Produkt der erzwungenen und absichtlichen Eliminierung der meisten Merkmale ist, die etwas wirklich Existierendes charakterisieren. Das Ausmaß an Kenntnissen, die wir über Sterne besitzen, würde, wenn es auf Menschen übertragen würde und unser Wissen über sie erschöpfte, nicht sehr groß oder sehr wichtig erscheinen" (Dewey 2001, S. 270).

Für Dewey ist es ebenso erstaunlich wie deprimierend, dass „die Menschheit so viel Energie auf den (mit Waffen des Fleisches und des

Geistes geführten) Kampf um die Wahrheit der religiösen, moralischen und politischen Glaubensbekenntnisse aufgewendet hat im Unterschied zu den geringen Anstrengungen, Glaubensbekenntnisse einer Überprüfung auszusetzen" (a.a.O., S. 277). Statt stolz darauf zu sein, Überzeugungen und „Prinzipien" aus Loyalität zu akzeptieren und zu behaupten, sollten „die Menschen sich dieses Verfahren vielmehr schämen, wie sie es heute tun würden, wenn sie zugeben müssten, dass sie einer wissenschaftlichen Theorie aus Verehrung für Newton oder Helmholtz oder wem auch sonst immer zustimmen, ohne die Beweise zu berücksichtigen" (a.a.O., S. 278). Das Festhalten an Maßstäben, die den Gegenständen der Erfahrung äußerlich sind, als einzige Alternative zu Verwirrung und Gesetzlosigkeit, eine solche Vorstellung, die tief im griechischen Denken verwurzelt ist, hatte Gültigkeit auch für die Naturwissenschaften bis weit in die Nachrenaissance hinein. „Erst in dem Augenblick, als man sie fallen ließ und Hinweise und Überprüfungen anwandte, die sich in konkreten Handlungen und Gegenständen fanden, machte die Erkenntnis Fortschritte." Die Überprüfung der Folgen konkreter Handlungen ist nicht nur anspruchsvoller als die Überprüfung, die von unveränderlichen allgemeinen Regeln geleistet wird. Darüber hinaus „sichert sie eine stetigere Entwicklung, denn wenn neue Handlungen ausprobiert werden, macht man die Erfahrung neuer Resultate, während die gepriesene Unveränderlichkeit der ewigen Ideale und Normen an sich selbst eine Negation der Möglichkeit der Entwicklung und Verbesserung ist" (a.a.O., S. 278 f.).

Eine wesentliche Unzulänglichkeit des in der griechischen Tradition wurzelnden Denkens sieht Dewey nicht nur, wie bereits erwähnt, in der Missachtung der empirischen Methode, sondern vor allem auch in der Geringschätzung angewandter Mittel. Erst durch die Übernahme der experimentellen Denkweise in Bereiche, die lange Zeit philosophischer Kontemplation vorbehalten waren, erlangten die *Methode* und das *Mittel* jene Bedeutsamkeit, die bis dahin ausschließlich den Zwecken zugebilligt wurde. Die Unzulänglichkeit des in der griechischen Tradition wurzelnden Denkens macht sich auch heute noch bemerkbar im Versäumnis einer normativen, teleologisch-erkenntniskritischen Analyse der Zwecksetzungen, nach denen die Apparate und Instrumente hergestellt werden, die dann jene Geltungsbedingungen und Reichweiten naturwissenschaftlicher Theorien bestimmen, die mit ihrer Hilfe erzeugt und bestätigt werden. Es handelt sich bei ihnen zwar um Mittel der Erkenntnis, aber in sie

sind bestimmte Zwecksetzungen immer schon eingegangen. *Experimen-*
telle Erfahrung lediglich als theoriegeleitete *Beobachtung* zu deuten, wie
es üblicherweise geschieht, verfehlt in systematischer Weise den Status
und die Rolle von Experimentierapparaten und Messinstrumenten bei der
Wissenserzeugung. Experimentelle Wissensgenerierung ist mehr und etwas völlig anderes als nur eine raffiniertere Form der Beobachtung. In
Experimentierapparaten und Messinstrumenten lediglich Verlängerungen
und Erweiterungen unserer natürlichen Sinnesorgane, insbesondere des
Auges, zu sehen, die ausschließlich dazu dienen, der Beobachtung auch
noch das zugänglich zu machen, was, obwohl „objektiv vorhanden", mit
dem „bloßen Auge" nicht mehr wahrgenommen werden kann, ist ein
ontologischer Trugschluss und bedeutet eine völlige Verkennung des
konstruktiven und teleologischen Charakters solcher technischen Artefakte. Dieser Sachverhalt, der bei Dewey als Diskrepanz von Mittel und
Zweck diskutiert wird, findet sich *mutatis mutandis* sechs Dezennien
später wieder bei Latour als Hiatus von *Vermittlung* und *Reinigung*
(1998). Während aber Latour den Sündenfall in die Nachrenaissance verlegt, verankert Dewey ihn im kontemplativen Denken griechischer Philosophen. Ihnen „galten Mittel als knechtisch und das Nützliche als servil.
Mittel wurden als die arme Verwandtschaft angesehen, die man ertragen
muß, die aber nicht willkommen ist. Die Bedeutung von ‚Ideal' ist bezeichnend für die Scheidung, die zwischen Zwecken und Mitteln bestanden hat. ‚Ideale' gelten als fern und unerreichbar; sie sind zu hoch
und zu fein, als dass sie durch eine Realisierung beschmutzt werden
dürften" (a.a.O., S. 279).

Die Folgen der Trennung beschreibt Dewey in ähnlich dramatischer
Weise wie Latour. Sie äußern sich im wirklichen Leben durch das Aus-
einanderdriften von Theorie, moralischem Anspruch und Praxis gelebter
Realität. Sentimentales Engagement und subjektive Lobhudelei treten an
die Stelle handlungsbezogener Reflexion und ethisch reflektierter Hand-
habung. „Praktische Bedürfnisse sind gewöhnlich dringlich; für die
Masse der Menschen sind sie geradezu gebieterisch. Obendrein sind, allgemein gesagt, Menschen eher dazu geschaffen, zu handeln als zu theoretisieren. Da die idealen Ziele nur entfernt und zufällig mit unmittelbaren und dringlichen Bedingungen verknüpft sind, die der Aufmerksamkeit bedürfen, widmen sich die Menschen naturgemäß, nachdem sie ersteren Lippendienst geleistet haben, den letzteren. Wenn der Spatz in der
Hand besser ist als die Taube auf dem Dach, dann ist eine Wirklichkeit in

der Hand besser für die Steuerung des Verhaltens als viele Ideale, die so
entfernt sind, dass sie unsichtbar und unzugänglich sind. Die Menschen
hissen das Banner des Ideals und marschieren dann in die Richtung, welche die konkreten Bedingungen nahelegen und belohnen" (a.a.O.,
S. 281). Aber was für die Praxis gilt, trifft *mutatis mutandis* auch für die
Theorie zu. „Eine Theorie, die vom konkreten Tun und Machen getrennt
ist, ist leer und nichtig; die Praxis wird dann zu einem unmittelbaren
Aufgreifen von Gelegenheiten und Genüssen, welche die Umstände bieten, ohne die Anleitung, welche die Theorie – Erkenntnis und Ideen –
gewähren könnte. Das Problem des Verhältnisses von Theorie und Praxis
ist gewiss auch ein theoretisches Problem, aber nicht ausschließlich: Es
ist auch das praktischste Problem des Lebens. Denn es ist eine Frage danach, wie die Intelligenz die Handlung beeinflussen und wie die Handlung zu einem wachsenden Verständnis für die Bedeutung führen könnte:
eine klare Ansicht von Werten, die der Anstrengung wert sind, und der
Mittel, durch die sie in den Gegenständen der Erfahrung gesichert werden könnten. Die Konstruktion von Idealen im Allgemeinen und ihre
sentimentale Glorifizierung ist leicht bewerkstelligt; dabei wird die Verantwortung sowohl des eifrigen Nachdenkens wie des Handelns vermie-
den. Die Menschen, die über das Privileg verfügen, Muße zu haben, und
die Vergnügen am abstrakten Theoretisieren finden – zweifellos eine
höchst angenehme Tätigkeit für die, die das reizt –, tragen ein großes
Maß an Verantwortung für eine eifrig betriebene Verbreitung von Idealen
und Zwecken, die von den Bedingungen getrennt sind, welche die Mittel
zu ihrer Verwirklichung sind. In ihrem Gefolge haben andere, die über
soziale Macht und Autorität verfügen, bereitwillig die Aufgabe übernommen, die idealen Ziele der Kirche und des Staates zu vertreten und zu
verbreiten. Sie benutzen dann das Prestige und die Autorität, die ihnen
ihre repräsentative Eigenschaft als Hüter der höchsten Zwecke verleiht,
um Handlungen zu decken, die zugunsten der gefühllosesten und engsten
materiellen Zwecke unternommen worden sind" (ebda.).

Der in der griechischen Philosophie wurzelnde Hiatus hat sich, ver-
mittelt über die Vorstellungen der christlichen Religion, als schweres
Erbe für die Gestaltung des Alltags in einer wissenschaftlich-technisch
geprägten, gleichwohl in ihrer Eigendynamik noch kaum verstandenen
Welt erwiesen. Der gegenwärtige Zustand des industriellen Lebens ist für
Dewey ein Indiz für die an sich überlebte, gleichwohl fortbestehende
Trennung von Mitteln und Zwecken. „Die Isolierung ökonomischer von

idealen Zwecken, seien es Zwecke der Moral oder des organisierten sozialen Lebens, ist von Aristoteles proklamiert worden. Bestimmte Dinge, sagte er, seien die Bedingungen eines persönlich und sozial wertvollen Lebens, seien aber nicht dessen Bestandteile. Das ökonomische Leben des Menschen, das sich mit der Befriedigung der Bedürfnisse befasst, ist von dieser Art. Die Menschen haben Bedürfnisse, und diese müssen befriedigt werden. Aber sie sind nur die Voraussetzungen eines guten Lebens, nicht dessen wesentliche Elemente. Die meisten Philosophen sind weder so offen noch vielleicht so konsequent gewesen. Aber im Großen und Ganzen ist die Ökonomie niedriger eingestuft worden als Moral und Politik. Gleichwohl ist das Leben, das Männer, Frauen und Kinder wirklich führen, die Gelegenheiten, die sich ihnen bieten, die Werte, die sie zu genießen fähig sind, ihre Erziehung, ihr Anteil an allen Dingen der Kunst und Wissenschaft, hauptsächlich von ökonomischen Bedingungen bestimmt. Deshalb kann man kaum erwarten, dass ein moralisches System, das ökonomische Bedingungen ignoriert, anders ist als abgehoben und leer.

Das industrielle Leben ist dementsprechend wegen des Versäumnisses, es als gleichwertiges Mittel anzusehen, durch das soziale und kulturelle Werte realisiert werden, verroht. Dass das ökonomische Leben, das auf diese Weise aus dem Reich der höheren Werte vertrieben ist, dadurch Rache nimmt, dass es sich zur einzigen sozialen Realität erklärt und mit Hilfe der Lehre von der materialistischen Determination der Institutionen und des Verhaltens in allen Bereichen einer bewussten Moral und Politik jeden Anteil an einer kausaler Regulierung abspricht, ist nicht weiter überraschend" (Dewey, a.a.O., S. 282 f.). Diese Einsicht findet gegenwärtig wohl keine aktuellere Bestätigung als in Schirrmachers Monographie über das „Spiel des Lebens" (2013).

„Als man den Ökonomen sagte, ihr Gegenstand sei lediglich materiell, dachten sie natürlicherweise, nur dadurch ‚wissenschaftlich' sein zu können, dass sie jede Beziehung auf charakteristisch menschliche Werte ausschlössen. Materielle Wünsche, die Anstrengungen, sie zu befriedigen, selbst die wissenschaftlich regulierten Technologien, die in der industriellen Tätigkeit hoch entwickelt sind, werden dann so verstanden, daß sie einen vollständigen und geschlossenen Bereich bilden. Wenn irgendein Bezug auf soziale Zwecke und Werte eingeführt wird, dann in Form einer äußerlichen Hinzufügung, meistens im Ton der Ermahnung. Dass das ökonomische Leben weitgehend die Bedingungen bestimmt,

unter denen die Menschheit Zugang zu konkreten Werten hat, mag aner-
kannt werden oder nicht. Wie auch immer, die Auffassung, dass es das
Mittel ist, um signifikante Werte als den gemeinsamen Besitz der
Menschheit zu sichern, ist unvertraut und unwirksam. Vielen Menschen
kommt die Idee, dass die Zwecke, die von der Moral verkündet werden,
ohne die Mithilfe der funktionierenden Maschinerie des ökonomischen
Lebens ohnmächtig sind, wie eine Schändung der Reinheit moralischer
Werte und Verpflichtungen vor" (Dewey, a.a.O., S. 282 f.).

Die Suche nach Sicherheit und Trost inmitten der Gefahren des
Lebens, das durch philosophische Kontemplation und religiöse Offenbarung an Stelle intelligenten Handelns erfolgt, hat ihren historischen Ursprung in einer Zeit, in der wirkliche Mittel der Bemächtigung und Kontrolle noch fehlten. „Sie hatte damals eine relative historische Rechtfertigung." Die Situation heute ist eine andere. „Das primäre Problem für ein
Denken, das einen an Umfang und Tiefe philosophischen Anspruch erhebt, besteht darin, zu einer Erneuerung aller Überzeugungen beizutra-
gen, die in einer grundlegenden Trennung von Erkennen und Handeln
wurzeln; ein System von operativen Ideen zu entwickeln, die mit dem
gegenwärtigen Wissen und mit den gegenwärtigen Mitteln der Kontrolle
über natürliche Ereignisse und Energien übereinstimmen" (a.a.O.,
S. 284).

Natur und Gesellschaft verschmelzen miteinander zu einem unauflöslichen Hybrid. Natur und Kultur, ursprünglich zwei scharf voneinander
getrennte Bereiche, treffen aufeinander, gehen ineinander auf, als Experiment zunächst im Labor, dann, im Gefolge der „großen Industrie", ge-
wissermaßen als Freilandversuch, in der Gesellschaft selbst. Technik als
eine Form gesellschaftlicher Praxis der Weltgestaltung und Wissenschaft
als die theoretische Reflexion über diese Welt – dieser Dualismus ist in
der Technologie zur Synthese gebracht worden.

Die Idee, dass Erkenntnis das Maß der Realität sei, ist nach wie vor
die am meisten verbreitete Prämisse der Philosophen. Die Gleichsetzung
des Wirklichen mit dem Erkannten wird in idealistischen Theorien ganz
explizit formuliert. Gegen diese Lehre, die den erkennenden Geist zur
Quelle des erkannten Dings macht, haben realistische Philosophen vehement protestiert (vgl. Bammé 2004 sowie die dort referierte Literatur).
Aber auch „sie haben an der Vorstellung einer partiellen Gleichsetzung
des Wirklichen und des Erkannten festgehalten; nur haben sie die Gleichung von der Seite des Objekts statt von der des Subjekts her gelesen."

Auch für sie gilt, dass Erkennen die Anschauung oder das Ergreifen des Wirklichen ist, wie „es an sich ist", beeinflusst von Neigungen und Emotionen, die vom fühlenden und begehrenden Subjekt ausgehen. „Das Postulat der einzigartigen und ausschließlichen Beziehung zwischen den Gegenständen der Erkenntnis und dem Wirklichen wird von epistemologischen Idealisten und Realisten geteilt" (Dewey 2001, S. 294 f.). Gegen eine solche Sichtweise der Dinge erhebt Dewey massiven Einspruch.

Experimentelles Erkennen entwickelt sich nicht nur mittels des Tuns, sondern überdies in der Zeit. Darum handelt es von relationalen *Ereignissen* und nicht von *Objekten* und den ihnen zugeschriebenen unwandelbaren Eigenschaften. Sicheres Wissen stellt sich durch aktive Regulierung von Veränderungen ein. Es tritt an die Stelle des Phantasmas absoluter Gewissheit durch das Unwandelbare. „Im allgemeinen erscheint den meisten Menschen die Vorstellung, experimentelle Methoden auch in gesellschaftlichen Fragen anzuwenden, in den Angelegenheiten also, die nach allgemeiner Überzeugung bleibenden und höchsten Wert haben, als Verzicht auf sämtliche Maßstäbe und jede regulative Autorität. Aber im Prinzip bedeutet die experimentelle Methode gerade nicht zufälliges und zielloses Handeln; sie impliziert Leitung durch Ideen und Erkenntnis. Die Frage, um die es geht, ist eine praktische Frage. Gibt es die Ideen und das Wissen, die es uns erlauben, die experimentelle Methode wirksam in sozialen Interessen und Angelegenheiten anzuwenden?" (Dewey 2001, S. 273). Latour hat diesen historischen Schritt abendländischer Epistemologie als Übergang von einer Kultur der Wissenschaft zu einer Kultur der Forschung bezeichnet. Wissenschaft, so schreibt er, sei Gewissheit, Forschung sei Ungewissheit (1998, S. 208). Wir sind, so Latour, von der *Wissenschaft* zur *Forschung* übergegangen, von *Objekten* zu *Projekten*, von der *Umsetzung* zum *Experimentieren*. Wissenschaftliche Experimente haben die geschlossenen Räume der Laboratorien verlassen (Groß et al. 2005). Sie werden heute im Maßstab 1:1 und in Echtzeit durchgeführt. Die traditionelle Unterscheidung zwischen wissenschaftlichen Laboratorien, die drinnen mit Theorien und Phänomenen experimentieren, und einer politischen Situation außerhalb, in der Nicht-Experten mit Werten, Meinungen und Leidenschaften agieren, ist obsolet geworden (Latour 2001, S. 31). Bereits siebzig Dezennien zuvor hatte Dewey auf die Diskrepanz von Werten und Wissen hingewiesen und darauf aufmerksam gemacht, welch synthetische Funktion ihnen in einer veränderten, auf experimentellen Erkenntnisprozessen basierenden Wissenslandschaft zukäme. „Der Übergang von der Bildung der Wertideen und -urteile auf der Basis ihrer Übereinstimmung mit schon bestehenden Gegenständen zur Konstruktion von genießbaren Gegenständen unter der Anleitung der Kenntnis der Konsequenzen ist ein Übergang vom Blick auf die Vergangenheit zu einem Blick auf die Zukunft. Ich bestreite damit keineswegs, dass die persönlichen und sozialen Erfahrungen der Vergangenheit eine gewisse Bedeutung besitzen. Denn ohne sie wären wir außerstande, uns überhaupt irgendwelche Vorstellungen von den Bedingungen zu machen, unter denen Gegenstände genossen werden, noch die Konsequenzen abzuschätzen, die sich aus ihrer Wertschätzung und dem Gefallen an ihnen ergeben. (…) Vergangene Erfahrungen sind von entscheidender Bedeutung dafür, uns das intellektuelle Rüstzeug zu geben, um genau diese Punkte zu beurteilen. Sie sind Werkzeuge, nicht Endzwecke. Die Reflexion auf das, woran wir Gefallen gefunden und was wir genossen haben, ist eine Notwendigkeit. Aber sie sagt uns nichts über den Wert dieser Dinge, bis die Genüsse selbst reflexiv kontrolliert werden oder bis wir, wenn sie in Erinnerung gerufen werden, das bestmögliche Urteil darüber bilden, was uns veranlasst hat, an dieser Art von Dingen Gefallen zu finden, und was sich aus der Tatsache ergeben hat, dass sie uns gefielen" (Dewey, a.a.O., S. 271 f.). Nicht müde wird er zu betonen, dass Wissenschaft keine Annäherung an eine wie auch immer geartete Realität „an sich" ist, sondern ein prekäres Unternehmen, das wegen ihrer nützlichen Ergebnisse geschätzt wird, nicht wegen ihrer vergeblichen Eigenschaft, ewige Wahrheiten zu verkünden. Probleme werden in der Regel nur dadurch gelöst, dass mit ihrer Lösung zugleich neue Probleme geschaffen werden. Wissenschaftliche Erkenntnis umfasst, anders als in Philosophie und Religion, nicht die Welt als Ganzes. Aber diese Tatsache „ist weder ein Mangel noch ein Versagen auf ihrer Seite. Sie bedeutet, dass Erkenntnis sich strikt um ihre eigenen Angelegenheiten kümmert – die Verwandlung undurchsichtiger und ungeklärter Situationen in solche, die besser beherrscht und bedeutungsvoller sind. Nicht alles Dasein verlangt danach, erkannt zu werden, und ganz gewiss erbittet es nicht vom Denken die Erlaubnis zu existieren. Aber einiges Existierende bedarf so, wie es erfahren wird, tatsächlich der Lenkung durch das Denken, um geordnet, um schön zu sein, um bewundert, gebilligt und geschätzt zu werden. Erkenntnis bietet das einzige Mittel, durch das diese Neubestimmung der Richtung bewirkt werden kann. Erst dadurch gewinnen Teile der Erfahrungswelt einen leuchtenderen und besser organisierten Sinn, und ihre Bedeutsamkeit wird vor dem Verfall geschützt. Das Problem der Erkenntnis ist das Problem der Entdeckung von Methoden, um dieses Unternehmen der Neuausrichtung auszuführen. Es ist ein Problem, das niemals beendet ist, das immer im Prozess ist; eine problematische Situation wird aufgelöst, und eine andere tritt an ihre Stelle. Der stete Gewinn ist keine Annäherung an eine universale Lösung, sondern besteht in der Verbesserung der Methoden und in der Bereicherung der Erfahrungsgegenstände" (a.a.O., S. 296).

Allgemeine Ideen, Hypothesen sind nach wie vor wichtig. „Sie dienen einem unentbehrlichen Zweck. Sie eröffnen neue Gesichtspunkte; sie befreien uns von der Knechtschaft der Gewohnheit, die uns immer fesselt, indem sie unseren Blick sowohl auf das, was ist, wie auf das, zu was das Wirkliche werden kann, einengt. Sie lenken Operationen, die neue Wahrheiten und neue Möglichkeiten enthüllen. Sie befähigen uns, dem Druck unmittelbarer Umstände und provinzieller Grenzen zu entkommen. Das Erkennen gerät ins Taumeln, wenn die Phantasie sich selbst die Flügel stutzt oder fürchtet, sie zu benutzen. Jeder große Fortschritt in der Wissenschaft ist einer neuen Kühnheit der Imagination entsprungen. Was jetzt funktionierende Begriffe sind, die ganz selbstverständlich angewendet werden, weil sie den Überprüfungen des Experiments standgehalten und triumphierend daraus hervorgegangen sind, waren einstmals spekulative Hypothesen" (a.a.O., S. 309 f.). Die Reichweite und die Tiefe von Hypothesen kennen keine Grenzen. Aber gerade deshalb bedürfen sie, um fruchtbar zu sein, der Überprüfung. Werden sie nicht durch ein wirkliches Bedürfnis nahegelegt, durch schon erreichte Erkenntnisse bestätigt und von den Konsequenzen der Operationen, die sie hervorrufen, überprüft, dann wird Phantasie zu Phantasterei. Das bedeutet, sich von Vorstellungen zu verabschieden, die unter Bedingungen entstanden sind, die denen, unter denen wir heute leben, sehr unähnlich sind. Das bedeutet in Konsequenz, sich zu verabschieden von einer Geisteshaltung, die zu einer Hochschätzung der Wissenschaft aus falschen Gründen geführt hat. Denn nach wie vor werden auf der einen Seite „Anstrengungen unternommen, wissenschaftliche Erkenntnisse (…) zu nutzen, um moralische und religiöse Überzeugungen zu rechtfertigen, entweder im Hinblick auf eine bestimmte Form, in der sie üblicherweise vertreten werden, oder auf eine etwas vage Weise, die als erbaulich und tröstlich gilt. Auf der anderen Seite schmälern Philosophen die Wichtigkeit und Notwendigkeit der Erkenntnis, um einem System moralischer und religiöser Glaubenssätze

einen unangefochtenen Einfluss zu verschaffen" (a.a.O., S. 298). Stattdessen hat an seine Stelle zu treten eine Auffassung, die Erkenntnis als
ein Mittel der Problembewältigung betrachtet, indem sie die *Werkzeuge*,
die *Instrumente* der Erkenntnis auf eine Ebene stellt, deren Wert dem der
Ziele und *Konsequenzen* gleich ist, weil ohne sie die letzteren lediglich
akzidentell, sporadisch und instabil sind.

Ohne viel Mühe lässt sich in dieser Auffassung Deweys eine Vorwegnahme dessen erkennen, was Bruno Latour sechs Dezennien später als
ein Erfordernis bezeichnet, das mit dem Advent der Hybriden einhergeht.

Die Welt als Labor

John Deweys Fundamentalkritik
abendländischer Metaphysik

... die drei bedeutendsten Philosophen unseres Jahrhunderts:
Wittgenstein, Heidegger, Dewey

Richard Rorty

Kaum ein Philosoph und Sozialwissenschaftler ist im deutschen Sprachraum so lange ignoriert bzw. negativ konnotiert worden wie John Dewey. Wenn er zustimmend wahrgenommen wurde, dann allenfalls als Pädagoge (Dewey 2000). Schuld daran mag sein zum einen, dass die Mehrzahl seiner Werke erst sehr spät übersetzt wurde (1980, 1989, 1995, 1998, 2002, 2003, 2004, 2010), zum anderen die vernichtende, wenngleich völlig unzulängliche Kritik Max Horkheimers (1947).

Will man dem Stellenwert und der Funktion seiner Werke für die gegenwärtigen *Science and Technology Studies* gerecht werden, so gilt es vor allem, sich den Sonderweg, den die abendländische Technik und Wissenschaft genommen hat, ins Gedächtnis zu rufen. Ausgangspunkt der Analysen Deweys ist zunächst ein anthropologischer Sachverhalt: das menschliche Streben nach Sicherheit, das Bedürfnis des Menschen, Kontrolle über seine Umwelt zu erlangen. Sozialgeschichtlich lassen sich grundsätzlich zwei Möglichkeiten, Sicherheit zu erlangen, ausmachen. Die eine besteht darin, die Mächte, die den Menschen umgeben und über sein Schicksal entscheiden, gütig zu stimmen. Dieser Versuch findet seinen Ausdruck in Bittgesuchen, Opfern, zeremoniellen Riten und magischen Kulten. Insbesondere die Menschen der Vormoderne, denen die Werkzeuge und Fähigkeiten fehlten, die in späterer Zeit entwickelt wurden, bedienten sich ihrer. „Die Aufmerksamkeit, das Interesse und die Sorgfalt, die heutzutage auf den Erwerb von Geschicklichkeit beim Gebrauch technischer Hilfsmittel und auf die Erfindung von immer zweckmäßigeren Mitteln aufgewendet werden, wurden der Beobachtung von Omina gewidmet, dem Erstellen irrelevanter Prognosen, dem Vollzug ritueller Zeremonien und der Manipulation von Objekten, die magische Macht über natürliche Ereignisse besaßen" (Dewey 2001, S. 14). Dewey spricht in diesem Zusammenhang von der „religiösen Disposition" des Menschen. Im Gegensatz dazu besteht die zweite Möglichkeit darin, „Künste" zu erfinden, um sich mit ihrer Hilfe die Umwelt nutzbar zu machen. Während die erste, die phantasmagorische Methode lediglich das „Gefühl und Denken des Ich" tangiert, ist die zweite tatsächlich geeignet, die „Welt durch das Handeln zu verändern" (a.a.O., S.7). „Tun" und „Verändern" sind zwei zentrale Kategorien Deweys, die für seine weitere Argumentation wichtig geworden sind und ihm im deutschen Sprachraum den negativ konnotierten, weitgehend auf Missdeutungen beruhenden Ruf eines „instrumentellen Pragmatisten" eingetragen haben, eine Kritik, der es fast zwanghaft darum geht, die bei Dewey absichtlich, aber zu Unrecht herausgelesene „Identifizierung von Mensch und Unternehmer zu widerlegen" (Marcuse 1959, S. 140).

1. Wissenschaft und Religion

Für Dewey hat die abendländische Philosophie das Reich, mit dem sich die Religion ursprünglich befasste, geerbt, ein folgenschweres Vermächtnis, das den Lauf der Vernunft auf Jahrhunderte blockierte. Ihre Art des Erkennens unterscheidet sich von der, die den „empirischen Künsten" eigen ist, dadurch, dass sie es „mit einem Reich des höheren Seins" zu tun hat. Sie atmet „eine Luft, die reiner (ist) als die, in der das Machen und Tun existiert, das sich auf den Lebensunterhalt bezieht, ebenso wie die Tätigkeiten, welche die Form von Riten und Zeremonien annehmen, edler und dem Göttlichen näher sind als diejenigen, die in Mühe und Arbeit bestehen". Allerdings war der Wechsel von der Religion zur Philosophie, wie er sich im frühen Griechenland zu vollziehen begann, *formal* so groß, dass ihre *inhaltliche* Identität leicht übersehen wird: „Die Form ist nicht länger die der in phantasie- und gefühlvollem Stil erzählten Geschichte, sondern wird zu der des rationalen Diskurses, der die Regeln der Logik beachtet" (Dewey 2001, S. 18). Inhaltlich blieb es bei der Zwei-Welten-Theorie: der transzendentalen, ehernen Gesetzen folgenden einerseits, der profanen, durch Zufall und Beliebigkeit gezeichneten andererseits. Da die Theologie, vor allem die für das Abendland so typisch gewordene christliche, und die Wissenschaft, insbesondere die Naturwissenschaft, auf derselben, im frühen Griechentum wurzelnden Metaphysik gründen, lässt sich über Zäsuren abendländischen Erkenntnisstrebens kaum sprechen, ohne dabei das Wechselverhältnis von Wissenschaft und Religion im Blick zu behalten.

Neben der Unterscheidung zwischen höheren und niedrigeren Künsten, den freien, die stärker auf Erkenntnis und theoretischem Studium beruhten, und den mechanischen im Handwerk und in der Landwirtschaft, gab es im frühen Griechentum immer auch eine Unterscheidung zwischen den Künsten allgemein und der „Wissenschaft" im eigentlichen Sinn. Heute würden wir von der griechischen „Wissenschaft" eher von einer Protowissenschaft sprechen, weil ihr zentrale Elemente dessen, was wir seit Newton als Wissenschaft bezeichnen, fehlten.

Zwar beruhten auch die freien Künste auf dem Gebrauch des „Geistes", viel stärker als die mechanischen, aber letztlich waren sie doch, ganz im Gegensatz zur „Wissenschaft", mit Tun verknüpft, mit einer Form der Praxis allerdings, die in höherer Achtung stand als jene der mechanischen Künste. Die philosophische Tradition, wie sie zum Beispiel von Aristoteles formuliert und für das Abendland von entscheidender Bedeutung wurde, stufte die praktische Denkarbeit in den sozialen Künsten niedriger ein als das intellektuelle Streben um der reinen Erkenntnis willen, die als etwas galt, das keinerlei Nutzanwendung hatte. Für Dewey ist nun entscheidend, dass die Form, derer sich die griechische Protowissenschaft bediente und die gegenüber anderen Hochkulturen einen kaum zu überschätzenden Entwicklungssprung im Fortschreiten der Vernunft bedeutete, vermittelt über die mythologischen Inhalte des Christentums Eingang hielt in das spätere wissenschaftliche Denken des Okzidents. Indem Paulus den christlichen Mythos mit der Rationalität griechischen Denkens verknüpfte, gelang es ihm, diesen Mythos zur Basis einer Weltreligion mit abendländischer Prägung zu machen. Durch diesen Vermittlungsschritt wurde eine orientalische Metaphysik transportiert, die ein weiteres Fortschreiten der Vernunft zweitausend Jahre lang, weit über Newton hinaus, behinderte. Die Auffassung der griechischen Philosophen wäre vielleicht nur das Selbstlob einer kleinen intellektuellen Klasse geblieben, aber in dem Maße, wie sich die christliche Kirche als beherrschende Macht in Europa ausbreitete, machte sie sich in ihrer Religion diese Auffassung zu eigen. Sie übernahm von den Griechen die Form der rationalen Argumentation, des Beweises und der Abstraktion. „Die Theologie wurde als eine ‚Wissenschaft' in einem eigentümlichen, einem einzigartigen Sinn angesehen, denn sie allein war die Erkenntnis des höchsten und letzten Seins. Und die Kirche hatte einen direkten Einfluss auf die Herzen und das Verhalten, die Meinungen und Urteile der Menschen, den eine absonderte intellektuelle Klasse niemals hätte gewinnen können. Der Kirche oblag es, die Wahrheiten zu hüten und die Sakramente auszuteilen, die über das ewige Schicksal, das ewige Glück oder Unglück der Seele entschieden. So kam es dazu, dass Ideen, die in der Philosophie ihren Ursprung hatten, ihre Verkörperung in der Kultur des Christentums fanden. Infolgedessen erhielten Unterschiede und Unterscheidungen, die für das wirkliche soziale Leben charakteristisch waren, nicht nur die Sanktion der rationalen Formulierung einiger weniger philosophischer Denker, sondern jener Macht, welche die höchste

Autorität und den höchsten Einfluss im Leben der Menschen hatte." Die Folgen für die Vernunft waren desaströs. „Denn obgleich die säkulären Interessen und die Naturwissenschaft eine enorme Ausweitung erfahren und die praktischen Künste und Berufe sich ausgedehnt haben, obgleich das gegenwärtige Leben auf beinahe aberwitzige Weise von materiellen Interessen beherrscht und die Gesellschaft durch fundamentale ökonomische Kräfte organisiert wird, gibt es keine allgemein verbreitete Philosophie des Lebens, welche die traditionelle klassische in der Gestalt, wie sie vom christlichen Glauben absorbiert und modifiziert worden ist, ersetzt hätte" (a.a.O., S. 78 f.).

Im Unterschied zu archaischen Mythen bezieht die christliche Religion ihre autoritären Normen auf ein höchstes Wesen, die Natur Gottes, und leitet daraus mittels Deduktion konkrete Urteile und Verhaltensregeln für spezielle Bereiche der Moral, der Politik, des alltäglichen Lebens ab, eine in sich logische, rationale Vorgehensweise. Sozialpsychologisch handelt es sich hierbei um einen typischen Umkehrschluss: Tatsächlich werden den Phänomenen, die Gegenstand der Erfahrung sind, ewige Werte übergestülpt. Während diese ewigen Werte in der Philosophie durch analytische, hermeneutische oder wie auch immer Verfahren „erkannt" werden, beruhen sie für religiöse Menschen auf göttlicher Offenbarung. In Wirklichkeit lassen sich, wie wissenschaftstheoretische Analysen und nicht zuletzt Ereignisse der Religionsgeschichte zeigen, von einem „wahren Sein" hergeleitete Maßstäbe nicht schlüssig auf konkretes Handeln übertragen. Vielmehr können durch ein solches Transformationsverfahren die größten Menschheitsverbrechen ebenso begründet werden wie karitative Akte der Nächstenliebe. Oberste Abstraktionsebene und niedrigste Konkretionsstufe stehen, mathematisch formuliert, in keinem eindeutigen Verhältnis zueinander. Zuordnungen sind beliebig. Alles ist möglich. Tatsächlich bestand die Funktion solcher Deduktionsketten nur allzu oft in der erschlichenen Legitimation barbarischer Einzelentscheidungen. Bereits Ludwig Feuerbach hatte in seiner Analyse des Christentums (1841) darauf hingewiesen, dass die guten Taten, die Christen vollbringen, für sich bestehen. Die Fiktion eines abstrakten Gott-Subjektes, dessen konkrete Ausdrucks-Prädikate sie angeblich sind, sei nicht erforderlich. Die Prädikate des Göttlichen, Gebote, Normen, Verhaltens-Kodizes etc., sind eine Notwendigkeit zwischenmenschlichen Zusammenlebens. Sie ergeben sich vernünftigerweise aus ihm. Das Subjekt dieser Prädikate, die Existenz Gottes, ist eine

Chimäre, eine historisch gebundene Projektion des menschlichen Wesens ins Transzendente (Feuerbach 2005, S. 63 ff.).

Das Verfahren „erschlichener" Deduktionen lässt sich in einem Schema, das den Ablauf verdeutlicht, zusammenfassen:

(1)   Strategien der Lebensbewältigung, die sich aus Verhaltensregeln, Urteilen, Entscheidungen etc. zusammensetzen, sind abhängig von den Bedingungsfaktoren der Alltagswirklichkeit, zum Beispiel von ökonomischen, politischen und moralischen Determinanten.

(2)   Einer dieser Bedingungsfaktoren sind die religiösen Implikationen einer obersten Sinn-Norm, der sich die Akteure verpflichtet fühlen.

(3)   Während der in einer konkreten historischen Situation vollzogenen Ausarbeitung einer religiösen Metaphysik wird von der normgebenden Autorität die implizierte Sinn-Norm wegen ihrer die Einzelstrategien der Lebensbewältigung legitimierenden Kraft unter Ausblendung aller übrigen Bedingungsfaktoren verabsolutiert.

(4)   Die Teilwirklichkeit der Sinn-Norm wird zur „eigentlichen" erhoben, die übrigen Faktoren werden negiert oder allenfalls als Störgrößen wahrgenommen.

Die Funktion ist evident: Die Substitution des Ganzen durch einen Teil der Wirklichkeit dient der Stabilisierung einmal getroffener Entscheidungen und der Immunisierung gegen Innovationen. Durch Hinweis auf die Unverträglichkeit mit der obersten Sinn-Norm können unerwünschte Neuerungen diskreditiert und alte Sachverhalte mit dem Nimbus höherer Gültigkeit ausgestattet werden.

Für Dewey ist es „ebenso erstaunlich wie deprimierend zu sehen, dass die Menschheit so viel Energie auf den (mit Waffen des Fleisches wie des Geistes geführten) Kampf um die Wahrheit der religiösen, moralischen und politischen Glaubensbekenntnisse verwendet hat im Unterschied zu den geringen Anstrengungen, Glaubensbekenntnisse einer Überprüfung auszusetzen, indem man nach ihnen handelt." Maßstäbe, Prinzipien und Regeln sind wichtig. Würde man sie nicht deduktiv, sondern entsprechend den Methoden experimenteller Empirie anwenden, würde deutlich werden, dass sie wie alle anderen Glaubenssätze und Bekenntnisse über das Gute und die Güter nichts anderes als Hypothesen sind. „Sie wären nicht länger starr und unveränderlich, sondern intellektuelle Werkzeuge, die durch Folgen, die sich aus ihrer Anwendung ergeben, zu überprüfen und zu bestätigen – oder zu ändern – sind. Sie würden allen Anspruch auf Endgültigkeit verlieren – die letzte Quelle des Dogmatismus." Eine solche Veränderung „würde die Intoleranz und den Fanatismus beseitigen, die aus der Vorstellung folgen, Überzeugungen und Urteile könnten eine inhärente Wahrheit und Autorität haben; inhärent in dem Sinne, dass sie unabhängig davon sind, wohin sie führen, wenn sie als leitende Prinzipien benutzt werden." Für Dewey ist jeder Glaube als solcher ein Versuch, eine Annahme, eine zu überprüfende Hypothese: Man handelt nicht einfach aufgrund des Glaubens, sondern er soll im Hinblick auf seine Aufgabe als handlungsanleitend geformt werden. „Wenn er als Werkzeug begriffen wird und nur als Werkzeug, als Instrument der Lenkung, wird auf seine Formation dieselbe skrupulöse Aufmerksamkeit verwandt werden wie jetzt auf die Fertigung von Präzisionsinstrumenten in technischen Bereichen. Statt stolz darauf zu sein, Überzeugungen und ‚Prinzipien' aus Loyalität zu akzeptieren und zu behaupten, werden die Menschen sich dieses Verfahrens vielmehr schämen, wie sie es heute tun würden, wenn sie zugeben müssten, dass sie einer wissenschaftlichen Theorie aus Verehrung für Newton oder Helmholtz oder wem auch sonst immer zustimmen, ohne die Beweise zu berücksichtigen" (Dewey, a.a.O., S. 277 f.). In seiner weiteren Argumentation nähert Dewey sich den Implikationen einer Moraltheorie an, wie sie vierzig Jahre später auf empirischer Grundlage von Lawrence Kohlberg (1968) formuliert wird. „Ein moralisches Gesetz ist ebenso wenig wie ein Gesetz in der Physik etwas, worauf man schwört und woran man unter allen Umständen festhält; es ist eine Formel, die die Art der Reaktion unter spezifizierten Bedingungen zum Ausdruck bringt. Seine Gültigkeit und Angemessenheit werden daran überprüft, was geschieht, wenn man danach handelt. Sein Anspruch oder seine Autorität beruhen letztlich auf dem Zwang der Situation, mit der man fertig zu werden hat, nicht auf seiner eigenen inneren Natur – wie jedes Werkzeug seine Würde in dem Maße gewinnt, wie es Bedürfnissen dient. Die Vorstellung, das Festhalten an Maßstäben, die den Gegenständen der Erfahrung äußerlich sind, sei die einzige Alternative zu Verwirrung und Gesetzlosigkeit, galt auch einmal in der Naturwissenschaft. Aber erst in dem Augenblick, als man sie fallen ließ und Hinweise und Überprüfungen anwandte, die sich in konkreten Handlungen und Gegenständen fanden, machte die Erkenntnis Fortschritte. Die Überprüfung der Folgen ist anspruchsvoller als die

Überprüfung, die von unveränderlichen allgemeinen Regeln geleistet wird" (a.a.O., S. 278).

Für Dewey hängt die Differenz zwischen dem, was Menschen tun, und ihrem nominellen Bekenntnis eng zusammen mit den Verwirrungen und Konflikten des modernen Denkens. Was immer Menschen sagen und bekennen mögen, angesichts wirklicher Alltagsprobleme greifen sie zu natürlichen und empirischen Mitteln, um sie zu lösen. Aber formell besteht die alte Überzeugung fort, dass die Güter und Maßstäbe der gewöhnlichen Erfahrung inhärent verfälscht und unwürdig sind. Alle Theorien, welche die Umwendung „des Auges der Seele" an die Stelle einer Veränderung natürlicher und gesellschaftlicher Gegenstände setzen, welche die Sachverhalte modifizieren, die tatsächlich Gegenstand der Erfahrung sind, sind für Dewey gleichbedeutend mit einem Rückzug, einer Flucht aus der Realität und Ausdruck eines subjektiven Egoismus. „Das typischste Beispiel ist vielleicht die Jenseitigkeit, die sich in Religionen findet, deren Hauptanliegen die Rettung der eigenen Seele ist. Aber Jenseitigkeit findet sich eben sowohl im Ästhetizismus, überhaupt überall, wo sich jemand in einem Elfenbeinturm einschließt" (a.a.O., S. 257, 275).

Die Philosophien Platons und Aristoteles' sind „Systematisierungen des Inhalts der religiösen und künstlerischen Anschauungen der Griechen in rationaler Form" (a.a.O., S.20). Darin besteht, historisch einmalig, ihr erkenntnistheoretischer Fortschritt: Diese „Systematisierung brachte eine Reinigung mit sich. Die Logik lieferte die Strukturen, denen sich letztlich die realen Gegenstände anzubequemen hatten, während die Naturwissenschaft in dem Grade möglich war, in dem die natürliche Welt, selbst in ihrer Veränderlichkeit, eine Exemplifizierung letzter unveränderlicher rationaler Gegenstände darstellte. Auf diese Weise wurden zusammen mit der Eliminierung von Mythen und gröberen abergläubischen Vorstellungen die Ideale der Wissenschaft und eines Lebens der Vernunft errichtet. Zwecke, die sich vor der Vernunft rechtfertigen konnten, sollten bei der Steuerung des Verhaltens an die Stellen von Sitte und Brauch treten. Diese beiden Ideale bilden einen dauernden Beitrag zur abendländischen Zivilisation" (ebda.).

2. Die Metaphysik des Parmenides und ihre Folgen

Zentrale Verfahrensvorschriften und Charakteristika dessen, was wir heute „Wissenschaft" nennen, die Vorstellung des mit sich selbst identischen Subjekts und Objekts, die Grundlagen der formalen Logik und des abstrakten Denkens, der Kritik und des systematischen Zweifels sowie die Prinzipien und Mechanismen, nach denen sie funktionieren und die ihnen zugrunde liegen, Abstraktion und Isolation, Deduktion und Reduktion, Kausalität und Wahrscheinlichkeit, all jene Denkformen und -methoden haben ihren Ursprung im Denken der Vorsokratiker, insbesondere des Parmenides. Das Verfahren der isolierenden Abstraktion und die Argumentationsfigur des Beweises, wie sie die nachhomerischen Griechen entwickelt haben, sind zentrale Erkenntnismittel und Konstruktionsprinzipien der zeitgenössischen Wissenschaft und Technologie geworden. Allerdings verblieb das griechische Philosophieren, dem Klassencharakter der *Polis* geschuldet, auf einer kontemplativen, vom unmittelbaren Reproduktionsgeschehen der Gesellschaft abgehobenen Ebene des Wissens, ein Sachverhalt, der sich erst im Gefolge der europäischen Renaissance ändern sollte, in der sich das „griechische Mirakel" als „europäisches" zu wiederholen begann. Die Denkfigur des Beweises etwa, so wie wir sie heute kennen: als Instrument der Wahrheitsfindung, war bei den Griechen, die dieses Instrument erfunden haben, ein rhetorisches Mittel der Überzeugung, nicht so sehr der Wahrheitsfindung. Dementsprechend handelte das „lang andauernde Symposion" der griechischen Philosophie weniger von den Verhältnissen zwischen Menschen und Dingen als von den Beziehungen der Menschen untereinander. Nicht die Techniken der Bearbeitung der natürlichen Welt, sondern die Verfahren der Kommunikation, mittels derer die Menschen Einfluss aufeinander nehmen, waren ihr Thema. Der Beobachtung von Naturerscheinungen haben die griechischen Philosophen nur wenig systematisches Wissen entnommen. In ihrem Denken haben sie sich der physikalischen Wirklichkeit der Natur nicht sehr weit angenähert. Es blieb eng mit ihren sozialen, mit ihren politischen Vorstellungen verbunden. Der Begriff des Experiments etwa ist ihnen fremd geblieben. Sie haben eine Mathematik geschaffen, ohne sie bei der Erforschung der Natur anzuwenden. Es bestand für sie auch überhaupt keine Notwendigkeit, sich empirisch mit der Natur zu befassen, weil ihr Dasein als Vollbürger der *Polis* durch Sklavenarbeit sichergestellt war. Die sich daraus ergebende Erkenntnis-

schranke bildet einen der thematischen Schwerpunkte in der Argumentation Deweys. „Arbeit war lästig und mühsam, und auf ihr lastete ein ursprünglicher Fluch. Sie wurde unter dem Zwang und Druck der Notwendigkeit verrichtet, während geistige Tätigkeit mit Muße verbunden ist.
Aufgrund ihrer Unannehmlichkeit wurde so viel wie möglich an praktischer Tätigkeit Sklaven und Leibeigenen aufgebürdet. Auf diese Weise
wurde die soziale Missachtung, in der diese Klasse stand, auf die Arbeit
ausgedehnt, die sie tat" (Dewey 2001, S. 8 f.). Diese „Abwertung des
Handeln, des Tuns und Machens, ist von den Philosophen kultiviert worden" (ebda.). Deshalb dürfen bei allen Erkenntnisfortschritten, die uns
die griechische Philosophie beschert hat, deren Begleitumstände, die sich
als folgenschwere Erkenntnisschranke erweisen sollten, nicht vergessen
werden. „Sie führten zur Idee eines höheren Reichs einer unwandelbaren
Realität, von der allein wahre Wissenschaft möglich ist, und einer niedrigeren Welt der wandelbaren Dinge, mit denen es Erfahrung und Praxis
zu tun haben. Sie verherrlichten das Unwandelbare auf Kosten des Wandels, wobei evident ist, dass alle praktische Tätigkeit in den Bereich des
Wandels fällt. Sie vermachten uns die Vorstellung, welche die Philosophie seit den Zeiten der Griechen unablässig beherrscht hat, dass die
Aufgabe des Erkennens darin bestehe, das aller Erkenntnis vorausgehende Reale zu enthüllen, statt, wie es mit unseren Urteilen der Fall ist,
die Art von Verstehen zu gewinnen, die notwendig ist, um mit den Problemen, wie sie jeweils gerade entstehen, fertig zu werden" (a.a.O, S. 20 f.).

3. Hellenisiertes Christentum: Europas Rückkehr zum Mythos

Die Pointe der Argumentation Deweys besteht darin, dass nicht der zeitbezogene spezifische Inhalt des griechischen Denkens für die moderne
Philosophie und Wissenschaft von Bedeutung und somit zum Verhängnis
geworden ist, sondern „dessen Insistenz, dass Sicherheit sich an der Gewissheit des Erkennens bemisst, während die Erkenntnis selbst durch die
Treue zu unbewegten und unwandelbaren Gegenständen gemessen wird,
die deshalb unabhängig von dem sind, was Menschen praktisch tun"
(Dewey 2001, S. 33 f.). Entscheidend ist, dass dieser „Sündenfall", diese
Flucht in die Transzendenz, das Fortschreiten abendländischer Vernunft,
das im griechischen Denken seinen Anfang genommen hatte, vermittelt

über die Religion des Christentums, zwei Jahrtausende lang blockierte. Institutionalisiert in der katholischen Kirche des römischen Weltreichs gewann ein orientalischer Mythos wieder Macht über das Denken der Menschen, und eine christliche Theologie legte sich wie Raureif auf das in ersten Ansätzen entstandene wissenschaftliche Denken.

Beschritt die Philosophie der griechischen *Polis* den Weg vom Mythos zum Logos, so kehrte sich dieses Verhältnis mit dem Verfall der *Polis* um. Der Mythos lebte wieder auf. Mit seiner Ausbreitung „gewannen die ethisch-religiösen Züge allmählich die Oberhand über die rein rationalen. Die höchsten autoritativen Maßstäbe, die das Verhalten und die Zwecke des menschlichen Willens bestimmten, und die Maßstäbe, die den Forderungen nach notwendiger und universaler Wahrheit genügten, wurden vereinigt" (a.a.O., S. 254). Zu Recht konnte deshalb Harnack von der „Hellenisierung des Christentums" (1900) sprechen, mit dem gleichen Recht aber Meyer von der Überformung hellenistischer Vernunft und Aufklärung durch orientalischen Mysterienkult und Aberglauben (1923). Die im Christentum aufgehobene orientalische Gnosis entzog sich der Vernunft. Sie ist übernatürlicher Art. Sie wird dem irrenden und vergeblich den Heilsweg suchenden Menschen durch einen Gnadenakt, durch Offenbarung, von der Gottheit gewährt. Sie verlangt willenlose Unterordnung und Hingabe. Nicht der Verstand, der nur auf hoffnungslose Irrwege, aber niemals zu richtiger Erkenntnis führen kann, ist das Maßgebende, sondern das Gefühl und das mystische Ahnen des Gemüts, das vom „Geist" der Gottheit ergriffen wird. Hinzu kam, dass die Autorität dieser Gottheit, dieses höchsten Seins auf der Erde, durch eine mächtige Institution repräsentiert wurde. „Was seiner Natur nach den Intellekt transzendierte, wurde durch eine Offenbarung verbreitet, deren Interpret und Hüter die Kirche war. Dieses System bestand über Jahrhunderte, und solange es währte, ermöglichte es der abendländischen Welt eine Integration von Glauben und Verhalten. Die Einheit von Denken und Handeln erstreckte sich bis auf jedes Detail der Lebensführung. Die Wirksamkeit dieses Systems hing nicht vom Denken ab. Es wurde durch die mächtigste und autoritativste aller gesellschaftlichen Institutionen garantiert" (Dewey 2001, S. 254 f.). „Erst die wissenschaftliche Revolution des 17. Jahrhunderts bewirkte hier eine einschneidende Veränderung. Die Wissenschaft selbst übertrug mit Hilfe der Mathematik das Verfahren des beweisenden Erkennens auf natürliche Gegenstände"

(a.a.O., S. 32). Nicht durch Offenbarung, sondern durch „das natürliche
Licht" des Intellekts wurde nun Erkenntnis gewonnen.

4. Newtons experimentelle Empirie und ihre Folgen

Die „Gesetze" der natürlichen Welt erhielten im Gefolge des Kopernikus
jenen unveränderlichen Charakter, der im griechischen Denken nur den
rationalen und idealen Formen eigen gewesen war. „Die Intellektuellenklasse fand jetzt die Stütze und den Trost, die Garantie der Sicherheit, die
bislang von der Religion geliefert worden waren, in dem intellektuellen
Nachweis der Realität der Gegenstände eines idealen Reiches" (a.a.O., S.
254). Dadurch, dass eine mathematische Naturwissenschaft, die in der
Sprache der Mechanik formuliert war, den Anspruch erhob, die einzig
rationale Welterklärung zu sein, verloren die älteren Philosophien ihre
Verbindung zur wissenschaftlichen Naturerklärung und die Unterstützung, die ihnen von dorther zuteil geworden war. Hierbei handelte es sich
um einen durchaus widersprüchlichen Prozess, den zu erklären ein blei-
bendes Verdienst Deweys ist.

Als einer der ganz wenigen Philosophen bzw. Sozialwissenschaftler
hat er, abgesehen von Ernst Cassirer (1991, S. 401 ff.), schon sehr früh
auf die überragende Bedeutung Newtons nicht so sehr als Entdecker des
Gravitationsgesetzes, sondern als Begründer einer neuen Erkenntnistheorie hingewiesen. Newton vollzieht die Integration von mathematischer
Methode und sinnlicher Empirie, indem er beide Momente durch Messregeln miteinander verknüpft: im Experiment, handlungspraktisch. Der
Status, den die Mathematik im Rahmen der Naturerkenntnis bei Newton
einnimmt, ist nicht mehr, wie noch bei Galilei, grundlegendes Prinzip der
Natur selbst, sondern ein Hilfsmittel der Darstellungsweise. Und anders
als bei Bacon wird die Empirie im Experiment, systematisch unter die
Bedingungen apriorischer Annahmen gestellt. Im messenden Experiment
quantifizierender Naturerfassung wird die Theorie, und das ist das alles
entscheidende Novum in der Synthese, die Newton vornimmt, nicht als
Mittel zur Bearbeitung fertiger Tatsachen verwendet, sondern, umgekehrt, durch theoretische Kriterien wird allererst ermittelt und entschieden, was als empirische Tatsache anzusehen ist. Durch die messende
Vermittlung von theoretischer Physik und empirischem Experiment ver-

liert die Theorie ihren ontologischen Begriffsapparat und das Experiment seine Abhängigkeit von den Sinneswahrnehmungen. Es geht nicht mehr so sehr um das „Warum", sondern um das „Wie". Darin besteht die gemeinsame Basis sowohl der exakten Naturwissenschaften als auch der industriellen Produktionstechniken, die, zunächst noch organisatorisch und institutionell getrennt, etwa ab 1880 beginnen, auch real miteinander zu verschmelzen (Jones 1992, Mokyr 2002). Die Natur hat als reales Phänomen Eingang in die wissenschaftliche Analyse gefunden in einer Weise, dass durch die angewendeten Messregeln jene empirischen Grundlagen erst erzeugt werden, die eine identische Reproduktion von Naturerscheinungen als Naturgesetze theoretisch formulierbar und mittels Maschinen praktisch anwendbar werden lassen (Tetens 1987, Pulte 2005). Durch sie entstehen überhaupt erst die absolut gültigen, „objektiven" Naturgesetze (Dingler 1952, S. 21). Damit sind die Basiskriterien der technisch-instrumentellen Verfügung über die Natur formuliert, die in der Technologie des neunzehnten Jahrhunderts dann umfassend zur Anwendung gelangten (Dewey 2001, S. 82). Das messende Experiment Newtons ist, so gesehen, die modellhafte Antizipation industrieller Produktionspraxis, ein Phänomen, das, als „europäisches Mirakel" bezeichnet, seinen Ausgang in England genommen hat (Perkin 1969, Crafts 1977). Es ist an zwei sozialökonomische Voraussetzungen gebunden, die im frühen Griechenland nicht gegeben waren: (1) Es entsteht ein „innerer Warenmarkt", in den auch die menschliche Arbeitskraft sowie Grund und Boden einbezogen sind. Sklaverei, Kolonentum und Leibeigenschaft haben ihre sozialhistorische Bedeutung verloren. (2) Geld wird nicht mehr thesauriert bzw. unproduktiv konsumiert, sondern Profit bringend investiert. In der „ursprünglichen Akkumulation" (Marx 1967, S. 741-791) schafft sich das Kaufmannskapital seine eigene technologische Grundlage und mutiert zur „großen Industrie".

Die erkenntnistheoretische Revolution, die mit Newton zu einem vorläufigen Ende gekommen ist, bezeichnet Dewey als Übergang von der *empirischen* zur *experimentellen* Erfahrung. Erstere umfasste „die in der Erinnerung an eine Vielzahl vergangener Taten und Leiden angehäuften Resultate, die man ohne Kontrolle durch die Einsicht besaß, wenn dieser Erfahrungsbestand beim Umgang mit aktuellen Situationen sich als praktisch tauglich erwies. Sowohl die ursprünglichen Wahrnehmungen und Verwendungen wie die Anwendung von deren Ergebnis auf das gegenwärtige Tun waren akzidentell – das heißt, keines war durch ein

Verständnis der Beziehungen von Ursache und Wirkung, von Mittel und Folge, die dabei im Spiel waren, determiniert. In diesem Sinne waren sie nichtrational, unwissenschaftlich" (Dewey, a.a.O., S. 84). So war die ästhetische Einstellung der Griechen auf das gerichtet, was schon da war, auf das, was vollendet, beendet war. Die empirische Erfahrung, derer sie sich bedienten, war eine Kunst, Dinge so hinzunehmen, wie sie genossen und erlitten wurden. Die moderne experimentelle Erfahrung hingegen ist eine Kunst der Beherrschung. Sie ist durch drei herausragende Merkmale charakterisiert. „Das erste Merkmal ist offenkundig: Alles Experimentieren impliziert *offenes* Tun; es bewirkt bestimmte Veränderungen in der Umwelt oder in unserem Verhältnis zu ihr. Das zweite Merkmal besteht darin, dass ein Experiment keine Zufallsaktivität ist, sondern von Ideen gelenkt wird, die den Bedingungen genügen müssen, welche die Erfordernisse des Problems, das die Forschungstätigkeit in Gang gesetzt hat, stellen. Das dritte und letzte Merkmal, in dem die beiden anderen erst ihren Sinn haben, besteht darin, dass das Ergebnis dieser gelenkten Tätigkeit in der Schaffung einer neuen empirischen Situation besteht, in der Gegenstände auf verschiedene Weise aufeinander bezogen sind, und zwar so, dass die *Konsequenzen* der gelenkten Handlungen die Gegenstände bilden, die die Eigenschaft haben, erkannt zu sein" (a.a.O., S. 89).

Die experimentelle Erfahrung arbeitet mit Quantitäten statt mit Qualitäten. Sie setzt Daten an die Stelle von Gegenständen. Ihr geht es um Zukünftiges, um ein Hervorbringen. Nicht die Definition von Objekten ist ihr Ziel, sondern die Entdeckung konstanter Beziehungen zwischen Veränderungen. Naturerscheinungen werden durch Messapparate erfasst. Artefakte treten an die Stelle der Sinnesorgane. Sie schieben sich zwischen den Menschen und die zu beobachtende Natur. Durch das messende Experiment wird eine Konstanz der „Natur" erzeugt, die in der natürlichen Wirklichkeit nicht existiert. Entscheidend ist, dass auch die Messapparate Resultat von Handlungsfolgen sind, technische Apparate, in die bestimmte Zwecksetzungen konstitutiv eingegangen sind, Absichten, die der Herstellung zugrunde lagen. Für die Griechen hingegen waren Geometrie und Zahl Mittel, um direkt beobachtete natürliche Phänomene zu ordnen. „Sie waren Prinzipien des Maßes, der Symmetrie und der Einteilung, die wesentlich ästhetischen Kanons genügten" (a.a.O., S. 95).

Die Wissenschaft musste beinahe zweitausend Jahre warten, bis die Mathematik mittels Gleichungen und anderer Funktionen zu einem Mittel der Analysis wurde, der Zerlegung in Elemente um der Neuzusammensetzung willen. So wie das „griechische Mirakel" einen kulturellen Epochenbruch darstellte, so markiert das „Newtonian Age" in vergleichbarer Weise einen grundlegenden Wandel im Verhältnis der Menschen zu ihrer Umwelt. „Der entscheidende Unterschied zwischen der Einstellung, welche die Gegenstände der gewöhnlichen Wahrnehmung, des Gebrauchs und des Genusses als endgültig, als Kulminationen natürlicher Prozesse hinnimmt, und der, welche sie zu Ausgangspunkten für die Reflexion und die Forschung macht, geht weit über die technischen Fragen der Wissenschaft hinaus. Er bedeutet eine Revolution des Lebensgefühls, der gesamten Einstellung zur Wirklichkeit als ganzer" (a.a.O., S. 102). Für die Griechen war Veränderung ein unvermeidbares Übel. Die Welt der Erscheinungswirklichkeit, das heißt, der Veränderung, war im Vergleich mit dem Wandellosen ein niedrigeres Reich. Wer es sich leisten konnte, wandte sich von ihm ab und dem rationalen, dem geistigen Reich zu, eine Fluchtbewegung, die im religiösen Christentum des Mittelalters ihre Fortsetzung fand. Sie verdammte die Intelligenz zu einer Position der Ohnmacht. Ihre Aktivität war kaum mehr als eine genussvolle Nutzung von Mußestunden. Die Lehre, dass sie den höchsten Wert darstellte, ist für Dewey „eine Kompensation für die Ohnmacht, zu der sie verdammt wurde, im Unterschied zu der Kraft, der ausführenden Tätigkeiten" (a.a.O., S. 215). Anders verhält es sich in der Welt experimenteller Erkenntnis, eine Form des Tuns, das wie alles Tun zu einer bestimmten Zeit, an einem bestimmten Ort unter spezifizierbaren Bedingungen in Verbindung mit einem bestimmten Problem stattfindet: „Wenn die Dinge, die um uns herum existieren, die wir berühren, sehen, hören und schmecken, als Fragen angesehen werden, auf die eine Antwort gesucht werden muss (und zwar dadurch, dass wir ganz bewusst Veränderungen vornehmen, bis die Dinge in etwas anderes umgeformt worden sind), dann hört die Natur, wie sie schon besteht, auf, etwas zu sein, das gerade so, wie es ist, hingenommen und anerkannt, ertragen oder genossen werden muss. Sie ist jetzt etwas, was verändert, was bewusst kontrolliert werden muss. Sie ist Material, auf das man einwirken muss, um es in neue Objekte zu transformieren, die unseren Bedürfnissen besser genügen. Die Natur ist so, wie sie zu irgendeinem bestimmten Zeitpunkt existiert, eher eine Herausforderung als eine Vollendung; sie stellt eher mögliche Ausgangspunkte und Gelegenheiten dar als endgültige Ziele" (a.a.O., S. 102 f.). Für die experimentelle Erfahrung sind die Gegenstände der Natur das Material der Probleme, nicht der Lösungen. Experimentelle Erfahrung ist „eine *zielgerichtete Aktivität*, ein Tun, das die Bedingungen verändert, unter denen wir Gegenstände beobachten und handhaben, und zwar dadurch, dass wir sie neu anordnen" (a.a.O., S. 125). Dementsprechend handelt es sich bei ihnen nicht so sehr um Gegenstände der Erkenntnis als vielmehr um Gegenstände, die erkennt werden *sollen*. „Der erste Schritt der Erkenntnis besteht darin, die Probleme zu lokalisieren, die der Lösung bedürfen." Er wird „dadurch vollzogen, dass man die sichtbaren und gegebenen Qualitäten verändert." Dadurch entstehen „Wirkungen". Sie sind es, „die verstanden werden *sollen*, und sie werden verstanden, wenn man weiß, wie sie hervorgebracht werden" (a.a.O., S. 106). Die Nomenklatur, in der wir wissenschaftliche Gegenstände denken, stammt demzufolge weder aus den Sinnen noch aus Begriffen *a priori*. Ihre Gültigkeit hängt vielmehr ab von den Konsequenzen der Handlungen, die den Denkgegenstand definieren (a.a.O., S. 131). Der grundlegende Irrtum traditioneller Erkenntnistheorie besteht Dewey zufolge „in der Isolierung und Fixierung einer bestimmten Phase des gesamten Prozesses der Forschung bei der Lösung problematischer Situationen ... Manchmal werden Sinnesdaten so genommen (wie sie sind), manchmal Begriffe, manchmal schon bekannte Gegenstände. Eine einzelne Episode in einer Reihe operationaler Akte wird festgehalten und dann in ihrer Isolierung und der daraus folgenden fragmentarischen Form zur Grundlage der Erkenntnistheorie insgesamt gemacht" (a.a.O., S. 189). Zwar gibt es keine Erkenntnis ohne Wahrnehmung, aber wahrgenommene Gegenstände werden nur *erkannt*, wenn sie als Konsequenzen miteinander verbundener Operationen bestimmt sind (a.a.O., S. 268).

Darin, im messenden Experiment die Wissenschaft auf eine neue Stufe der Erkenntnis gehoben zu haben, darin vor allem besteht das bleibende Verdienst Newtons. Als einer der ganz wenigen Philosophen bzw. Sozialwissenschaftler auf diesen Sachverhalt aufmerksam gemacht zu haben, darin besteht das bleibende Verdienst Deweys. Aber er geht noch einen Schritt weiter. Er kritisiert Newton dafür, dass er diesen Schritt nur halbherzig vollzogen hat, dass er in seiner Metaphysik, ganz im Gegensatz zu seinem praktischen Tun als Naturforscher, der tradierten Vorstellung verhaftet blieb, Erkenntnis sei eine Enthüllung der Realität, einer Realität, die der Erkenntnis vorangeht und von ihr unabhängig ist. Durch Newton wurde zwar das niedrige Reich der Veränderungen, das Gegenstand der Meinung und Praxis gewesen war, endgültig zum einzigen und alleinigen Gegenstand der Naturwissenschaft. Aber trotz dieser Revolution, die er faktisch vollzog, behielt er die alte Auffassung bei, die ihre Wurzeln im griechischen Denken hat und durch die Kirche des Abendlandes tradiert worden war: „dass Erkenntnis sich auf eine vorgängige Realität beziehe und die moralische Lenkung von den Eigenschaften dieser Realität abgeleitet sei" (a.a.O., S. 98). Infolgedessen haben viele Denker, die tief von der modernen Wissenschaft beeinflusst sind, zwar aufgehört, an die göttliche Offenbarung als höchste Autorität zu glauben und hängen statt dessen der natürlichen Vernunft an. „Aber dass das Gute als definierende Eigenschaft des letztlich Realen den höchsten Rang innehat, blieb die gemeinsame Prämisse von Juden, Katholiken und Protestanten. Wenn sie nicht durch die Offenbarung verbürgt wurde, dann durch ‚das natürliche Licht' des Intellekts. Dieser Aspekt der religiösen Tradition war so tief in der europäischen Kultur verwurzelt, dass kein Philosoph, außer überzeugten Skeptikern, seinem Einfluss entging" (a.a.O., S. 56). Der für die abendländische Philosophie so typische Dualismus von Theorie und Praxis, von Geist und Körper, von Vernunft und Erfahrung blieb weiterhin bestehen. Für Paul Feyerabend, acht Dezennien später, äußert sich in diesem Sachverhalt das zentrale Charakteristikum abendländischen Erkenntnisstrebens. Aus ihm speisen sich nahezu alle wesentlichen Probleme der zeitgenössischen Philosophie. Starre Formen, scharfe Unterscheidungen, eindeutige Begriffe, die sich von der schaffensträchtigen Welt entfernten, traten an die Stelle eines Denkens, für das Bewegung, Übergang, Produktionsfähigkeit wesentlich sind. Einen langen Umweg, eine wahre Odyssee musste das Denken durchschreiten, bis es sich heute der wirklichen Welt wieder zu nähern beginnt (Feyerabend 2009, S. 186 f.).

Faktisch war die „Zuschauer-Theorie des Wissens" seit Newtons messenden Experimenten am Ende. Sie mochte, historisch gesehen, unvermeidlich gewesen sein, solange man das Denken als Ausübung einer vom Körper unabhängigen „Vernunft" ansah, die mittels logischer Handlungen Wahrheit erlangte. Nun aber, wo experimentelle Verfahren des Erkenntnisgewinns zur Verfügung standen und die Rolle der organischen Akte in allen mentalen Prozessen zunehmend ins Bewusstsein drang, wurde sie zum Anachronismus. „Es war logisch unvermeidlich, dass bei einem weiteren Fortschritt der Wissenschaft auf dem experimentellen Weg früher oder später klar werden würde, dass alle Begriffe, alle intellektuellen Darstellungen auf der Basis wirklicher oder in der Vorstellungskraft möglicher Operationen formuliert werden müssen. Es sind keine Methoden denkbar, mittels experimenteller Operationen bis zur Existenz letzter unwandelbarer Substanzen vorzustoßen, die miteinander in Wechselwirkung treten, ohne eine Veränderung an sich zu erfahren. Infolgedessen haben sie keinen empirischen, keinen experimentellen Rang; sie sind rein dialektische Erfindungen. Sie waren nicht einmal nötig für die Anwendung der mathematischen Methode Newtons. Der größte Teil seiner analytischen Arbeit in der *Principia* bliebe unverändert, wenn (sie) fallengelassen würden" (Dewey 2001, S. 121). Aus welchen Gründen, fragt Dewey, behielt Newton, obwohl er den experimentellen und mathematischen Weg beschritt, eine historisch überholte Metaphysik bei? Er tat dies, weil „das Denken der Menschen, einschließlich der Naturforscher, immer noch von der alten Vorstellung beherrscht wurde, die Realität müsse, um solide und sicher zu sein, aus jenen festen, unwandelbaren Dingen bestehen, welche die Philosophie Substanzen nennt. Veränderungen können nur *erkannt* werden, wenn sie irgendwie auf Neukombinationen ursprünglicher unwandelbarer Dinge zurückgeführt werden können. Denn diese allein können Gegenstände der Gewissheit sein – das sich Verändernde ist als solches das Ungewisse –, und nur das Gewisse und Exakte ist Erkenntnis. Auf diese Weise beherrschte eine populäre Metaphysik, die den Griechen ihre rationale Formulierung verdankte und in die intellektuelle Tradition des Abendlandes übernommen worden war, anfangs die Interpretationen, die den Verfahren und Schlussfolgerungen der experimentellen Erkenntnis gegeben wurde" (a.a.O., S. 122).

Die Differenz ist deshalb wichtig, weil sie auf unterschiedlichen sozialhistorischen Voraussetzungen beruht. Griechisches Denken war abgehoben und losgelöst vom gesellschaftlichen Reproduktionsgeschehen. Newtons experimentelle Empirie hingegen war die Vorwegnahme der „großen Industrie" im Labor. Dewey wird nicht müde, immer wieder darauf hin zu weisen, dass sich „die Geschichte der Konstruktion zweckmäßiger Operationen auf wissenschaftlichem Gebiet im Prinzip nicht von der Geschichte ihrer Evolution in der Industrie unterscheidet" (a.a.O., S. 116 f.). Die Methode der Wissenschaft ist dieselbe, die in der Technologie angewendet wird. Beide „sind dadurch charakterisiert, dass sie Beziehungen enthüllen" (a.a.O., S. 127), dass „dieselbe Art bewusster Herstellung und Beherrschung von Veränderungen, die im Laboratorium stattfindet, auch in der Fabrik, auf der Schiene und im Kraftwerk angestrebt wird" (a.a.O., S. 87 f.). Wenn es überhaupt einen Unterschied gibt, dann ist er „lediglich praktischer Natur; er liegt in der Größenordnung der verrichteten Handlungen, dem geringen Grad an Kontrolle durch Isolierung wirksamer Bedingungen und besonders in dem Zweck, um dessentwillen die Beherrschung der Modifikationen natürlicher Realitäten und Energien angestrebt wird; besonders, da das beherrschende Motiv für die umfassende Regelung des Ganges der Veränderung materieller Komfort oder finanzieller Gewinn ist" (ebda.). Darin vor allem, in der Entstehung einer technischen Industrie und Geldwirtschaft, unterscheidet sich die gegenwärtige Situation von früheren (a.a.O., S. 78). In diesem Punkt trifft Dewey sich mit Heidegger, für den die Technik nicht nur der letzte Ausläufer und Vollender der Metaphysik ist, sondern zugleich ihr innerster Wesenskern (1962). Und er zeigt sich verwundert: „Angesichts dieses Wandels in der Zivilisation ist es erstaunlich, dass immer noch dieselben Vorstellungen vom Geist und seinen Erkenntnisorganen bestehen, zusammen mit der Vorstellung von der Unterlegenheit der Praxis gegenüber dem Intellekt, die sich in der Antike angesichts einer gänzlich anderen Situation entwickelt haben" (Dewey 2001, S. 88). Seine weiteren Ausführungen sind unmittelbar anschlussfähig an zentrale Kernaussagen Bruno Latours ein halbes Jahrhundert später, denen zu Folge Gesellschaft und Natur, vermittelt durch Technologie, zu einem Hybrid verschmelzen. Die Gesellschaft selbst, als Ganzes, ist inzwischen zum Labor geworden (Latour 1988). Handeln besteht heute nicht mehr so sehr „in der Verwirklichung oder Umsetzung eines Plans, sondern in der Erkundung unbeabsichtigter Folgen einer provisorischen und revidierbaren Version eines Projekts" (Latour 2001, S. 31). Im Gegensatz zum klassischen Labor zeichnen sich die Fragestellungen, die heute im Rahmen der Verwissenschaftlichung gesellschaftlicher Problemfelder einer „sozial robusten" und „nachhaltigen Lösung" bedürfen, durch zwei Kerneigenschaften aus: Ungewissheit und Wertorientierung. „Infolge dieser Transformation (muss) der Maßstab des Urteils von den Vorbedingungen auf die Folgen übergehen, von der trägen Abhängigkeit von der Vergangenheit auf die bewusste Konstruktion der Zukunft" (Dewey 2001, S. 290). Eine dem entsprechende empirische Philosophie hätte „eher prophetisch als deskriptiv" zu sein (a.a.O., S. 80). Diese Umkehrung hat viele Aspekte, die untereinander verknüpft sind. Aber *eine* Veränderung ragt mit aller Deutlichkeit heraus: „Der Geist ist nicht länger ein Zuschauer, der die Welt von außen betrachtet und seine höchste Befriedigung im Genuss

einer sich selbst genügenden Kontemplation findet. Der Geist ist in der
Welt als ein Teil ihres voranschreitenden Prozesses. Er ist als Geist durch
die Tatsache charakterisiert, dass überall da, wo er sich findet, die Veränderungen in einer *zielgerichteten* Weise stattfinden, so dass eine Bewegung bestimmte, einsinnige Richtung – vom Zweifelhaften und Verworrenen zum Klaren, Gelösten und Geklärten – nimmt. Vom Erkennen
als einem Betrachten von außen zum Erkennen als aktiver Teilnahme am
Drama einer sich voran bewegenden Welt – das ist der historische Übergang", dessen Geschichte Dewey nachvollzieht (a.a.O., S. 291). Wenn
Erkennen nicht der Akt eines außenstehenden Beobachters ist, sondern
der eines Teilnehmers auf dem natürlichen und sozialen Schauplatz, dann
liegt der wahre Gegenstand der Erkenntnis in den Konsequenzen einer
gelenkten Handlung und ein Großteil der Verwirrungen und Schwierigkeiten, mit denen sich die abendländische Philosophie seit dem griechischen Mirakel plagt, werden gegenstandslos.

Für Dewey ist es geradezu lächerlich, wie sich die Menschen zur der
Schlussfolgerung haben verleiten lassen, dass wissenschaftliche Methoden, Gegenstände zu denken, die innere Realität der Dinge wiedergeben,
und dass sie in allen anderen Weisen, sie zu denken, wahrzunehmen und
zu genießen, ein Zeichen der Unechtheit sehen. Es ist lächerlich, weil
diese wissenschaftlichen Begriffe, wie andere Werkzeuge auch, vom
Menschen im Verfolg der Realisierung eines bestimmten Interesses hergestellt sind (a.a.O., S. 138). Tatsächlich handelt es sich bei ihnen um
Gegenstände des *Denkens* der Realität, nicht um Enthüllungen imma-
nenter Eigenschaften wirklicher Substanzen. Die Gültigkeit und die Gewissheit des jeweiligen Denkgegenstandes hängen von den *Konsequenzen* der Handlungen ab, die den Denkgegenstand definieren. Gewissheit
wird nicht durch eine Bindung an feste Gegenstände, an unwandelbare
Substanzen erreicht, die Eigenschaften besitzen, die in ihrer Isolierung
fest und von Interaktionen unberührt sind. „Denn ganz abgesehen davon,
dass man derartige Gegenstände nirgendwo findet, ergibt sich aus der
Natur der experimentellen Methode, nämlich der Definition durch Operationen, die Interaktionen sind, dass solche Dinge nicht erkannt werden
können" (a.a.O., S. 130). Das, was von Gegenständen allenfalls zur
Kenntnis genommen werden kann, ist ihr Ereignischarakter (a.a.O., S.
128). Deshalb wird die Suche nach Gewissheit zur Suche nach Methoden, um die Bedingungen der Veränderung mit Hinblick auf ihre Konsequenzen zu regulieren. Eine solche Notwendigkeit ergibt sich schon dar-

aus, dass Umfang und Vielfalt eines Möglichkeitsraums die des realisierten Faktums immer übersteigen, dass die Realisierung eines der
Varianten dieses Möglichkeitsraumes gleichwohl an vorgängig Gegebe-
nes anzuknüpfen hat. Gotthard Günther wird ein halbes Jahrhundert später, ausgehend von diesen Ambivalenzen klassischen Philosophierens,
sein Konzept der Negativsprache entwickeln. Für ihn ist die Idee des
„Nichts" bei Heidegger oder die zweite Negation Hegels, die das Denken
des Seins negiert, um das Denken des Denkens zu thematisieren, nichts
anderes als der idealistische Hilfsbegriff für einen Möglichkeitsraum.
Dieser Möglichkeitsraum, den es (praktisch) zu gestalten gilt, sei unendlich iterierbar. Günther sieht im Sprachstil Heideggers und Hegels das
Scheitern des (kontemplativen) Versuchs, diesen Möglichkeitsraum
sprachlich auszufüllen. Sein Projekt hingegen intendiert, ganz im Sinne
Deweys, die Entwicklung operationaler „Negativsprachen" auf der Basis
der Formalisierung dieser Negation (Günther 1980).

Für Dewey ergibt sich hieraus die Notwendigkeit eines Denkens, das
sich auf der Höhe der Zeit befindet: das ernst macht mit dem Wandel, der
durch Newtons experimentelle Empirie stattgefunden hat. Im Vollzug
dieses Vorhabens, worin für Dewey die wirkliche kopernikanische
Wende besteht, findet eine intensive Auseinandersetzung mit der Halbherzigkeit Kantischer Dualismen statt. Damit gibt er einen Weg vor, den
Bruno Latour in seiner berühmten Philippika knapp sechs Dezennien
später wieder aufgreifen wird: „Down with Kant! Down with the
Critique! Let us go back to the world still unknown and despised". Darüber, welcher Weg dabei zu beschreiten sei, lässt er keinen Zweifel: „that
of the world, not the word" (Latour 1988, S. 173). Bereits für Heidegger,
in „Sein und Zeit", bestand der „Skandal der Philosophie" nicht darin,
dass der Beweis für das „Dasein der Dinge außer mir" bislang noch aussteht, sondern *darin, dass solche Beweise immer wieder erwartet und
versucht werden.* Dergleichen Erwartungen, Absichten und Forderungen
erwachsen einer ontologisch unzureichenden Ansetzung *dessen, davon*
unabhängig und ‚außerhalb' eine ‚Welt' als vorhandene bewiesen werden
soll" (Heidegger 1986, S. 205). Deutlicher kann es auch Dewey nicht
formulieren, wenn er schreibt: Es ist nicht die Aufgabe des Denkens, sich
den Merkmalen anzupassen, welche die Gegenstände schon besitzen, sie
in Worte zu fassen oder zu reproduzieren, sondern sie „als Möglichkeiten
dessen zu beurteilen, was sie durch eine angezeigte Operation werden"
(Dewey 2001, S. 140). Denkt man die Welt in Gestalt mathematischer

Formeln von Raum, Zeit und Bewegung, so bedeutet das nicht, ein Bild des unabhängigen und festen Wesens des Universums zu haben, wie es die *Metaphysik* Newtons unterstellt. Vielmehr bedeutet es, wie Newton es in seiner *experimentellen Empirie* faktisch vollzogen und demonstriert hat, erfahrbare Gegenstände als Material zu bezeichnen, an dem gewisse Operationen durchgeführt werden. „Eine Erkenntnis, die lediglich eine Verdoppelung dessen, was ohnehin schon in der Welt existiert, in Gestalt von Ideen ist, gewährt uns vielleicht die Befriedigung, die eine Photographie bietet, aber das ist auch alles. Ideen zu bilden, deren Wert danach zu beurteilen ist, was unabhängig von ihnen existiert, ist keine Funktion, die (selbst wenn dies überprüft werden könnte, was unmöglich scheint) innerhalb der Natur weiterführt oder dort irgendetwas verändert. Aber Ideen, die Pläne von zu vollziehenden Operationen sind, sind integrale Faktoren in Handlungen, die das Gesicht der Welt verändern" (ebda.). Und es folgt eine der wenigen Passagen, in denen sich Dewey einigermaßen wohlwollend gegenüber der geisteswissenschaftlichen Tradition abendländischen Denkens äußert. „Idealistische Philosophen haben in diesem Punkt nicht Unrecht gehabt, dass sie Ideen ungeheure Wichtigkeit und Macht zugesprochen haben. Aber da sie deren Funktion und Überprüfung vom Handeln getrennt haben, haben sie den Punkt und den Ort, wo Ideen eine konstruktive Aufgabe haben, nicht begriffen" (ebda.). Eine dem Idealismus verpflichtete Sichtweise, die mit der Wissenschaft vereinbar ist, müsste deren methodisches Grundprinzip seit Newton „akzeptieren, dass Ideen nicht Feststellungen dessen sind, was ist oder gewesen ist, sondern von zu vollziehenden Handlungen. Denn dann wird die Menschheit begreifen, dass Ideen intellektuell (das heißt mit Ausnahme des ästhetischen Genusses, den sie gewähren, der natürlich ein wahrer Wert ist) wertlos sind, wenn sie nicht in Handlungen übergehen, welche die Welt, in der wir leben, auf irgendeine Weise, in kleinerem oder größerem Umfang, neu einrichten und rekonstruieren" (a.a.O., S. 140 f.).

5. Die Welt als Labor:
das Ende der „Zuschauer-Theorie"

Als es den Griechen gelang, natürliche Phänomene mit rationalen Ideen zu identifizieren, und sie von dieser Identifikation entzückt waren, weil sie sich wegen ihres ästhetischen Interesses in einer Welt von Harmonie und Ordnung zu Hause fühlten, zu der diese Identifikation führte, nannten sie das Ergebnis euphorisch „Wissenschaft", obwohl es in Wirklichkeit über fast zweitausend Jahre falsche Auffassungen von der Natur in Europa festschrieb. Auch die Newton'sche Erkenntnistheorie nahm trotz der methodischen Revolution, die sie durchführte, weiterhin an, dass ihre Objekte unabhängig von unserem Erkennen, von unseren Experimenten und Beobachtungen in der Natur da seien und dass wir wissenschaftliche Erkenntnis in dem Maße besitzen, in dem wir sie exakt ermitteln. Zukunft und Vergangenheit gehören ihr zufolge in dasselbe vollständig determinierte und fixierte Schema. Beobachtungen, vorausgesetzt, sie werden korrekt durchgeführt, registrieren lediglich diesen fixierten Status gesetzmäßiger Veränderungen von Gegenständen, deren wesentliche Eigenschaften feststehen. Auf diese Weise hielt die Newton'sche Metaphysik uneingeschränkt an der Vorstellung fest, dass Erkennen einen Prozess der Identifikation bezeichne. Es bedurfte mehr als zweier Jahrhunderte, bis die experimentelle Methode einen Punkt erreichte, an dem die Menschen dazu *gezwungen* waren zu erkennen, dass der Fortschritt der Wissenschaft von der Wahl der vollzogenen Operationen abhängt und nicht von den Eigenschaften von Gegenständen, die als so sicher und unveränderlich gelten, dass alle detaillierten Phänomene auf sie reduziert werden können. Einsteins spezielle Relativitätstheorie und Heisenbergs „Unschärferelation" haben diese „Philosophie" endgültig umgestürzt (Dewey 2001, S. 186 f., 202 f.). Folgerichtig verwendet Dewey viel Mühe darauf, die Theorien Einsteins und Heisenbergs als Konsequenz, die notwendigerweise aus der experimentellen Empirie Newtons folgen musste, darzustellen.

Die Probleme, die durch die Anwendung der experimentellen Empirie entstanden, haben ihre Ursache vor allem darin, dass sie heute nicht mehr hinter den geschlossenen Mauern steriler Labors durchgeführt werden, sondern dass die Welt selbst zu einem riesigen Labor geworden ist. Das Verhältnis von Wissenschaft und Gesellschaft hat sich zwischenzeitlich, vermittelt über Technologie, grundlegend verändert. Das Wissen, das über den Fortgang der menschlichen Kultur entscheidet, ist über die gesamte Gesellschaft verteilt und beschränkt sich nicht mehr auf universitäre Elfenbeintürme. Ob Tschernobyl, AIDS, Ozonloch oder BSE, wie immer die kollektiven Experimente heißen mögen, in die wir verstrickt sind, entscheidend ist nicht mehr, ob sich in ihnen die kontemplativ er-

mittelte „Wahrheit" der „Dinge an sich" spiegelt, sondern dass sie Folgewirkungen „dort draußen" in der Welt haben. Im „griechischen Mirakel"
ereignete sich die erste große Zäsur abendländischer Erkenntnisgeschich-
te. Ihr folgte das „europäische Mirakel" als zweite Zäsur. Es spricht
vieles dafür, dass wir uns gegenwärtig am Beginn eines „dritten Mirakels" befinden, das mit dem Begriff der „Welt als Labor" bezeichnet
werden könnte. Natur und Gesellschaft verschmelzen, vermittelt über
Technologie, zu einem Hybrid. Der Mensch sieht sich nicht mehr einer
abstrakten Natur gegenüber, die es zu enträtseln gilt. So wie die Ökonomie alle Traditionen zur Folklore hat verkommen lassen, so ist die Natur
zum Gestaltungsmaterial einer entfesselten Technologie geworden. Zum
ersten Mal ist ganz handgreiflich deutlich geworden, dass der Mensch in
Kontinuität steht mit der Natur. „Insofern natürliche Ereignisse in den
intelligenten Künsten der Menschheit kulminieren, hat die Natur selbst
eine Geschichte, eine Bewegung auf Konsequenzen hin" (Dewey 2001,
S. 246). Es geht letztlich, über alle Zäsuren hinweg, um die Frage, welche „Natur" eine Gesellschaft sich konstruiert, durch Kontemplation,
durch eingreifende Praxis, und wie sie selbst sich dabei verändert. Die
Zeit war reif für diese Erkenntnis.

„Natur" ist, in den Worten Spenglers, eines frühen Zeitgenossen
Deweys, ein „Ausdruck der jeweiligen Kultur". Es gibt „keine reine Natur. Etwas vom Wesen der Geschichte liegt in jeder." Sie verändert sich
mit uns, mit den Menschen, und den Bildern, die wir uns von ihr machen.
In diesem Sinne ist Naturerkenntnis vom Betrachter nicht zu trennen. Das
heißt, wiederum in den Worten Spenglers: „Wir leben, auch wenn wir
betrachten, und also lebt das Betrachtete mit uns. Der Zug im Bilde der
Natur, durch den sie nicht nur ‚ist', von Augenblick zu Augenblick,
sondern in einem ununterbrochenen Strome rings um uns und mit uns
‚wird', ist das Zeichen der Zusammengehörigkeit eines wachen Wesens
und seiner Welt" (Spengler 1972, S. 497 ff.). In einer Gesellschaft, die in
ihrer Gesamtheit zum Labor geworden ist, geht es nicht mehr um
abstrakte Wahrheiten, sondern um die Erkundung und Berücksichtigung
unbeabsichtigter Folgen provisorischer und revidierbarer experimenteller
Projekte. Es geht nicht mehr darum, wissenschaftliche Wahrheiten über
die Wirklichkeit, die uns umgibt, zu entdecken, sondern über die Wirklichkeit von Wahrheiten, die wir selber produzieren, zu entscheiden.
„Respice finem! Bedenke die Folgen!" wäre die angemessene Maxime
für ein Handeln, das sich seiner Verantwortung und der dynamischen

Komplexität des Geschehens, das durch dieses Handeln ausgelöst wird, bewusst ist. Die Langzeitfolgen radioaktiver Abfälle zum Beispiel, die ihre Toxität über einige zehntausend Jahre behalten, stellen, sofern sich die Kosten für Raumflüge nicht drastisch senken lassen, so dass es mittelfristig möglich ist, den hochaktiven Müll im Weltall zu entsorgen, mit Blick auf die Lebensqualität zukünftiger Generationen eine ethische Herausforderung ersten Ranges dar. An ihrem Beispiel wird sehr schön deutlich, dass künftige Generationen einen Preis werden zahlen müssen für einen Wechsel auf die Zukunft, dem kein Wertäquivalent entspricht, weil es keine Gegenleistung gibt. Nicht zuletzt deshalb, weil es keine ausgleichende Gerechtigkeit zwischen den Zeiten gibt, gilt es, die Folgen heutigen Tuns zu bedenken, denn „nicht der Anfang, das Ende trägt die Last" (Jünger 1980, S. 157).

Folgt man der Argumentation Deweys, so ist die Krise der Moderne zunächst eine Krise des semantischen Diskurses. Die tradierte Metaphysik, sei es in der Philosophie, sei es in der Religion, ist immer offensichtlicher in Widerspruch geraten zu den kontrastierenden Ergebnissen einer experimentellen Empirie. Die durch menschliche *Intervention* produzierte Realität deckt sich immer weniger mit ihrer ideellen *Repräsentation*. Zwar ist deshalb zunächst die semantische Krise zu beheben. „Im Grunde geht es um die Frage, ob die Philosophie bereit ist, eine Theorie des Geistes und seiner Erkenntnisorgane aufzugeben, die entstand, als die Erkenntnispraxis noch in den Kinderschuhen steckte" (Dewey 2001, S. 206). Das aber wiederum wäre nur und nichts anderes als die Voraussetzung dafür, die Krise des Handelns in den Griff zu bekommen. Von der Vormoderne wäre die in der griechischen Ästhetik wurzelnde Vorstellung eines Kontinuums von Gesellschaft und Natur, eines gefügten Kosmos' zu übernehmen. Allerdings wäre sie mit den modernen Praktiken wissenschaftlich-technischer Interventionen zu verbinden, also mit dem Bemühen um eine Beherrschung der Umwelt anstelle eines Sich-Fügens in einen wie immer gearteten göttlich vorgegebenen, Natur und Gesellschaft gleichermaßen umfassenden Kosmos. (Ähnlich, wenngleich in anderen Termini, argumentiert heute Latour, 1998, wenn er den abendländischen Dualismus an den Kategorien „Vermittlung" und „Reinigung" festmacht). Eine solche semantische Modifikation bedeutet nichts weniger als „eine endgültige Veränderung unserer Auffassung von Naturgesetzen. Der individuell beobachtete Fall wird zum Maß der Erkenntnis. Gesetze sind geistige Werkzeuge, durch die jener individuelle Gegenstand festgestellt und seine Bedeutung bestimmt wird" (Dewey 2001, S. 206). Diese Veränderung bringt eine Umkehrung der Theorie mit sich, die das Denken seit den Griechen beherrscht hat. Gesetze, formuliert auf dieser Grundlage, sind dann nichts anderes als „Formeln für die Voraussage der Wahrscheinlichkeit eines beobachtbaren Ergebnisses. Sie sind Bezeichnungen von Relationen, die hinreichend stabil sind, um die Möglichkeit von Voraussagen individualisierter Situationen – denn jedes beobachtete Phänomen ist individuell – in Grenzen genauer bestimmter Wahrscheinlichkeit zu erlauben, nicht einer Wahrscheinlichkeit des Irrtums, sondern einer Wahrscheinlichkeit des wirklichen Eintretens" (a.a.O., S. 207).

Dewey hätte sich, indem er den individuell beobachteten Fall zum Maß der Erkenntnis macht, auf seinen frühen Zeitgenossen Tarde, den großen Gegenspieler Durkheims, berufen können (vgl. Tarde 1893). Tatsächlich bezieht er sich in seiner weiteren Argumentation auf Einstein und Heisenberg. Die Motivation ist klar. Es geht ihm darum, die in der griechischen Philosophie wurzelnde und zur experimentellen Empirie im Gegensatz stehende Metaphysik Newtons, die durch Kant weiterer transportiert wurde, auf der Höhe der Zeit zu widerlegen.

Newton hatte von Henry More, dem Führer der Cambridger Schule, nicht nur dessen religiösen Platonismus übernommen, sondern auch dessen Auffassung vom Raum als „Sensorium Gottes", des Organes der Wirkung Gottes in der Körperwelt. Aus ihr leitete er seine in die Physik übergegangene Lehre vom absoluten Raum und von der absoluten Zeit ab, die im Großen und Ganzen bis zur Relativitäts- und Quantentheorie Geltung beanspruchen konnte. Durch diese letzte Entwicklung zu Beginn des zwanzigsten Jahrhunderts wurden die metaphysischen Auffassungen Newtons weitgehend fallengelassen, während seine methodischen Grundsätze experimenteller Empirie im Großen und Ganzen beibehalten wurden.

Bis zur Verbreitung der speziellen Relativitätstheorie Einsteins wurden Ereignisgrößen wie Masse, Zeit und Bewegung als inhärente und wesentliche Eigenschaften letzter fester und unabhängiger Substanzen angesehen. Das änderte sich nun radikal. Hinzu kam, dass Heisenberg mit seiner Entdeckung der Unschärferelation nachweisen konnte, dass durch Wechselwirkungen erzeugte Unbestimmtheiten keine Unzulänglichkeiten der Beobachtungsmethode sind, sondern zum Wesen der Sache selbst gehören. Was erkannt wird, ist ein Produkt, bei dem der Akt der

Beobachtung eine notwendige Rolle spielt. Anders formuliert: Erkenntnis ist aktiv beteiligt an dem, was erkannt wird. Die Tragweite der Entdeckung Heisenbergs vermochte auf den ersten Blick kaum einen Philosophen aufzuregen, schien sie doch für makroskopische Objekte ohne Belang. Tatsächlich erwies sie sich auf lange Sicht für die Philosophie und Logik des Weltbildes, das der Metaphysik des Newton'schen Systems zugrunde lag, als revolutionär. Einsteins und Heisenbergs Denken veränderte nicht nur die Physik, sondern wirkte auch in die Philosophie, die Politik, die Literatur, die Kunst und sogar in die Soziologie und Pädagogik hinein. Es veränderte unser Weltbild. Unsere Begriffe von Raum und Zeit, unsere Anschauung von der Entstehung und Struktur des Kosmos, unser Bild von den Prozessen im atomaren Bereich, unsere Auffassung von der Methode der Wissenschaft – all das wurde durch die Arbeiten Einsteins und Heisenbergs tiefgreifend beeinflusst.

Für Dewey ist nun entscheidend, dass die durch Einstein und Heisenberg bewirkte Veränderung im Weltbild der Physik „zu dem Zeitpunkt, als sie stattfand, trotz ihrer revolutionären Wirkungen auf die Grundlagen der Newton'schen Philosophie der Wissenschaft und der Natur, unter logischen Gesichtspunkten nur eine klare Anerkennung dessen war, was schon die ganze Zeit über das treibende Prinzip der Entwicklung der wissenschaftlichen Methode gewesen war" (Dewey 2001, S. 129). Die Wissenschaftler haben nur aufgehört, etwas zu leugnen, was ohnehin jeder wusste (Prigogine 1981). Mit anderen Worten: Das, was in der Welt experimenteller Empirie tagtäglich passierte, nämlich Gegenstände nicht als Substanzen, sondern als Ereignisse in ihren Relationen und Konsequenzen wahrzunehmen, war erkenntnistheoretisch nicht länger zu ignorieren, sondern wurde zum methodischen Standard erhoben.

Bis weit in die Gegenwart hinein glaubte man, dass Definitionen nicht auf Begriffen von Beziehungen beruhen, sondern auf bestimmten Eigenschaften schon bestehender Dinge. Der Raum, die Zeit und die Bewegung der Physik wurden als inhärente *Eigenschaften* des Seins betrachtet und nicht als abstrakte *Beziehungen*. Dewey weist nun darauf hin, dass in Wirklichkeit und im Kontrast zu dieser metaphysischen Vorstellung bereits seit Newton zwei Aspekte der Forschung einander immer schon begleiteten und miteinander korrespondierten: „Auf der einen Seite wird von qualitativen Gegenständen nichts außer ihrem Ereignischarakter zur Kenntnis genommen, wobei die Qualitäten nur als Zeichen der Natur des jeweiligen Geschehens beachtet werden, das in Frage steht: das heißt,

Gegenstände werden als *Ereignisse (events)* angesehen. Auf der anderen Seite verfolgt die Untersuchung das Ziel, Ereignisse miteinander in Beziehung zu setzen. Die naturwissenschaftlichen Auffassungen von Raum, Zeit und Bewegung stellen das generalisierte System dieser Korrelationen von Ereignissen dar. Auf diese Weise sind sie doppelt von Operationen der experimentellen Kunst abhängig: von den Handlungen, die qualitative Gegenstände als Ereignisse behandeln, und von denen, die derart bestimmte Ereignisse miteinander verknüpfen" (a.a.O., S. 128 f.). Eine der Schlussfolgerungen aus der speziellen Relativitätstheorie Einsteins war, dass der Standpunkt des Beobachters für die Beschreibung eines Ereignisses von grundsätzlicher Bedeutung ist: Das gleiche Ereignis wird, von verschiedenen bewegten Systemen aus beurteilt, zu verschiedenen Ergebnissen führen. Aber bereits Newton wusste wie jeder andere Physiker seiner Zeit, dass die wahrgenommenen Formen der Phänomene von Raum, Zeit und Bewegung sich in einem Bezugsrahmen finden, der relativ auf einen Beobachter ist. Jedoch zog er metaphysisch andere Konsequenzen als Einstein. Im Hinblick auf die Lehre von Raum, Zeit und Bewegung ließ er die empirische Methode fallen, die er im Hinblick auf die Eigenschaften der letzten festen Substanzen anzuwenden bereit war. „Um der Relativität der *beobachtbaren* Eigenschaften der räumlichen und zeitlichen Bewegung von Körpern zu entgehen, nahm er an, der leere Raum sei ein fester Behälter, in dem die Körper lokalisiert sind, und unterstellte eine gleichmäßig fließende Zeit, die in sich leer ist, in der aber die Veränderungen stattfinden" (Dewey 2001, S. 144). Demzufolge haben Atome zum Beispiel eine messbare Eigenbewegung, die unabhängig von jeder Beziehung auf einen Beobachter ist. Absoluter Raum, Zeit und Bewegung bilden den unveränderlichen Rahmen, in dem alle partikulären Phänomene erscheinen. Eine solche Vorstellung rationaler Absoluta war begründet in der Tradition griechischer Metaphysik fester Substanzen, die Masse, Ausdehnung und Trägheit als inhärente und unwandelbare Eigenschaften besaßen. Newton behielt einen Teil der qualitativen Ausstattung der Gegenstände der griechischen Wissenschaft bei, obwohl sie für die Mathematik wie für das Experiment völlig irrelevant waren. Er beharrte darauf, dass die Existenz harter und fixierter unwandelbarer Substanzen die Basis der Wissenschaft sei. Wie aber sollte unter diesen Prämissen zum Beispiel mit der Entdeckung umgegangen werden, dass Masse mit der Geschwindigkeit variiert? Einstein beschritt deshalb einen anderen Weg.

Für ihn bezeichnet die physikalische Zeit eine *Relation* von Ereignissen, nicht die inhärente Eigenschaft von Gegenständen. Es bedeutet, dass lokale oder individualisierte Zeiten nicht dieselben sind wie eine generische gemeinsame Zeit der Physik. „Wenn Einstein den absoluten Raum, die absolute Zeit und die absolute Bewegung eliminiert, dann wird die Lehre untergraben, dass Aussagen über Raum, Zeit und Bewegung, wie sie in der Physik erscheinen, inhärente Eigenschaften betreffen. An ihre Stelle tritt zwangsläufig die Vorstellung, dass sie *Relationen von Ereignissen* bezeichnen. Als solche Relationen sichern sie in ihrer Allgemeinheit die Möglichkeit, Gegenstände miteinander zu verbinden, die als Ereignisse in einem allgemeinen System von Verkettung und Übersetzung gesehen werden. Sie sind die Mittel, Beobachtungen miteinander zu verknüpfen, die zu verschiedenen Zeiten an verschiedenen Orten gemacht worden sind, sei es von einem oder von vielen Beobachtern, so dass sie die eine in die andere übersetzen können. Kurzum, sie betreiben das Geschäft, das alles Denken und alle Gegenstände des Denkens zu betreiben haben: Sie bringen die Diskontinuitäten individualisierter Beobachtungen und Erfahrungen durch geeignete Operationen in eine Kontinuität. Ihre Gültigkeit hängt von ihrer Wirksamkeit bei der Verrichtung dieser Funktion ab; überprüft wird sie durch die Resultate und nicht durch die Korrespondenz mit vorgängigen Eigenschaften der Wirklichkeit" (a.a.O., S. 148).

Denkt man die Welt in Gestalt mathematischer Formeln von Raum, Zeit und Bewegung, so bedeutet es Dewey zu Folge nicht, ein Bild des unabhängigen und festen Wesens des Universums zu haben. Es bedeutet, erfahrbare Gegenstände als Material zu bezeichnen, an dem gewisse Operationen durchgeführt werden (a.a.O., S. 140). Das Problem, das der modernen Philosophie so viele Sorgen bereitet, nämlich die Realität der physikalischen Gegenstände der Wissenschaft mit dem reichen qualitativen Gegenstand der gewöhnlichen Erfahrung zu versöhnen, ist ein künstlich erzeugtes, das seinen historischen Ursprung in einer Zeitepoche hat, als man glaubte, Erkenntnis ausschließlich mittels der rationalen Kräfte des Geistes erlangen zu können (vgl. ebenso Feyerabend 2009, S. 186 f.). Die älteren Philosophien, die entstanden, bevor das experimentelle Erkennen irgendeinen signifikanten Fortschritt gemacht hatte, zogen einen scharfen Trennstrich zwischen der Welt, in welcher der Mensch denkt und erkennt, und der Welt, in der er lebt und handelt. Heute aber ist der Geist nicht länger ein Zuschauer, der die Welt von außen betrachtet und seine höchste Befriedigung im Genuss einer sich selbst genügenden Kontemplation findet. „Um zu verstehen, dass die wissenschaftliche Erkenntnis als eine Form aktiver Operation ein potentieller Verbündeter der Formen des Handelns ist, welche Werte verwirklichen, braucht man nur die traditionelle Vorstellung aufzugeben, Erkenntnis sei der Besitz der inneren Natur der Dinge und der einzige Weg, sie so zu erfahren, wie sie ‚wirklich' sind" (Dewey 2001, S. 134).

In einer sehr schönen Metapher fasst Dewey die Quintessenz seiner Argumentation zusammen: Da die Korrelationen, die durch wissenschaftliche Operationen erzeugt werden, „das sind, was die Naturforschung *wirklich* erkennt, ist es gerechtfertigt zu schließen, dass sie das sind, was sie zu erkennen beabsichtigt oder meint: in Analogie zu der Rechtsmaxime, dass jede vernünftige Person die wahrscheinlichen Konsequenzen ihres Tuns auch beabsichtigt" (a.a.O., S. 133 f.).

Die Newton'sche Philosophie nahm an, dass es (zumindest im Prinzip, wenn nicht in der wirklichen Praxis) möglich sei, sowohl die Lage wie die Geschwindigkeit jedes Körpers genau zu bestimmen und dass diese Positionen und Geschwindigkeiten unabhängig von unserem Erkennen, von unseren Experimenten und Beobachtungen in der Natur da seien und dass wir wissenschaftliche Erkenntnis in dem Grade besitzen, in dem wir sie exakt ermitteln. Wenn man die Lage und die Geschwindigkeit für jedes Teilchen kennt, das irgendeiner Veränderung, wie etwa einer Bewegung, unterliegt, sei es möglich, mathematisch, das heißt, genau zu bestimmen, was nun passieren wird. In dieser Vorstellung gelten die Gesetze oder physikalischen Gleichungen, welche die Relationen der Teilchen und Körper unter verschiedenen Bedingungen ausdrücken, als der „beherrschende" Rahmen der Natur, dem alle besonderen Phänomene genügen. Das heißt, wenn in einem bestimmten Fall die Volumina und die Bewegungsmomente bekannt sind, kann mit Hilfe fester Gesetze der weitere Verlauf der Ereignisse vorausgesagt werden. Heisenberg hat diese Vorstellung entkräftet, eine Tatsache, die unter der Bezeichnung „Unschärferelation" bekannt geworden ist. Die Position und die Geschwindigkeit jedes einzelnen Teilchens lässt sich nicht unabhängig von allen übrigen Teilchen bestimmen, weil es eine vollständige und kontinuierliche Wechselwirkung all dieser Teilchen miteinander gibt. Heisenberg zu Folge verhindert diese Wechselwirkung eine genaue Messung der Geschwindigkeit und der Lage eines *jeden* Körpers. Heisenberg konzentrierte sich in seiner Beweisführung auf die Rolle des Einflusses des

Beobachters und auf die Bestimmung dessen, was wirklich passiert. Entscheidend für Dewey ist, dass es sich dabei nicht um einen Fehler in der Versuchsanordnung handelt, sondern um ein unhintergehbares Moment der Wechselwirkung zwischen dem Beobachter und dem, was beobachtet wird, demzufolge es immer „dann, wenn wir die Geschwindigkeit messen, einen Bereich der Unbestimmtheit in den Zuordnungen der Position gibt und umgekehrt. Wenn das eine fixiert ist, ist das andere nur innerhalb einer spezifizierten Grenze der Wahrscheinlichkeit definiert. Das Element der Unbestimmtheit hängt nicht mit einer Unzulänglichkeit der Beobachtungsmethode zusammen, sondern gehört zum Wesen der Sache selbst. Das beobachtete Teilchen *hat* keine feste Position oder Geschwindigkeit, denn es wandelt sich aufgrund seiner Interaktion die ganze Zeit über, speziell in diesem Fall aufgrund seiner Interaktion mit dem Akt der Beobachtung oder genauer mit den Bedingungen, unter denen eine Beobachtung möglich ist" (a.a.O., S. 202 f.). Dewey legt Wert darauf festzuhalten, dass es nicht der „mentale" Aspekt der Beobachtung ist, der den Unterschied ausmacht. Da je nach Wahl entweder die Position oder die Geschwindigkeit fixiert werden kann, wobei das Element der Unsicherheit auf der jeweils anderen Seite bleibt, erweisen sich beide als ihrer Natur nach „begrifflich". Das heißt, sie gehören zu dem intellektuellen Apparat, zu den Bedingungen der Apparatur, die eine Beobachtung erst möglich machen und die „wir verwenden, um *mit* der schon bestehenden Wirklichkeit *umzugehen.*" Es sind keinesfalls fixierte Eigenschaften jener Wirklichkeit. Im Gegenteil: „Die Isolierung eines Teilchens zum Zweck der Messung ist im Wesentlichen ein Mittel, um die spätere perzeptuelle Erfahrung zu regulieren" (a.a.O., S. 203 f.). Mit andere Worten: „Menschliche Intervention um der Bewirkung von Zielen willen ist keine Einmischung, sondern ein Mittel der Erkenntnis" (a.a.O., S. 213). Erkenntnis ist beteiligt an dem, was erkannt wird. Sie ist ein spezieller Fall zielgerichteter Aktivität und nicht etwas von der Praxis Getrenntes. Damit wird die Metaphysik der unveränderlichen (und *deshalb* exakter mathematischer Beschreibung und Voraussage fähigen) Wirklichkeit im Rahmen der Physik selbst untergraben. „Die Suche nach Gewissheit mittels eines genauen geistigen Besitzes einer unwandelbaren Realität wird eingetauscht für eine Suche nach Sicherheit mittels aktiver Kontrolle des sich wandelnden Gangs der Ereignisse. *Wirksame* Intelligenz, ein anderer Name für Methode, wird zum höchsten Wert. Die Unschärferelation stellt sich auf diese Weise als der letzte Schritt in der

Ablösung der Zuschauertheorie der Erkenntnis dar. Die Tatsache, dass Erkenntnis eine Art von Interaktion ist, die innerhalb der Welt vor sich geht, wird damit im wissenschaftlichen Verfahren selbst anerkannt. Erkenntnis bezeichnet die Verwandlung ungerichteter Veränderungen in Veränderungen, die auf eine beabsichtigte Schlussfolgerung hin gerichtet werden" (a.a.O., S. 205). Das aber ist ein Charakteristikum, das auch schon auf Newtons Methode der experimentellen Empirie zutraf, und es stellt sich die Frage, warum ihm in metaphysischer Hinsicht nicht schon früher Rechnung getragen wurde.

Zwei Ursachen sind für Dewey entscheidend. „Bis in die jüngste Zeit hinein handelte die Physik hauptsächlich von Körpern mit relativ großem Volumen und relativ geringer Geschwindigkeit. Erfahrungen mit diesen Körpern wurden auf winzige Teilchen beliebiger Geschwindigkeit übertragen. Diese wurden als mathematische Punkte behandelt, die zu fixierten, unwandelbaren Zeitpunkten einen bestimmten Ort einnahmen." Der zweite Grund ist der, dass bloßes Sehen im Unterschied zu aktiven Interventionen (zum Beispiel mittels technischer Apparaturen und Werkzeuge) nicht so offensichtlich als eine Interaktion mit dem gesehenen Ding empfunden wird wie eine Berührung (a.a.O., S. 204).

Mit Heisenbergs „Unschärferelation" vollendete sich die wissenschaftliche Transformation, die mit der Entdeckung begann, dass die metaphysische Annahme eines permanenten Massekoeffizienten auf Illusionen beruhte, weil die Masse mit der Geschwindigkeit variiert, historisch gesehen, ein Überbleibsel der alten Vorstellung, dass der wahre Gegenstand der Erkenntnis etwas Unwandelbares sei. Es wurde deutlich, dass das Kriterium des Erkennens in der Methode liegt, die verwendet wird, um Konsequenzen zu sichern, und nicht in metaphysischen Vorstellungen von der Natur des Realen. Heisenbergs Prinzip sowie die Entdeckung, dass die Masse mit der Geschwindigkeit variiert, läutete, experimentell und empirisch begründet, einen metaphysischen Wandel im abendländisch geprägten Weltbild ein, der sich allerdings nur zögerlich durchsetzt. Zu stark noch sind die in der griechischen Antike wurzelnden Vorstellungen, um einzusehen, dass die Existenz von Kontingenzen ein Merkmal der Ereignisse selbst ist und dass es sich bei der wissenschaftlichen Abschätzung ihrer Folgen, und darum geht es in Zukunft, allenfalls um Voraussagen von Wahrscheinlichkeiten handeln kann. Eine mechanisch exakte Wissenschaft singulärer Ereignisse, seien es Individuen, Gruppen oder Gesellschaften, ist nicht möglich. In einer Welt aber, die inzwischen als Ganzes selbst zum Labor geworden ist, stehen solche singulären Ereignisse wie Ozonloch oder BSE im Zentrum wissenschaftlich angeleiteter Problembewältigung. Bei ihnen handelt es sich immer um eine Geschichte von einzigartigem Charakter, die zwangsläufig Unsicherheiten beinhaltet. Aber ihre Konstituentien sind im Allgemeinen bekannt, sofern man sie nicht als qualitative, sondern als statistische Konstanten ansieht, die aus einer Reihe von Operationen abgeleitet werden. Entscheidungen treffen, Verantwortung übernehmen, moralisch handeln – all das steht nun ohne Rückbezug auf eine wie immer geartete „höhere Wesenheit" erneut zur Disposition, eine historische Situation, vergleichbar jener „Achsenzeit", in der Transzendentalreligion und Protowissenschaft entstanden, nur mit umgekehrten Vorzeichen (Weber 1950, Jaspers 1949). Für Dewey hat diese Tatsache „eine offensichtliche Auswirkung auf die Freiheit des Handelns. Kontingenz ist eine notwendige, wenngleich keine, in mathematischer Redeweise, hinreichende Bedingung von Freiheit. In einer Welt, die in all ihren Konstituentien vollkommen dicht und exakt wäre, wäre für Freiheit kein Raum. Kontingenz gibt der Freiheit zwar Raum, füllt aber diesen Raum nicht aus. Freiheit ist eine Realität, wenn die Erkenntnis von Relationen, des stabilen Elements, mit dem ungewissen Element verbunden wird, in dem Erkennen, das Voraussicht möglich macht und absichtliche Vorbereitung auf wahrscheinliche Konsequenzen sichert. Wir sind frei in dem Grade, in dem wir in der Erkenntnis dessen handeln, woran wir sind" (Dewey 2001, S. 249 f.). Das Erkennen enthüllt nicht eine Welt, sondern „verschafft uns die Mittel, um durch unsere Entscheidungen beim Errichten einer Zukunft durch vorsichtiges und vorbereitetes Handeln klug oder bewusst vorgehen zu können." Die hierfür notwendige Kenntnis der je spezifischen Bedingungen und Relationen ist ein Werkzeug für das Handeln, das seinerseits ein Instrument der Produktion von Situationen ist, die Qualitäten zusätzlicher Bedeutsamkeit und Ordnung haben. „Frei zu sein heißt, zu solchem Handeln fähig zu sein" (ebda.). Das Problem der historischen Trennung von Erkennen und Handeln, Theorie und Praxis, Zwecken und Mitteln, Geist und Körper *in der Form*, in der es zum Gegenstand der modernen Philosophie wurde, ist künstlich, weil es auf dem Festhalten an Prämissen beruht, die in einer früheren Periode der Geschichte gebildet worden sind und heute jegliche Relevanz verloren haben.

Referenztexte

Die Philosophen haben die Welt nur verschieden interpretiert,
es kommt aber darauf an, sie zu verändern

Karl Marx

Die nachfolgende Zusammenstellung enthält alle im laufenden Text explizit zitierten Quellen sowie, darüber hinaus, auch alle bei der Vorbereitung der beiden Essays benutzten Schriften.

Adam, Peter: Kunst im Dritten Reich. Hamburg: Rogner & Bernhard 1992

Adorno, Theodor W.: Einleitung zu Emile Durkheim, „Soziologie und Philosophie". In: Gesammelte Schriften. Band 8. Frankfurt am Main: Suhrkamp 1997 (1967), S. 245-279

Aristoteles: Politik. Übersetzt von Eugen Rolfes und herausgegeben von Günther Bien. Hamburg: Meiner 1981

Arnason, Jóhann P.: Zwischen Natur und Gesellschaft. Frankfurt am Main: EVA 1970

Arnason, Jóhann P.: Praxis und Interpretation. Sozialphilosophische Studien. Frankfurt am Main: Suhrkamp 1988

Bammé, Arno: Science Wars. Von der akademischen zur postakademischen Wissenschaft. Frankfurt am Main und New York: Campus 2004

Bammé, Arno: Homo occidentalis. Von der Anschauung zur Bemächtigung der Welt. Zäsuren abendländischer Epistemologie. Weilerswist: Velbrück 2011

Bammé, Arno (Hrg.): Life Sciences. Die Neukonstruktion des Menschen? München und Wien: Profil 2011

Bastide, Françoise und Paolo Fabbri: Lebende Detektoren und komplementäre Zeichen: Strahlenkatze, brechendes Auge und Atomsirene. In: Roland Posner (Hrg.): Warnungen an die ferne Zukunft. Atommüll als Kommunikationsproblem. München: Raben 1990, S. 85-94

Baudrillard, Jean: Der symbolische Tausch und der Tod. München: Matthes & Seitz 1982 (1976)

Bickel, Cornelius: Ferdinand Tönnies. Soziologie als skeptische Aufklärung zwischen Historismus und Rationalismus. Opladen: Westdeutscher Verlag 1991

Böhme, Gernot, van den Daele, Wolfgang, Krohn, Wolfgang: Die Finalisierung der Wissenschaft. In: Zeitschrift für Soziologie, Jg. 2, April 1973, Heft 2, S. 128-144

Bonß, Wolfgang, Hohlfeld, Rainer, Kollek, Regine (Hrg.): Wissenschaft als Kontext – Kontexte der Wissenschaft. Hamburg: Junius 1993

Borries, Friedrich von, Hiller, Christian, Kerber, Daniel, Wegner, Friederike, Wenzel, Anna-Lena: Glossar der Interventionen. Berlin: Merve 2012

Carstens, Uwe: Ferdinand Tönnies. Friese und Weltbürger. Norderstedt: BoD 2005

Cassirer, Ernst: Substanzbegriff und Funktionsbegriff. Untersuchungen über die Grundlagen der Erkenntniskritik. Darmstadt: WBG 1980 (1910)

Cassirer, Ernst: Das Erkenntnisproblem in der Philosophie und Wissenschaft der neueren Zeit. Zweiter Band. Darmstadt: WBG 1991

Crafts, Nicholas F. R.: Industrial Revolution in England and France: Some Thoughts on the Question „Why was England first?". In: Economic History Review, 30, 1977, 3, S. 429-441

Dahrendorf, Ralf: Gesellschaft und Demokratie in Deutschland. München: dtv 1971 (1965)

Darlington, C.D.: The Conflict of Science and Society. London: Watts 1948

Dewey, John: Deutsche Philosophie und deutsche Politik. Meisenheim: Hain 1954

Dewey, John: Logik. Die Theorie der Forschung. Frankfurt am Main: Suhrkamp 2002 (1938)

Dewey, John: Demokratie und Erziehung. Weinheim: Beltz 2000 (1916)

Dewey, John: Erfahrung und Natur. Frankfurt am Main: Frankfurt am Main: Suhrkamp 1995 (1925)

Dewey, John: Die Erneuerung der Philosophie. Hamburg: Junius 1989 (1920)

Dewey, John: Kunst als Erfahrung. Frankfurt am Main: Suhrkamp 1980 (1934)

Dewey, John: Die Suche nach Gewissheit. Eine Untersuchung des Verhältnisses von Erkenntnis und Handeln. Frankfurt am Main: Suhrkamp 2001 (1929)

Dewey, John: Vom Absolutismus zum Experimentalismus. In: Martin Suhr, 1994, S.195-213 (erneut abgedruckt in: Dewey 2004, S. 13-27)

Dewey, John: Logik. Die Theorie der Forschung. Frankfurt am Main: Suhrkamp 2002

Dewey, John: Philosophie und Zivilisation. Frankfurt am Main: Suhrkamp 2003

Dewey, John: Erfahrung, Erkenntnis und Wert. Frankfurt am Main: Suhrkamp 2004

Dewey, John: Liberalismus und gesellschaftliches Handeln. Gesammelte Aufsätze 1888 bis 1937. Tübingen: Mohr 2010

Dingler, Hugo: Über die Geschichte und das Wesen des Experiments. München: Eidos 1952

Eich, Armin: Die politische Ökonomie des antiken Griechenland (6.-3. Jahrhundert v. Chr.). Köln: Böhlau 2006

Eisenstadt, Shmuel N. (Hrg.): Kulturen der Achsenzeit. Ihre Ursprünge und ihre Vielfalt. Teil I. Griechenland, Israel, Mesopotamien. Frankfurt am Main: Suhrkamp 1987

Elkana, Yehuda: Die Entstehung des Denkens zweiter Ordnung im antiken Griechenland. In: Shmuel Eisenstadt, Teil I, 1987, S. 52-88

Etzkowitz, Henry: The Second Academic Revolution. In: Susan E. Cozzens, Peter Healey, Arie Rip, John Ziman (eds.): The Research System in Transition. Dordrecht: Kluwer 1990, S. 109-124

Feuerbach, Ludwig: Das Wesen des Christentums. Stuttgart: Reclam 2005 (1841)

Feyerabend, Paul: Naturphilosophie. Frankfurt am Main: Suhrkamp 2009

Finkielkraut, Alain: Die Niederlage des Denkens. Reinbek: Rowohlt 1989

Finley Moses I. (ed.): Slavery in Classical Antiquity. Cambridge: Heffer 1960

Finley, Moses I.: Die antike Wirtschaft. München: dtv 1977 (1973)

Finley, Moses I.: Die Griechen. Eine Einführung in ihre Geschichte und Zivilisation. München: Beck 1983 (1963)

Funtowicz, Silvio, Ravetz, Jerome: The Emergence of Post-Normal Science. In: René von Schomberg (ed.): Science, Politics and Morality. Scientific Uncertainty and Decision Making. Dordrecht: Kluwer 1993

Funtowicz, Silvio, Ravetz, Jerome: Post-Normal Science. Science and Governance under Conditions of Complexity. In: Michael Decker (ed.): Interdisciplinarity in Technology Assessment. Implementation and its Chances and Limits. Berlin: Springer 2001, S. 15-24

Glucksmann, André: Vom Eros des Westens. Stuttgart: DVA 1988

Glucksmann, André: Die Meisterdenker. Reinbek: Rowohlt 1978

Goodman, Nelson: Weisen der Welterzeugung. Frankfurt am Main: Suhrkamp 1990

Groß, Matthias, Hoffmann-Riem, Holger und Wolfgang Kron: Realexperimente. Ökologische Gestaltungsprozesse in der Wissensgesellschaft. Bielefeld: transcript 2005

Günther, Gotthard: Beiträge zur Grundlegung einer operationsfähigen Dialektik. Erster Band. Hamburg: Meiner 1976

Günther, Gotthard: Identität, Gegenidentität und Negativsprache. In: Hegel-Jahrbuch. Köln: Pahl-Rugenstein 1980, S. 22-88

Günther, Gotthard: Idee und Grundriss einer Nicht-Aristotelischen Logik. Die Idee und ihre philosophischen Voraussetzungen. Hamburg: Meiner 1991 (1959)

Gurjewitsch, Aaron: Das Weltbild des mittelalterlichen Menschen. München: Beck 1980 (1972)

Habermas, Jürgen: Theorie des kommunikativen Handelns. Band 1 und 2. Frankfurt am Main: Suhrkamp 1981

Habermas, Jürgen: Vorstudien und Ergänzungen zur Theorie des kommunikativen Handelns. Frankfurt am Main: Suhrkamp 1984

Hacking, Ian: Representing and Intervening. Introductory Topics in the Philosophy of Natural Science. Cambridge: CUP 1983

Hagner, Michael: Die Welt als Labor und Versammlungsort. In: Gaia 15/2 (2006), S. 127-134

Harnack, Adolf von: Das Wesen des Christentums. Stuttgart: Klotz 1950 (1900)

Harnack, Adolf von: Lehrbuch der Dogmengeschichte. Erster Band. Die Entstehung des kirchlichen Dogmas. Tübingen: Mohr 1990 (1887)

Harnack, Adolf von: Lehrbuch der Dogmengeschichte. Dritter Band. Die Entwicklung des kirchlichen Dogmas II/III. Tübingen: Mohr 1990 (1890)

Harrasser, Karin: Donna Haraway: Natur-Kulturen und die Faktizität der Figuration. In: Moebius, Stephan, Quadflieg, Dirk (Hrg.): Kultur. Theorien der Gegenwart. Wiesbaden: VS 2006, S. 445-459

Hegel, Georg Friedrich Wilhelm: Vorlesungen über die Philosophie der Weltgeschichte (in Auszügen), in: Bülow, Friedrich (Hrg.): G.W.F.Hegel. Recht – Staat – Geschichte. Eine Auswahl aus seinen Werken. Stuttgart : Kröner 1955, S. 351-443

Heidegger, Martin: Die Technik und die Kehre. Pfullingen: Neske 1962

Heidegger, Martin: „Nur ein Gott kann uns noch retten." Spiegel-Gespräch vom 23.9.1966. In: Der Spiegel 23, 1976, S. 193–219

Heidegger, Martin: Vorträge und Aufsätze. Pfullingen: Neske 1978

Heidegger, Martin: Sein und Zeit. Tübingen: Niemeyer 1986

Heintel, Peter: Interventionsforschung. In: Klagenfurter Beiträge zur Interventionsforschung. Band 2. Oktober 2003, S. 21-25

Heintel, Peter: Interventionsforschung: Wissenschaft als kollektive Entscheidung. In: Klagenfurter Beiträge zur Interventionsforschung. Band 4. Mai 2006, S. 45-57

Herms, Eilert: Radical Empiricism. Gütersloh: Mohn 1977

Hetzel, Andreas, Kertscher, Jens, Rölli, Marc (Hrg.): Pragmatismus. Philosophie der Zukunft? Weilerswist: Velbrück 2008

Hörisch, Jochen: Die Krise und das Bewusstsein der Krise. Zu Sohn-Rethels Luzerner Exposé. In: Alfred Sohn-Rethel, 1985, S. 7-33

Horkheimer, Max: Eclipse of Reason. Oxford: OUP 1947

Horkheimer, Max: Zur Kritik der instrumentellen Vernunft. Frankfurt am Main: Fischer 1967 (1947)

Hülsmann, Heinz: Die technologische Formation. Berlin: Europäische Perspektiven 1985

Husserl, Edmund: Die Krisis der europäischen Wissenschaften und die transzendentale Phänomenologie. Eine Einleitung in die phänomenologische Philosophie. Hamburg: Meiner 2012 (1954, 1936)

Jacoby, Eduard Georg: Die moderne Gesellschaft im sozialwissenschaftlichen Denken von Ferdinand Tönnies. Eine biographische Einführung. Stuttgart: Enke 1971

Jahraus, Oliver (Hrg.): Beobachtungen des Unbeobachtbaren. Weilerswist: Velbrück 2000

Jaspers, Karl: Vom Ursprung und Ziel der Geschichte. München: Piper 1949

Joas, Hans: Die Kreativität des Handelns. Frankfurt am Main: Suhrkamp 2003 (1992)

Joas, Hans: Pragmatismus und Gesellschaftstheorie. Frankfurt am Main: Suhrkamp 1992

Jonas, Hans: Das Prinzip Verantwortung. Versuch einer Ethik für die technologische Zivilisation. Frankfurt am Main: Suhrkamp 1984 (1979)

Jones, Eric L.: The European Miracle. Environments, Economics, and Geopolitics in the History of Europe and Asia. Cambridge: CUP 1992

Jünger, Friedrich Georg: Die Perfektion der Technik. Frankfurt am Main: Klostermann 1980

Klagenfurt, Kurt: Technologische Zivilisation und transklassische Logik. Eine Einführung in die Technikphilosophie Gotthard Günthers. Frankfurt am Main: Suhrkamp 1995

Kohlberg, Lawrence: Die Psychologie der Moralentwicklung. Frankfurt am Main: Suhrkamp 1996 (1968)

König, René: Die Begriffe Gemeinschaft und Gesellschaft bei Ferdinand Tönnies. In: KZfSS 7 (1955), S. 349-420

König, René: Soziologie in Deutschland. Begründer, Verfechter, Verächter. München und Wien: Hanser 1987

Krainer, Larissa, Lerchster, Ruth E. (Hrg.): Interventionsforschung. Band 1: Paradigmen, Methoden, Reflexionen. Springer VS: Wiesbaden 2012

Kranz, Walther: Die griechische Philosophie. Köln: Anaconda 2006 (1941)

Krauss, Werner: Bruno Latour. Making Things Public. In: Moebius, Stephan, Quadflieg, Dirk (Hrg.): Kultur. Theorien der Gegenwart. Wiesbaden: VS 2006, S. 430-444

Latour, Bruno: Making Things Public. In: Moebius, Stephan, Quadflieg, Dirk (Hrg.): Kultur. Theorien der Gegenwart. Wiesbaden: VS 2006, S. 430-444

Latour, Bruno: Ein neuer Empirismus, ein neuer Realismus. In: Mittelweg 36, März 1997, S. 40-52

Latour, Bruno: The Politics of Explanation: An Alternative. In: Woolgar, Steve (ed.): Knowledge and Reflexivity. New Frontiers in the Sociology of Knowledge. London: Sage 1988, S. 155-176

Latour, Bruno: Das Parlament der Dinge. Für eine politische Ökologie. Frankfurt am Main: Suhrkamp 2001 (1999)

Latour, Bruno: Wir sind nie modern gewesen. Versuch einer symmetrischen Anthropologie. Frankfurt am Main: Fischer 1998 (1991)

Lee Sir Desmond: Science, Philosophy, and Technology in the Greco-Roman World I and II. In: Greece & Rome, XX, 1973, S. 65-78, 180-193

Liessmann, Konrad Paul: Theorie der Unbildung. Wien: Zsolnay 2006

Lukács, Georg: Die Zerstörung der Vernunft. Berlin und Weimar: Aufbau 1988 (1954)

Lyotard, Jean-François: Das postmoderne Wissen. Graz und Wien: Böhlau 1986 (1979)

Lyotard, Jean-François: Die Logik, die wir brauchen. Nietzsche und die Sophisten. Bonn: *Denk*Mal 2004 (1976)

Marcuse, Herbert: Der eindimensionale Mensch. Studien zur Ideologie der fortgeschrittenen Industriegesellschaft. Neuwied und Berlin: Luchterhand 1970 (1964)

Marcuse, Ludwig: Amerikanisches Philosophieren. Pragmatisten, Polytheisten, Tragiker. Reinbek: Rowohlt 1959

Marx, Karl: Das Kapital. Kritik der politischen Ökonomie. Erster Band. Berlin: Dietz 1967

Meyer, Eduard: Ursprünge und Anfänge des Christentums. Zweiter Band: Die Apostelgeschichte und die Anfänge des Christentums. Essen: Phaidon o.J. (1920-1923)

Mokyr, Joel: The Gifts of Athena. Historical Origins of the Knowledge Economy. Princetown: PUP 2002

Momigliamo, Arnaldo: The Faults of the Greeks. In: Daedalus, 104, 1975, 2, S. 9-19

Müller, Rudolf Wolfgang: Geld und Geist. Zur Entstehungsgeschichte von Identitätsbewusstsein und Rationalität seit der Antike. Frankfurt am Main und New York: Campus 1981 (1977)

Mueller, Ulrich: Die Entwicklung des Denkens. Entwicklungslogische Modelle in Psychologie und Soziologie. Darmstadt und Neuwied: Luchterhand 1982

Nestle, Wilhelm: Vom Mythos zum Logos. Stuttgart: Kröner 1941

Nowotny, Helga, Scott, Peter and Michael Gibbons: Re-Thinking Science. Knowledge and the Public in an Age of Uncertainty. Cambridge: Polity Press 2001

Ogburn, William F.: Social change with respect to culture and original nature. New York: Huebsch 1922

Perkin, Harold: The Origins of Modern English Society. 1780-1880. London: Routledge 1969

Prigogine, Ilya, Stengers, Isabella: Dialog mit der Natur. München und Zürich: Piper 1981

Pulte, Helmut: Axiomatik und Empirie. Eine wissenschaftstheoriegeschichtliche Untersuchung zur mathematischen Naturphilosophie von Newton bis Neumann. Darmstadt: WBG 2005

Ribeiro, Darcy: Der zivilisatorische Prozess. Frankfurt am Main: Suhrkamp 1971

Schirrmacher, Frank: Ego. Das Spiel des Lebens. München: Blessing 2013

Schnädelbach, Herbert: Religion in der modernen Kultur. In: Information Philosophie, Heft 2, Mai 2010, S, 7-20

Schwinn, Thomas: Die Entstehung neuer Ordnungen im antiken Griechenland. In: KZfSS 49 (1997), Heft 3, S. 391-409

Seubold, Günter: Heideggers Analyse der neuzeitlichen Technik. Freiburg und München: Alber 1986

Solla Price, Derek J. de: Little Science, Big Science. Frankfurt am Main: Suhrkamp 1974 (1964)

Sohn-Rethel, Alfred: Soziologische Theorie der Erkenntnis. Frankfurt am Main: Suhrkamp 1985

Sohn-Rethel Alfred: Geistige und körperliche Arbeit. Zur Epistemologie der abendländischen Geschichte. Revidierte und ergänzte Neuauflage. Weinheim: VCH 1989 (1970)

Spengler, Oswald: Untergang des Abendlandes. Umrisse einer Morphologie der Weltgeschichte. München: dtv 1972 (1923)

Suhr, Martin: John Dewey zur Einführung. Hamburg: Junius 1994

Tarde, Gabriel: Monadologie und Soziologie. Frankfurt am Main: Suhrkamp 2009 (1893)

Tetens, Holm: Experimentelle Erfahrung. Eine wissenschaftstheoretische Studie über die Rolle des Experiments in der Begriffs- und Theoriebildung der Physik. Hamburg: Meiner 1987

Tönnies, Ferdinand: Geist der Neuzeit. München und Wien: Profil 2010 (1935)

Tönnies, Ferdinand: Gemeinschaft und Gesellschaft. Grundbegriffe der reinen Soziologie. Darmstadt: WBG 1988 (1887)

Tönnies, Ferdinand: Die Entwicklung der Technik. In: Ders., Soziologische Schriften 1891-1905. München und Wien: Profil 2008 (1905), S. 289-322

Tönnies, Ferdinand: Gesamtausgabe. Band 7. Berlin und New York: de Gruyter 2009

Tönnies, Ferdinand: Schriften und Rezensionen zur Religion. München und Wien: Profil 2010

Tönnies, Ferdinand: Philosophische Terminologie in psychologisch-soziologischer Ansicht. München und Wien: Profil 2011 (1906)

Ukowitz, Martina: „Wenn Forschung Wissenschaft und Praxis zu Wort kommen lässt ...". Transdisziplinarität aus der Perspektive der Interventionsforschung. Marburg: Metropolis 2012

Vernant, Jean-Pierre: Mythos und Gesellschaft im alten Griechenland. Frankfurt am Main: Suhrkamp 1987 (1974)

Vorländer, Karl: Geschichte der Philosophie mit Quellentexten. Band I: Altertum. Reinbek: Rowohlt 1990 (1949)

Weber, Alfred: Kulturgeschichte als Kultursoziologie. München: Piper 1950

Weber, Max: Gesammelte Aufsätze zur Religionssoziologie I-III. Tübingen: Mohr 1988 (1920-1921)

Weingart, Peter: Wissensproduktion und soziale Struktur. Frankfurt am Main: Suhrkamp 1976

Welzer, Harald: Klimakriege. Frankfurt am Main: Fischer 2008

Whitehead, Alfred North: Wissenschaft und moderne Welt. Frankfurt am Main: Suhrkamp 1984 (1925)

Whitehead, Alfred North: Die Funktion der Vernunft. Stuttgart: Reclam 1974 (1929)

Wieland, Josef: Die Entdeckung der Ökonomie. Marburg: Metropolis 2012

Ziman, John M.: „Postacademic Science": Constructing Knowledge with Networks and Norms. In: Science Studies, Vol. 9, 1996, No. 1, S. 67-80

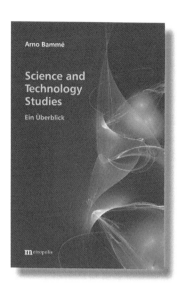

Arno Bammé

Science and Technology Studies

Ein Überblick

238 Seiten · 28,00 EUR
ISBN 978-3-89518-754-4

Zu Beginn der 70er Jahre wurde die bis dahin dominierende Wissens- bzw. Wissenschaftstheorie (Scheler, Mannheim, Merton) in geradezu spektakulärer Weise abgelöst durch empirische Forschungsansätze (Bloor, Collins, Knorr-Cetina, Latour). In ihnen ging es nicht mehr um Selbstzuschreibungen und philosophische Fiktionen, sondern um „Science in the Making", um die Analyse dessen, was im wissenschaftlichen Alltag tatsächlich passiert. In ähnlicher Weise entwickelte sich alsbald eine empirisch orientierte Techniksoziologie (Bijker, Pinch, Hughes). Im Verlauf der Diskussion, die im Wesentlichen im englischen Sprachraum geführt wurde, kam es zu einer Verwischung der Grenzen zwischen der Technik- und der Wissenschaftsforschung und zum heute international geläufigen, transdisziplinären Forschungsfeld der Science and Technology Studies (STS).

Im vorliegenden Buch wird der Entwicklungsprozess dieser Diskussion nachgezeichnet (Edinburgh Strong Programme, Bath School, Akteur-Netzwerk-Theorie). Zwei Aspekte werden besonders hervorgehoben: zum einen die zeitgleich formulierten Ansätze des feministischen Postkonstruktivismus (Cockburn, Harding, Haraway, Keller, Wajcman), zum anderen der Entwurf einer technologisch geprägten Gesellschaftstheorie durch Bruno Latour. Abschließend wird das Diskursgeschehen auf die deutschsprachige Diskussion zurückgeführt und einer kritischen Analyse unterzogen.

Arno Bammé

Wissenschaft im Wandel. Bruno Latour als Symptom

157 Seiten · 19,80 EUR
ISBN 978-3-89518-711-7

Bruno Latour liefert mit seinem Begriffspaar der Vermittlungs- und Reinigungsarbeit eines der überzeugendsten sozialwissenschaftlichen Instrumente zur Analyse der Gegenwartsprobleme unserer durch Technologie geprägten Weltgesellschaft. Und zweifellos sind diese Probleme eine Spätfolge des Verwissenschaftlichungsschubs der europäischen Nachrenaissance. Doch das „europäische" hatte im „griechischen Mirakel" einen Vorläufer. Es vollendete nur, was dort seinen Anfang nahm. Der abendländische „Sündenfall", der Anstoß zur wissenschaftlichen Bemächtigung und Durchdringung der Welt erfolgte bereits im Griechenland der Antike. Und er hatte seinen Ursprung nicht im Stoffwechselprozess des Menschen mit der Natur, in der Auseinandersetzung mit ihr, sondern mit seinesgleichen. Er entsprang einem Sozialverhältnis, wie es kein Soziologe sich „reiner" zu wünschen vermag. Diesen Aspekt übersieht Bruno Latour. Und darum erzählt er uns nur die halbe Wahrheit.

Im vorliegenden Essay wird eine doppelgleisige Argumentation auf zwei ganz unterschiedlichen Ebenen entfaltet: auf der sozialhistorischen Ebene der realen Entwicklung, die die abendländische Wissenschaft genommen hat, und zugleich in Auseinandersetzung mit den sozialanthropologischen Deutungen dieser Entwicklung durch Bruno Latour.

Arno Bammé

Die Neuordnung des Sozialen durch Technologie

176 Seiten · 22,80 EUR
ISBN 978-3-89518-590-8

Die Gesellschaft der Zukunft wird eine technologisch geprägte sein. Neben der Gen- und Reproduktionstechnologie, der Nanotechnologie und der Weltraumforschung wird die Informations- und Kommunikationstechnologie (IKT) eine zentrale Rolle spielen. Ihnen allen ist gemeinsam, dass sie die alte philosophische Frage nach der Identität des Menschen, nach dem, was der Mensch sei, erneut auf die Tagesordnung setzen. Aber sie stellen sie auf einer historisch neuen Stufe der Auseinandersetzung des Menschen mit seiner Umwelt. Sie formulieren diese Frage nicht kontemplativ, sondern handlungspraktisch: in Form eines gigantischen Experiments, in das wir alle eingebunden sind. Zukunftsszenarien stellen sich deshalb oft als Horrorvisionen dar. Was dabei nur allzu gern vernachlässigt wird, ist, dass sich die Gesellschaft, und die Menschen in ihr, mit der Technologie, die sie entwickeln, selbst verändern. Wäre dem nicht so, käme es tatsächlich zu sozialen und psychischen Katastrophen. Man stelle sich einmal vor: In der übersichtlichen Welt des Aristoteles wären plötzlich Überschallflugzeuge aufgetaucht und Maschinen, welche die Sklavenarbeit überflüssig gemacht hätten, also etwas, das für uns heute völlig normal ist. Die Menschen wären schier verrückt geworden. Jede Gesellschaft verfügt immer über die Technologie, die sie verdient.